東アジア研究所講座

KEIO INSTITUTE OF EAST ASIAN STUDIES
KIEAS

# 流動する中国社会

## 疎外と連帯

鄭浩瀾 編著

慶應義塾大学東アジア研究所

# 序章

鄭　浩瀾

## 本書の趣旨

二〇二四年現在、われわれは、「新冷戦」と呼ばれる時代に生きている。米中の対抗を背景に、資源や技術、軍事力をめぐる国家間競争が繰り広げられている。こうしたなか、言論ＮＰＯの調査結果が示すように、日中国民の相互感情はここ十数年間、一貫して厳しい状況にある。[1]一方で、日常生活に目を向ければ、異なる風景が浮かび上がる。漢字、飲食、寺院など、中国由来の文化が日本社会には根付いており、中国旅行や中華料理を楽しむ日本人も少なくない。さらに日本における外国人留学生のうち、中国からの留学生が最も多く、その一部は日本で就職し、社会に溶け込んでいる。このように、国家レベルでの緊張や対立は、必ずしも社会の実態を反映しているわけではない。

振り返れば、日中関係の歴史において、いまほど自由に人的往来や相互交流ができる時代はなかった。

一九世紀末から一九七〇年代初期にかけて、日本と中国は対立と分断を経験した。明治維新以降、東アジアの強国として台頭した日本は、中国を含むアジア諸地域で植民地支配を進めた。一方、中国では、列強による圧迫のもと、近代国家への模索が始まったが、一九三〇年代に入ると、日本の軍事侵略に直面し、統一された独立国家を築くことが最大の目標となった。中国共産党は一九四九年の中華人民共和国の成立をもってその目標を一応達成したが、冷戦という厳しい国際情勢のもとで、国家建設を進めなければならなかった。そうした環境下で、中国は、国家による全面的な社会統制を特徴とする社会主義体制を構築した。

冷戦はソ連の解体をもって終結したとされるが、イデオロギーをめぐる対立はいまもなお続いており、多方面にわたってわれわれの認識に影響を及ぼしている。学問の領域でも、いかにして既存の概念や理論体系に染み付いたイデオロギーの影響を排除し、それを完全に払拭できるかが課題である。プラセンジット・ドゥアラ（Prasenjit Duara）は、歴史を国民国家という枠組みから解放しなければならないと主張する。ドゥアラによれば、歴史家が、全体主義的なイデオロギーに対抗するためには、国民国家という「自己」がいかに形成され、進化してきたのかという歴史観から自由にならねばならない。個人や集団などさまざまな歴史的主体が、具体的な状況のもとで自らをいかに認識し、反応してきたのかという眼差しをもち、より多様で動態的な歴史を語ることが肝要である(2)。

では、二〇世紀の中国社会にとって、国民国家の建設とは何を意味していたのだろうか。「新冷戦」と呼ばれる今日においてこそ、国民国家の支配という論理を相対化し、中国社会の多様で複雑な側面に光を当てるべきではないだろうか。このような発想に立ち、二〇二三年春学期、慶應義塾大学東アジア研究所は「歴史のなかの中国社会――疎外と連帯」をテーマとする連続講座を開催した。この講座には、歴史学、政治学、社会学、経済学、文化人類学など異なる専門分野で活躍している中国研究者一三名をお招きし、「疎外と連帯」という共通の視点を用いてご講演いただいた。本書は、各講演者が自身の講演内容をもとに執筆した論文をまとめたものである。

## なぜ、「疎外と連帯」なのか

本書のおもな視点である「疎外と連帯」について説明しておこう。

疎外とは文字通り、のけものにすることを意味する。(3) 連帯とはおもに人びとの間のつながりや結びつきを意味する。社会は連帯関係によって成立しているが、いかなる連帯も多かれ少なかれ「仲間」と「他者」、内と外という差別や疎外を伴う。「他者」を疎外することによって「仲間」という意識を強化することがよくある。このような現象は、人間の生活世界に当たり前のようにみられ、特筆に値するようなものではないと思われるかもしれない。

しかし、「疎外と連帯」は、国民国家の支配の根底に関わる重要な要素でもある。なぜなら、国民国家はその成立過程において、社会に生活する人びとを国民という「政治的連帯」として包摂する一方、秩序からの逸脱者や潜在的に脅威となる者を「非国民」または「敵」として排除し、疎外してきたからである。ドゥアラの言葉を借りていうならば、国民国家という「自己」は、いかなる時も「他者」によって定義される。逆にいえば、「他者」の存在こそが、国民国家を創出する原理を明瞭化しうるのである。(4)

国家が単一性を求めて「他者」を疎外する現象は、国民国家の成立過程によくみられるものである。とりわけ戦時中においては、きわめて組織的かつ暴力的な形で疎外が進められる。第二次世界大戦中にナチス・ドイツ政権によるユダヤ人虐殺は、その典型例であろう。民族や人種の違いをもとに、社会、文化、言語、生活習慣などの差異を洗い出し、「異質」な者を抹殺する。その過程では、抹殺の対象がいかに汚い者か、排除すべき異質な存在かを強調する言説が繰り返し生み出される。戦時中の日本でも、部落民に対する差別やハンセン病患者の強制的隔離など類似する構造が生まれた(5)。また、冷戦期にはイデオロギーをめぐる対立のなかで、国家が人びとにラベルを貼り付け、「不都合」な者を排除する構図が、陣営を問わず多くの地域でみられた。例えば、一九五〇年代にアメリカで吹き荒れたマッカーシー旋風(McCarthyism)では、共産主義者やその疑いをかけられた者が次々と排除された。

中国も例外ではなかった。国民国家の建設は、二〇世紀初頭から始まり、日中戦争、国共内戦などを背景に本格化した(6)。中華人民共和国が成立した一九四九年以降のみを取り上げても、朝鮮戦争への参戦と並行して土地改革が急進的に進められ、それと同時に、「反革命鎮圧運動」も全国的に実施された。これらの政治運動を通じて、「悪覇」(悪辣なボス地主)、秘密結社や匪賊集団の首領などに対する厳しい弾圧が行われた。その後も冷戦の進行を背景に、「反右派闘争」や「反革命粛清運動」(中国語:粛反)、さらには文化大革命へと、階級闘争を掲げた政治運動は間断なく推進された(7)。階級闘争は、毛沢東時代を通じて共産党政権が国家を統治するための重要な手段として堅持された。「敵」との闘争によって「人民」という「政治的連帯」を強化するこの方針は、まさしく「疎外と連帯」の論理そのものであった。

しかし、社会は、国家権力によって容易に操られるものではない。二〇世紀初頭の中国社会には、血縁・地縁的関係を基盤とする宗族・村落、擬似的な血縁関係や相互扶助の原理に基づく秘密結社、さまざまな信仰や文化をもつエスニック集団が存在し、人びとはこうした土着の連帯関係のなかで生活していた。国民（または人民）であれ、階級であれ、国家レベルで求められる「政治的連帯」は、均質性を重視した静的概念であり、「他者」との境界を必要とするが、現実における人びとの行為は、つねにその境界からはみでたり、こぼれ落ちたりする。

生活世界における「仲間」と「他者」の関係も、「疎外と連帯」の力学を表しているだろう。人びとは、利益をめぐる争いや経済的格差、生活習慣の違いなどによって「他者」を疎外し、「仲間」意識を強化する。民族、エスニック集団、性別、社会的階層といった概念やカテゴリーは、「仲間」と「他者」の境界づくりに「役立つ」ものだが、現実における人びとの信仰やアイデンティティは流動的なものであり、その境界をよく超えている。

国民国家の建設は、国家が社会を統合し、社会の資源を動員する過程だとみなせば、その過程を、統治する国家─統治される社会という図式だけでなく、個人や集団などさまざまな主体が既存の文化、価値観、そして権力関係のなかで相互にぶつかりあうプロセスとしても捉えられる。そこでは、国家に包摂されつつも包摂されきれなかった連帯関係、国家権力の介入によってもたらされた社会内部の分裂、国家権力を介して行われる恣意的な排除など、さまざまなアクターの間の力学が働いていた。国家と社会との関係は抑圧か抵抗という図式だけでは捉えられないダイナミックなものである。

したがって、本書では、国家レベルでの「疎外と連帯」のみならず、社会内部の連帯関係および生活世界における「仲間」と「他者」の関係も考察することとする。

## 本書の概要

物事を二元的に捉え、善悪二分法で「敵」と「味方」を区分する冷戦期の思考パターンは、現在もなお根強く残っている。しかし、社会の実態を把握するためには、こうした二項対立的な認識論から脱却する必要がある。本書の各章は、考察する時期や対象こそ異なるものの、いずれも「疎外と連帯」という視点を共有し、また二項対立の枠組みを超えて「現場」を描写することに力点を置いている。各章の豊富な内容を一言で総括することはできないが、ここでは、本書を構成する三つの部と各章の論点をごく簡単に紹介したい。

第一部では、国家レベルでいかなる「政治的連帯」がつくられ、その背後で何が疎外されたのかを考察する。第一章（小嶋論文）は、「労働者階級」という「政治的連帯」に注目する。毛沢東時代から今日に至る労働者統治の実態は、「人民民主独裁」という共産党の統治理念とは裏腹に、幹部の特権化や労働者内部の対立など、労働者の疎外を伴うものであったことが指摘される。第二章（加茂論文）は、人民代表という「政治的連帯」に焦点を当て、共産党の統治における人民代表の政治的役割を理論的かつ実証的に考察する。揚州市の事例が示すように、地方の政治エリートや経済エリートは人民代表として選挙区の要求を政治指導者に伝達する役割を果たしている。その政治的な役割は、中華人民共和国成立当初、「敵」を疎外し、「敵」を可視化する過程のなかでかたちづくられたものであり、共産党の統治の道具である点において現在まで一貫していると指摘される。

では、支配階級である人民とその敵との闘争――いわゆる階級闘争――とは、いかなるものだったのだろうか。第三章（谷川論文）では、文化大革命の派閥闘争が考察される。階級闘争は、本来「政治的連帯」の対象である「人民」とその「敵」との闘争であるはずだった。しかし本章が示すように、現実には既存の社会集団間の闘争というより、むしろ、政治的選択を迫られた個々人の対応が生み出した流動的な混乱という側面を強く有していた。

「人民」か「敵」か、その判断基準は曖昧であり、国家によって「敵」として疎外されたのは、おおむね「あるべき」秩序の逸脱者や国家の脅威と認定された者だった。国家は、こうした「敵」を疎外することを通して、社会統制を行った。この点を示したのが第四章（金野論文）である。金野によれば、改革開放以降は、司法の制度化が進められたものの、毛沢東時代から引き継いだ社会統制の手法――大衆動員や徳による教化という政治手法――は、現在においてもなお用いられており、そこに中国の社会統制の特徴があるといえる。

一方、「疎外」された者に目を移すと、その内実は多様かつ複雑なものであり、状況に応じて変容してきた。第五章（中村論文）は、この点に注目して、中国における近代リベラリズム思想の系譜を歴史的に考察する。中村によれば、一九五七年の反右派闘争においてリベラリズム思想をもつ知識人は権力によって疎外されたが、この構図は必ずしも二項対立的な冷戦的思考で捉えきれるものではなく、疎外された知識人の内部には複雑な状況があった。一九四九年の中華人民共和国の成立を機に、大陸中国から疎外されたリベラリズム思想は、香港や台湾に流れ込んで新たな連帯を形成し、地元の政治状況と絡み合いながら変容し、改革開放萌芽期において、再び大陸中国の思想界に影響を与えた。

第二部では、複雑で流動的な社会のありように着目し、国家―社会関係のダイナミズムを描く。第六章と第七章は、農村社会の結合関係または土着の連帯関係を歴史的に考察し、次のことを提示する。すなわち、清末・民国時期の農村は、国家統治の弱さと治安の悪化を背景として、宗族・村落・秘密結社を基盤に社会の武装化・軍事化が進み、民衆はさまざまな社会的つながりや武装組織に依存して自らの生存を図った（第六章、山本論文）。民国後期には、国家権力が農村社会に浸透した結果、むしろ武装化された連帯関係を有する地元有力者の私的権勢は増大し、国家と社会の「相互包摂」という現象を導いた。一九四九年以降、共産党政権は農村社会に蔓延《はびこ》る武装化された連帯関係を潰し、社会に対する統制を強めた。しかし、血縁・地縁的関係を中心とする連帯は強い生命力を保ち、変容しながら社会主義体制を支える社会の基盤になった（第七章、鄭論文）。

一方、改革開放以降、中国社会は大きく変容した。農村社会の土着の連帯関係だけでは、今日の中国社会を把握することができない。第八章と第九章はいずれも都市を中心とする中国社会の近年の変化を踏まえて、国家と社会の関係を動態的に考察したものである。第八章（大橋論文）は、一九九五年の世界女性会議をきっかけに相互の連帯を模索しつつ展開されてきたフェミニストたちの活動が、二〇一〇年代以降は国家の介入を受けて困難に晒されていることを捉える。一方、セクシュアリティーの自由を求める若者たちのあいだでネットワークが形成されており、新たな連帯が予期されている。第九章（梶谷論文）は、中国経済の実態を考察し、国家と民間との「持ちつ持たれつの関係」を描き出す。梶谷によれば、二〇〇八年のリーマン・ショック以降、確かに国有企業のプレゼンスは高まったが、中国経済を単純に「国家主導」の枠組みで捉えることはできない。民間企業は依然として経済成長やイノベーションにおいて重要な役割を果たしており、そのイノベーションは、「法の支配」や「知識財産権の保護」というより、中国社会に根付いた企業群内部の多様性によってもたらされたものだと考えられる。

第三部では、生活世界における「疎外と連帯」のありようを考察する。「仲間」と「他者」、「内」と「外」との認識の境界は、日常生活世界に広く存在する。「他者」を疎外することによって「仲間」意識を強化する現象はしばしばみられる。そして、状況の変化によって「仲間」の内部に緊張関係が生じ、新たな「他者」が生み出されることも少なくない。既存の概念やカテゴリーを出発点とする巨視的、演繹的な社会の考察は、こうした社会に生きる人びとの動機や行動、さらにはその背後にある瑞々しい秩序を見落としてしまう危険をはらむ。

第三部を構成する四つの章は、いずれも人類学者が執筆したものであり、現代中国政治研究に関わる諸問題を再考する契機を与えてくれる。われわれが国家や社会の分析に用いる概念やカテゴリーは、必然的にほかの概念やカテゴリーとの間に境界線をもつ。しかし、人間の信仰、アイデンティティおよび日常的な行為は、こうした境界に縛られず、むしろつねに境界からはみでている。第一〇章（志賀論文）によれば、民間信仰の世界には神、鬼、祖先という三つのカテゴリーが存在するといわれるが、現実には神、鬼、祖先のいずれをも体現するような曖昧な性格をもった神霊が多数存在する。信仰活動にみられる「仲間」と「他者」との関係は、固定的なものではなく、流動的なものである。第一一章（河合論文）によれば、宗族に関わる人びとの活動は、父系の出自集団としての宗族の概念境界からはみでている。現実には血縁関係や系譜関係が曖昧な成員が含まれることがあり、女性が祭祀されたり、女性が結婚後も生家の祖先を参拝したりするケースがある。

漢族という概念も同様であろう。第一二章（長沼論文）が指摘するように、この概念はそもそも国民というアイデンティティの形成に際して構築された近代の産物であり、その内部には多様性と多元性が存在し、言語や出身地の異なるエスニック・グループが排除や競合の関係を築いてきた。生活のために移民してきた者と本地人との関係が示すように、既存の境界は状況に応じて変化する。この点は、第一三章（奈良論文）からも明らかである。奈良は、改革開放以降のイスラームの信仰活動の復興を考察し、次のことを指摘する。すなわち、かつてムスリムとみなされてきた回族のなかには、より厳格にイスラームを実践する者とそうでない者との間に新たな境界が生み出された一方で、イスラーム宣教活動は、非ムスリム他民族にも開かれるようになっている。「仲間」と「他者」との境界は常に揺れ動いているのである。

このように、本書は二〇世紀の中国社会を考察対象としているが、中国社会の歴史についての時系列的な考察や、社会の構造の変動の説明を主眼とするものではない(8)。本書の目的は、国民国家の支配とは何かを問い直し、中国社会がもつ複雑でかつ流動する様相を提示することにある。

この問題意識を共有し、原稿を寄せてくださった執筆者の方々に深く感謝を申し上げる。

（1）「言論ＮＰＯ」(https://www.genron-npo.net/matome/japan-china.html）を参照。
（2）Prasenjit Duara, *Rescuing History from the Nation: Questioning Narratives of Modern China*, Chicago: University of Chicago Press, 1995, Introduction and Chapter 1.
（3）疎外とは、マルクス主義理論によれば、資本主義の生産過程で労働者が非人間的な環境に置かれることを指すが、本書でいう疎外はそれとは違う。
（4）Prasenjit Duara, *Rescuing History from the Nation: Questioning Narratives of Modern China*, p.15.
（5）藤野豊『戦争とハンセン病』吉川弘文館、二〇〇九年。黒川みどり・藤野豊『差別の日本近現代史――包摂と排除のはざまで』岩波書店、二〇一五年。

（6）日中戦争の影響について次の研究がある。奥村哲『中国の現代史——戦争と社会主義』青木書店、一九九九年。笹川裕史『中国戦時秩序の生成——戦争と社会変容　一九三〇～五〇年代』汲古書院、二〇二三年。石島紀之『中国民衆にとっての日中戦争——飢え、社会改革、ナショナリズム』研文出版、二〇一四年。

（7）毛沢東時代について次の文献を参照されたい。中兼和津次『毛沢東論——真理は天から降ってくる』名古屋大学出版会、二〇二一年。高橋伸夫『中国共産党の歴史』慶應義塾大学出版会、二〇二一年。

（8）二〇世紀の中国史と構造変動について次の研究がある。姫田光義ほか『中国二〇世紀史』東京大学出版会、一九九三年。久保亨ほか『現代中国の歴史——両岸三地一〇〇年のあゆみ』東京大学出版会、二〇一九年。石川禎浩『中国共産党、その百年』筑摩書房、二〇二一年。毛里和子編者代表『現代中国の構造変動』シリーズ、東京大学出版会、二〇〇〇—〇一年。

目　次

## 第2部　ダイナミックな社会―国家関係

## 第3部　流動する信仰・アイデンティティ

# 第1部

## 何を包摂し、何を疎外したのか

# 第1章　人民民主独裁体制における労働者の連帯と疎外

小嶋華津子

## はじめに

本書のテーマは、「疎外と連帯」である。近代国民国家論によれば、国家による解放は抑圧を、平等は格差を、統合は疎外を必然的に伴う。中華人民共和国の国家建設の過程も、その例外ではない。執政党として五億四〇〇〇万人が暮らす広大な国を統治することになった中国共産党は、国の安全を確保し、国民の生活を保障することによって、あるいはイデオロギーによる教化や政治的動員を通じて、国民の統合と連帯を推し進めようとしたが、それは同時に、抑圧、格差、疎外を生み出す過程でもあった。

執政党が、中国共産党という社会主義イデオロギーを標榜《ひょうぼう》する政党であったことも、連帯の幅を狭める一因となったであろう。中兼和津次が、社会主義者は、理念の追求という点において資本主義擁護者よりも「はるかに強烈」であると指摘したように(1)、ボリシェヴィキ政権下のソ連と同じく、中国共産党政権下の中国においても、建国直後から、地主・富農、国民党関係者、資本家、知識人などを「反革命」、「階級敵」、「右派」などと糾弾し、排斥する激しい政治運動が絶え間なく繰り広げられた。

しかし、今日焦点を当てたいのは、社会主義イデオロギーが理念上、連帯の中核とするべき労働者である。マルクスの想定に従えば、「労働疎外」なるものは資本主義の産物であり、社会主義社会が到来すれば、労働者は資本家の搾取から解放され、人間らしさを取り戻し、国家の主人公として意気揚々と労働に励むことができるはずであった。だがそれはある種の空想であり、現実とはならなかった。本章では、理念と現実の双方から、社会主義を掲げる中国で、なぜ、労働者が疎外ないしは周縁化されていったのかを考えてみたい。

本章の展開は、次の通りである。まず、ごく簡潔に、中国の社会主義体制を支える「人民民主独裁」という理念を取り上げ、そこで労働者がどのように位置付けられているのか、そこにどのような疎外の論理が見出せるのかを論じる。次に、中国が急速に社会主義化していった一九五〇年代半ばからプロレタリア文化大革命（以下、文革）までの時期に焦点を当て、労働者の疎外がどのような構図により生じたのかを概観する。続いて、中国が市場メカニズムを導入していった一九八〇年代以降の状況へと話を進め、最後に、習近平政権が直面している現下の状況にも触れたいと思う。

## 1　「人民民主独裁」の理念と労働者

現行の「中華人民共和国憲法」第一章「総則」第一条には、次のようなくだりがある。

中華人民共和国は、労働者階級の領導する労農連盟を基礎とした人民民主独裁の社会主義国家である。

このくだりからわかるように、労働者は今日に至るまで、中国の憲法において、農民とともに国家を領導する存在として位置付けられてきた(2)。

しかし、一見すると労働者を国家の主人公として重んじているかのようなこのくだりには、労働者に対する疎外を招きかねない論理が内包されている。それを集約しているのが、「人民民主独裁」というフレーズである。「人民民主独裁」とは、労働者と農民の前衛である共産党が、いかなる制約も受けずに、権力を掌握し、行使することによって、すべての人民の利益が実現されるのだという、共産党の一党独裁を正当化する論理である。中兼が指摘したように、共産党が労働者と農民の前衛であることを自明の前提とし、その独裁をもって「民主」とするこの論理の背後には、大衆蔑視に基づくエリート主義的発想がある。労働者や農民はいずれも近視眼的であるから、国家を統治する際には、長期的・広域的視点から国を正しい方向へと導く能力のある者が、労働者や農民の代表として強いリーダーシップを発揮したほうがよい。このような愚前衛である共産党に権力を集中させることによってはじめて、労働者と農民の利益に適う。このような愚民思想に基づくエリート主義、強権主義は、決して中国特有のものではないが、広い国土と膨大な人口を抱え、諸勢力による分裂を常としてきた中国にはそれを受容する土壌がある。だが、愚民思想を有する自称「前衛」たちが、何の制約も受けずに権力を行使するとき、そこに弱者／愚者に対する権力の横暴が生ずることは免れ得ない。ここに、「人民民主独裁」は単なる「独裁」へと転化する。「人民民主独裁」とは、そのような危なっかしいフレームなのだ。

現に、労働者の立場から中国の辿った七五年の歴史を振り返るならば、「人民民主独裁」下の社会には、その理念とはかけ離れた実態が立ち現れていた。

## 2　社会主義化と労働者の連帯・疎外

一九四九年一〇月に中華人民共和国の成立を宣言した中国共産党は、国共内戦、朝鮮戦争と続く戦時下にあって、当初こそ「新民主主義」という方針を掲げ、多様な政治グループや資本家との協力のもとに挙国一致体制を築こうとした。しかし、新民主主義はわずか数年で放棄された。一九五三年六月の中央政治局拡大会議で「過渡期の総路線」（一九五三年からの一五年間を「社会主義への過渡期」と規定し、社会主義化を急ぐとした方針）を採択した共産党は、ラディカルな社会主義化へと舵を切り、「人民民主独裁」の理念に基づく一党独裁体制を構築していくのであった。

しかし、共産党の幹部が、労働者や農民の前衛として、彼らと連帯を保ちながら、ともに主人公として国を統治するという「人民民主独裁」の理念は、そう簡単に実現できるものではなかった。党と労働者との関係に着目するならば、筆者の見るところ、そこには二つの問題群が立ちはだかった。一つは、党幹部に根付く官僚主義、もう一つは労働者内部の分裂である。

## (1) 官僚主義に染まる党幹部

共産党は、労働者の前衛であるはずの党幹部が、ややもすれば特権階級化し、労働者から乖離《かいり》してしまうという現実に直面した。このような状況は常にあったが、とりわけ一九五六年九月から一九五七年にかけて、中国全土で労働者によるストライキが発生した際、深刻に受けとめられた。ストライキの背景には、一九五六年の賃金改革に対する不満、商工業の公私合営化、国営化により生じた待遇面での不公平感、さらには食料品や日用品の不足、就職難に対する不安の高まりなどがあった。党中央指導者たちは、これらのストライキが、同時期にポーランドやハンガリーで生じた反ソ暴動のようにエスカレートし、自分達に向かってくることを恐れた。

なぜ、前衛であるはずの党幹部は、労働者と日々接していながら、事前に彼らの憤懣《ふんまん》を理解し、ストライキが拡大しないよう、適切な対応をとることができなかったのか。毛沢東はストライキの波に際し、それが必ずしも労働者の「反革命」的心性によるものではなく、どれほどイデオロギー教育を施しても、幾度政治運動を発動してもなお、党や政府に蔓延《はびこ》っている官僚主義によるものだと捉えていた(3)。労働者の声に耳を傾けず、官僚然と振る舞う党幹部に対する批判は、党内各方面からも寄せられた。その一例を紹介しよう。以下は、一九五七年三月に、浙江《せっこう》省党委員会が党中央と上海局に宛てて提出した報告書の一節である。

一九五六年夏以降、〈中略〉多くの幹部が地位や高待遇を手に入れようと躍起になり、苦労を厭うようになっている。「下放」（筆者注：ここでは、幹部が農村や工場などの労働現場に長期駐在すること）についてもおおかたは積極的だが、嫌がる者もおり、基層幹部を担当したがる者もいない。社会の基層に深く入って仕事をしようとする幹部は減り、基層に行っても、いい加減に視察を済ませてすぐに戻ってくる。(4)

しかし、党幹部が労働者の声を汲み取れなくなってしまった要因を、彼らのイデオロギー面での堕落や官僚主義的性向のみに帰することはできない。一部の党幹部たちは、「人民民主独裁」の理念に忠実であろうとするがゆえに労働者に寄り添えないという逆説的な状況に直面していたのである。

例えば、党幹部のなかでも、工会（労働者との結束強化を任務とする共産党傘下の人民団体）の幹部たちの間には、労働者に寄り添い、労働条件の改善や生活の向上を求める労働者の声をもっと代弁しなければならない、そこにこそ自分たちの存在意義があるのだという真っ当な言論が断続的に沸き起こった。だが、このような言論は、党内のイデオローグたちにより繰り返し批判された。労働者の代弁者たろうとする行為は、いわば「落伍した」労働者の近視眼的な経済的欲望にすり寄る行為であり（「経済主義」）、労働者を政治的高みへと導くべき前衛としての行動規範から逸脱し、党と労働者の分裂（「宗派主義」）ひいては党の領導への謀反、工会の優位（サンディカリスム）を画策する行為だというのである。このようなイデオロギーの呪縛に苦悩する工会幹部（鄭州市工会副主席）の声を紹介しよう。

いつも役所に座っていると、徐々に官僚主義の風習に染まってしまい、〈中略〉大衆から乖離し、大衆の苦しみもわからなくなってしまう。〈中略〉中国工会第七回全国代表大会〈筆者注：一九五三年五月〉で経済主義が批判された後は、経済主義のレッテルを貼られるのを恐れ、誰も大衆の正当かつ合理的な要求を支持しなくなってしまった。[5]

このようなジレンマは、中華全国総工会（工会の頂上組織、全総）執行部を含む工会幹部に広く共有されていた。一九五七年の百花斉放《ひゃっかせいほう》・百家争鳴《ひゃっかそうめい》運動では、頼若愚全総主席自らが、他の幹部らとともに、工会を党から自立した労働者の利益代弁者として再建しようと声を上げた。しかし彼らは、一九五八年の五月から八月にかけて開かれた全総党組の会議で、党の領導に反対し、宗派主義的活動を展開したなどとして批判されたのであった。

その後、中国が大躍進運動、文革へと突き進むにつれ、労働者に寄り添い、彼らの声を代弁しようという言論は、ますます行き場を失っていった。そこには、社会主義イデオロギーと「人民民主独裁」という理念が描き出す世界に、現実を無理やり当てはめ、美しい空想世界の演出にとって邪魔な者は「落伍者」と括り排除する、露骨な疎外の論理が働いていた。

### （2）労働者内部の亀裂

党幹部を労働者から遠ざけたいま一つの原因は、労働者内部の亀裂にあった。この面において、労働現場の党幹部が直面した現実は、非常に厳しいものであった。労働者との幅広い連帯を築こうにも、当の労働者は、多くが政治やイデオロギーに無関心で、しかも内部に根深い亀裂や対立を抱えていた。

筆者が自著で扱った浙江省のケースを紹介するならば、(6) 共産党が政権を打ち立てた頃、工場の労働者たちの分裂をもたらしていたのは、出身地に基づくローカルな「幇派《ほうは》」（派閥グループ）であった。第一紗廠（紡績工場）と杭江紗廠では、いずれも労働者の間に無錫幇と杭州幇の対立が根強くあり、チーム対抗の生産競争を実施すれば、別の幇派チームの使う機械を壊したり、勝手に減速モードに切り替えたり、ズルをしてでも勝とうとするあり様だった。また、出身地以外にも、性別、世代、事務職員／労働者の区別による対立があった。(7) 共産党との連帯どころか、労働者内部の団結すら望めない現実に幻滅した党幹部たちが、労働者との連帯をあきらめ、官僚主義的傾向を強めていった側面も否定できないだろう。

その後、国家建設が進み、経済社会が急速に社会主義化するなかで、労働者の間には新たな亀裂がつくられていった。所属企業の所有形態（国営企業／集団所有制企業［町や村などの集団が所有する企業］／個人経営）や規模、雇用形態（正規雇用／非正規雇用）、勤続年数（「老工人」［おもに建国以前からのキャリアを有する労働者。技術や専門知識をもつ熟練工が多い］／「新工人」［おもに一九五〇年代の大規模な工業化の下で農村から都市に移住してきた若い労働者］）などによる格差がもたらす亀裂である。

例えば、中国政府は一九五一年二月、「労働保険条例」を制定し、労働者に年金や医療などの福利厚生を提供するようになった。しかし、財源の制約ゆえ、労働保険の適用範囲には制限が設けられ、その恩恵を享受できるかどうか、どの程度享受できるかは、労働者の所属する企業の所有形態や規模、雇用形態や勤続年数などによって異なっていた。国営企業や、一部の大規模な集団所有制企業の正規労働者であれば、扶養家族の医療費についても半額は保険でカバーできるが、その他の集団所有制企業の労働者の扶養家族には保険が適用されないなど、労働者の福祉の向上のために設けられた保険制度は、労働者内部の格差を顕在化し、固定化させた。特に、農村から職を求めて都市へとやってきた非正規雇用の労働者については、保険待遇が享受できないのみならず、過酷な労働の対価は最低賃金で支払われ、しかもその賃金のかなりの部分が労働者本人ではなく、彼らを送り出した村に支払われるという仕組みになっていた。

さらに、一九五〇年代後半期になり大躍進運動が始まると、労働者の雇用状況は混乱を極めた。一方で、地方政府産業部門や傘下の企業は、増産のノルマを超過達成するべく、雇用を拡大させようとした。他方で、中央政府や地方政府労働部門は、都市人口が許容量を超えて爆増する事態を恐れ、雇用を抑制し、労働者の大量解雇や農村への長期移住を推し進めた。このようなチグハグな動きが展開されるなか、都市の限られた雇用枠をめぐる労働者間の争奪戦はいっそう激しさを増した。特に、一九五八年以降三年間にわたって飢饉《ききん》が続き、多くの人びとが飢餓を逃れて農村から都市へと押し寄せると、都市の雇用枠をめぐる労働者内部の緊張と対立は苛烈化し、政治運動へとエスカレートしていった。一九五八年以降、政治運動の中で批判された労働者の大多数は、既得権益を有する「老工人」であった(8)。既得権益を奪われることを警戒した「老工人」の間には、「新工人」には地主や資産階級の出身者、さらには「反革命分子」や「壊分子」(悪質分子、犯罪者)が紛れ込み、一部の党幹部と結託して汚職に手を染めているというような噂が出回った(9)。

労働者内部の格差に対する当局の対応も一貫性に欠けていた。生産現場を支える労働者の分裂を危惧した地方政府は、一九五七年秋に始まる分権化の過程で、企業の管理権限が中央から省、市、さらには県へと委譲されるや、集団所有制企業を勝手に国営企業へと昇格させたり、非正規雇用の労働者を正規雇用に改めたり、本来労働保険制度の適用外であった企業や労働者に保険加入を認めたりと、労働者内部の待遇面での格差是正に動いた。しかし、一九六一年に経済調整期に入り、再び企業管理のマクロコントロールが強化されると、企業形態も雇用形態も元に戻され、むしろ非正規雇用の労働者を機動力のある安価な労働力として活用する方針が示されたのであった。当然のことながら、政策の変化に翻弄された挙句に放り出された中小の集団所有制企業の労働者や非正規雇用の労働者の間には、不満が噴出した。その怒りが、文革の時期に、中共中央文化革命領導小組（中国共産党中央に組織されたプロレタリア文化大革命の指揮部）によって政治利用されていくのである。

### (3) 文革と労働者

一九六六年に文革が始まるや、非正規雇用労働者は、中共中央文化革命領導小組の指導者たち（陳伯達・康生・王任重・劉志堅・張春橋ら）によって政治の前面に担ぎ出された。

一九六六年一一月、中共中央文化革命領導小組は、非正規雇用労働者を中心に、全国的な「造反」（既存の体制に逆らう）組織として全国紅色労働者造反総団（全紅総）を組織した。その目的は、非正規雇用の活用を主張していた劉少奇、さらには劉少奇とつながりの深い全総の執行部を引きずり下ろすところにあった。彼らのサポートを得て、全紅総のメンバー三〇〇人余りが、一九六六年一二月初め、全総庁舎のホールを占拠し、全総を活動停止に追いやるとともに、政府労働部に対し、非正規雇用労働者の解雇の禁止と、一九六六年以降に解雇された非正規雇用労働者に対する賃金補塡を、力づくで認めさせた。

しかし、こうした動きは、国務院によって阻止された。国務院は、彼らの動きを、「極左分子が資産階級分子と結託し、物質的刺激により労働者を煽動し、『経済主義』を追求しているに他ならず、厳粛な政治闘争を卑しい経済闘争に転化させ、資本主義を復活させようとする一握りの『資本主義の道を歩む実権派』の企てである」と位置付けた。そして、一九六七年一月一一日、毛沢東の臨席のもと開かれた中央政治局会議で「経済主義に反対することに関する通知」を発布し、経済問題に関しては、中央が新しい方法を出すまでは変更を行わないこと、中央および地方の銀行・国家機関・国営企業・事業単位・集団経済単位は、国家の規定に反するすべての支出について支払いを拒絶しなければならないこと、集団所有制の企業・手工業合作社・合作商店などは当面国家所有制に変更してはならないことなどを通達した。この通達を受けて全国で「経済主義」反対運動が展開され、多くの労働者が一〇～一五％の「自発的な」賃金カットを受け入れさせられた。同年二月に、全紅総は即刻廃止を通告され、指導者たちは逮捕された。

同じ時期、上海では、王洪文のリーダーシップで上海工人革命造反総司令部（工総司）が組織された。「経済主義」反対を掲げ、賃上げや福祉向上を求める労働者に妥協的な上海市党委員会・政府に攻撃の矛先を向けた工総司の主要メンバーもまた、労働の現場で低い地位に置かれ、格差構造に不満を抱いていた若手の労働者であった。彼らは、一九六七年一月には、曹荻秋市長をはじめとする局長級以上の市幹部数百人を職位から引きずり下ろし、「上海コミューン」の設立を掲げて上海市の実権を掌握した。また、上海市党委員会が党員・共産主義青年団員などの「先進的」労働者を中心に結成した赤衛隊と、激しい武装闘争を繰り広げた。労働者のセクト間武装闘争は苛烈化し、各地に波及した。しかし、上海コミューンは、党組織の無力化を懸念する毛沢東の反対、軍の排除を懸念する人民解放軍の抵抗によって挫折した。軍を中心とする革命委員会が文革の混乱の収集に乗り出すと、非正規雇用労働者は文革の表舞台からの退出を余儀なくされた。

## 3　市場経済化と労働者の疎外

次に、改革開放期以降の労働者の待遇に話を進めたい。一九八〇年代以降、中国は、疲弊した経済を立て直すべく、漸進的に市場メカニズムを導入していった。企業に経営自主権を与え、国有企業の経営の合理化を進め、民間企業の参入を広げていった。それは、中国経済の飛躍的発展をもたらしたが、労働者にとってみれば、国家の主人公という理念上の地位すら失い、「労働疎外」の現実と向き合う過程でもあった。

### (1) 労働契約制の導入

労働者の客観的な地位と自己認識にとって大きな転機となったのは、一九八三年から徐々に開始され、一九八六年一〇月に全面実施へと至った労働契約制の導入であった。これは、計画経済体制下でつくられた労働者の無条件の終身雇用制度を改め、労働者と企業との間に、双方の権利や義務を定めた期限付きの雇用契約を結ばせるという試みであった。労働契約制の導入と並行して、賃金や社会保障における平等主義的な政策も転換された。これらの措置は、財政コストを削減するとともに、労働者の間に労働意欲を掻き立て、生産性を向上させるうえで有用な施策であった。しかし、いったん職場に所属すれば、揺りかごから墓場までが保障されるという、旧来の「大鍋飯」（業績の良し悪しにかかわらず平等に報酬が分配される）「鉄飯碗」（成績の良し悪しにかかわらず解雇されない）システムに慣れてきた労働者の間には、不安が高まった。

### (2) 特権階級化する党幹部と汚職

他方、企業経営を通じて国有・公有の資産を牛耳るようになった党幹部たちは、幹部としての職権を利用して私腹を肥やすようになった。

ここに、一九八二年に中共中央研究室と全総が、全国一一の工場・公司（会社）の労働者を対象に実施した調査がある。この調査によると、労働者の不満は、自らの生活が一向によくならないことに加え、賃金・ボーナスや住宅の分配において、企業の幹部が自己利益を優先させる点に向けられていた。実に回答者の四三・四％が、おもな社会問題を「幹部の特権化」にあると回答した(10)。生活面での不安や幹部への不満を募らせた労働者たちは、ストライキやサボタージュを起こし、労働者による工場長の殺害といった事件も発生した。一九八一年三月に全総が作成した報告書によれば、過去一年間に発生したストライキやサボタージュの背景には、労働者の生活や労働条件を軽視し、権力ばかり追い求めている企業幹部に対する労働者の不満の高まりがあった(11)。

党幹部の利己的な振る舞いは、企業や工場の域にとどまるものではなかった。一九八〇年代半ばになると、幹部たちは、当時の二重価格制を悪用し、自らの政治的地位や権力を用いて、物資を廉価な配給物資市場で購入し、より高い市場価格で転売することにより暴利を得ていった。このようなブローカー行為によって、幹部やその親族が一夜にして大資産家になったなどという話が世間に広まり、社会には特権階級化する幹部への怨嗟《えんさ》が充満した。

## （3）民主化運動と労働者

そのようななかで、一九八八年になると、通年で前年比一八・五％に達するハイパー・インフレーションが人びとの生活を直撃した。都市住民たちは商品の買いだめや預金の取り付けに奔走した。一九七〇年代末の「北京の春」以来、知識人や学生の間には一貫して自由や民主化を求める運動が展開されていたが、一九八八年秋以降、それは一段と大きなうねりとなった。そして、一九八九年四月一五日、「民主化の星」として総書記辞任後も学生たちの間で人気の高かった胡耀邦が急逝すると、運動は激しさを増した。学生たちは、五月一五日のゴルバチョフ（ソビエト連邦共産党中央委員会書記長）の訪中に合わせ、天安門広場でのハンガーストライキに突入した。学生たちに同情した政府関係者、企業家、マスコミ関係者、一般市民、労働者も参集し、デモの参加者は最も多いときで一〇〇万人近くに達したといわれる。

では、労働者は、民主化運動にどのように関わったのだろうか。学生や知識人を主体とする民主化運動に労働者が加わったのは、一九八九年四月末だといわれている。その後五月から六月にかけて、北京、上海、武漢、広州、南京、西安などの大都市で、工人自治連合会（工自連）が結成され、それが労働者の運動の推進母体となった。これに対し党中央は、労働者が民主化運動に参加することを断固として阻止しようとした。五月初旬、北京市党委員会は、いかなる手段を講じてでも、労働者と学生の連携を断つよう、市内すべての工場経営者に通達を出した。五月一三日、趙紫陽（党中央総書記）と李鵬（国務院総理）は、労働者の代表に面会し、彼らをなだめようと試みた。しかし、運動に参加する労働者は増え続けた。首都鋼鉄公司や燕山石油化学といった大企業のみならず、中小企業や集団所有制企業からも多くの労働者が運動に加わり、その規模は拡大していった[12]。

しかし、民主化運動を推し進めるにあたって、学生たちと労働者との間の連携は実に脆いものであった。北京で工自連が発足した当初、学生に共感し天安門広場に駆けつけた労働者に対し、学生の態度は冷淡かつ傲慢であり、労働者を失望させた。のちにアンドリュー・ウォルダー（Andrew G. Walder）らの取材に対し、当時現場にいた工自連の元メンバーは次のように語った。

学生たちはいつも労働者を拒絶していた。〈中略〉彼らは、我々には学がないと思っていた。我々は政府との対話に参加することを求めたが、学生は我々を参加させなかった。彼らは、労働者をがさつで、愚かで、向こう見ずで、交渉などできないと思っていたのだ[13]。

そして工自連の側も、エリート主義で自己陶酔的な学生運動への違和感を募らせていった。そもそも、両者の間には、運動の目的に違いがあった。学生たちが格調高い言葉づかいで、民主や自由を論じる一方、労働者たちを運動へと突き動かしたのは、インフレによる生活不安や、汚職行為により私腹を肥やす幹部や権力者への怒りであった。労働者の憤懣は、党の高級幹部がいかにブルジョア的生活を送っているか——例えば、鄧小平の息子がギャンブルにいくら賭けたのか、趙紫陽総書記がゴルフにいくら費やしているのか、政治指導者がどれほど別荘をもっているか、幹部の所得や消費はどれほどか——に向けられていた[14]。したがって、戒厳令布告が内定した翌々日の五月一九日未明に、趙紫陽が天安門広場を訪れ、涙を流しながら学生たちにストライキをやめて大学に戻るよう語りかけると、学生たちは趙紫陽に同情し、趙を守らねばと党内の権力闘争に関心を寄せていったが、労働者たちは党内のエリート政治には無関心であり、むしろ毛沢東の肖像を掲げて、相対的に平等であった当時を懐かしんだ[15]。

天安門事件による犠牲者の数については依然として確かな情報がなく、事件に関わる逮捕者についても同様である。逮捕者は推計約一万人、処刑された人数は数十人に上るという報道もあれば、約一六〇〇人が治安当局に捕まり処罰を受けたとする報道もある。そのなかには、労働者も数多く含まれており、彼らは、未来のリーダーとして相対的に寛容な処分で赦された学生に対し、海外に知られることもなく、より激しく拷問を受け、厳しい処罰を受けたといわれる[16]。知識人のネットワークや国際社会と接点を持たない彼らは、職場からも切り捨てられ、行く場を失った。

ここで注目するべきは、党が、運動に参加した労働者を「労働者」という区分から排除したうえで弾圧したという点である。一九八九年六月一日付『解放軍報』には、次のような報道がある。

> 天安門西観礼台下に集結した一味が、北京市人民政府の戒厳令を無視し、労働者の名義を盗用して、工人自治連合会を違法に組織し、でたらめな言説を製造し、散布し、ストライキを鼓舞し、内外の記者と会い、公然と人民政府の転覆を呼びかけ、社会動乱を煽動している事態に対し、北京燕山石油化工公司、首都鋼鉄公司、華北電力連合公司、北京鉄路局、北京鉱務局など首都の四〇の企業の責任者は五月三一日、このような違法組織を取り締まるよう求める文書に共同署名した[17]。

ここで、「労働者の名義を盗用して」という記述には、一九五〇年代から続く連帯と疎外の論理が見てとれる。すなわち、党はこのときも、労働者の前衛としての党、党と労働者の連帯という社会主義イデオロギーが描く美しい空想世界に、現実を無理やり当てはめ、その構図を乱す者については、「もはや労働者ではない」として切り捨てたのであった。

### (4) 共産党の再定義と労働者

天安門事件、そして中東欧諸国の共産主義政権の瓦解、ソ連邦の崩壊により、中国共産党は、対内的にも対外的にも、支配の正当性の危機を迎えた。一九九〇年代から二〇〇〇年代は、中国共産党が生き残りをかけ、自己再定義を進めた時期にあたる。

まず、一連の民主化運動を経験し、大学生や知識人たちを体制の側に引き入れる死活的重要性を感じとった共産党は、大学を党組織建設の主戦場と定め、大学生を対象に党員リクルートを強化した。この試みは、党員という資格を自らのキャリア形成に活用したいと願う大学生のニーズと合致し、大学生の入党は増加の一途を辿り、党員構成の高学歴化を導いた。

二〇〇〇年代に入ると、経済発展や技術革新を担うようになった私営企業家が、次なる党員リクルートの新境地となった。この新たな方針を打ち出すにあたり、時の総書記江沢民は、「三つの代表」という枠組みによって、党を再定義しようとした。「三つの代表」とは、中国共産党が不敗の地に立つためには、①中国の先進的な社会生産力の発展の要求、②中国の先進的文化の前進の方向、③中国の最も広範な人民の根本的利益を代表し続けなければならない、という趣旨の主張を体系化したものである。この一見当たり前のような内容の枠組みがもつ画期性は、党がこの枠組みによって、実態のみならず理論上も、労働者と農民の前衛政党から、私営企業家をも含むより幅広い層を代表する政党へと自らを再定義したことにある。市場経済化を経て、社会が多様化した時代にあって、国民のマジョリティを「労農同盟」のなかに括ることには無理がある。「労農同盟」や「前衛」としての立場にこだわっていたのでは、知識人も、私営企業家も、安心して党に身を委ねることはできない。このような現実を踏まえ、江沢民政権は「三つの代表」の徹底を通じて、政治エリート、経済エリート、知識エリートが連帯して中国を統治する体制を打ち固めようとしたのだといえるだろう。無論、この変更は、党のあり方や統治体制の根本に関わるものであるため、二〇〇〇年二月に江沢民によってはじめて「三つの代表」が打ち出されると、党内外には賛否両論が湧き起こった。『中流』や『真理的追求』といった保守系の理論誌には、それが労働者階級の前衛としての党のありようを変質させ、党の内部分裂を導くものではないかとの批判が提起された。とりわけ、「資産階級の代理人」とみなされてきた私営企業家の入党に対しては、党規約違反であると、反発が強かった。しかし江沢民は、保守派からの強い批判を浴びながらも、二〇〇一年七月一日の党創立八〇周年の講話において、あらためて「三つの代表」に言及し、私営企業家を含む新たな社会階層を「中国の特色ある社会主義事業の建設者」と位置付け、思想や政治の面で要件を満たせば入党を認めると述べたのであった。

では、一九九〇年代以降、労働者はどのような境遇にあったのだろうか。一九九〇年代は、労働者にとって混乱の時代であった。時の辣腕《らつわん》総理、朱鎔基のイニシアチブのもとで、国有企業改革が本格化したが、それは、余剰労働力や不採算部門を国有企業から切り離して、市場競争力のある企業へと生まれ変わらせる一大事業であり、当然の帰結として、これまで採算度外視で抱え込んできた余剰労働力のリストラが進んだ。リストラされた者たちは、「下崗《シアガン》」労働者と呼ばれ、その数は一九九九年には九三七万人に達した(18)。彼らには、再就職のための職業訓練が施されたが、再就職できたのは半分にも満たなかった。さらに、農村からの出稼ぎ労働者の増加などにより、労働者内部の階層分化と格差はより複雑化の様相を呈した。

そして二一世紀に入ると、中国では格差の拡大が等閑視できない問題となった。図1は、二〇〇二年一月に、中国社会科学院社会学研究所の陸学芸により発表された「十大階層論」と題する報告書に掲載された概念図である。この図に示したように、陸らは、当時の中国社会を、五つの社会経済等級に対応する一〇の社会階層に分化していると分析した。一〇の社会階層とは、上から①国家・社会の管理者階層、②経営管理者階層、③私営企業家階層、④専門技術者階層、⑤事務職員階層、⑥個人経営者・自営業者階層、⑦商業・サービス業従業員階層、⑧産業労働者階層、⑨農業労働者階層、⑩無職・失業・半失業者階層である。ここで労働者は八番目、階層としては中下層ないしは底層に、「下崗」労働者・失業者は一〇番目で底層に位置付けられた。この報告書は、「人民民主独裁」という理念とは裏腹に、本来国家の主人公であるべき労働者と農民が、格差社会の最末端に追いやられている現実を如実に示したという点で、政治的問題提起をはらんでいた。そして、この報告書が一つの契機となり、その後多くの研究者が、中国社会の格差問題、階層間の断裂について警鐘を鳴らし、格差是正に向けた胡錦濤政権の取り組みを後押ししていくこととなった。

**図1　陸学芸らによる中国の社会階層構造概念図**

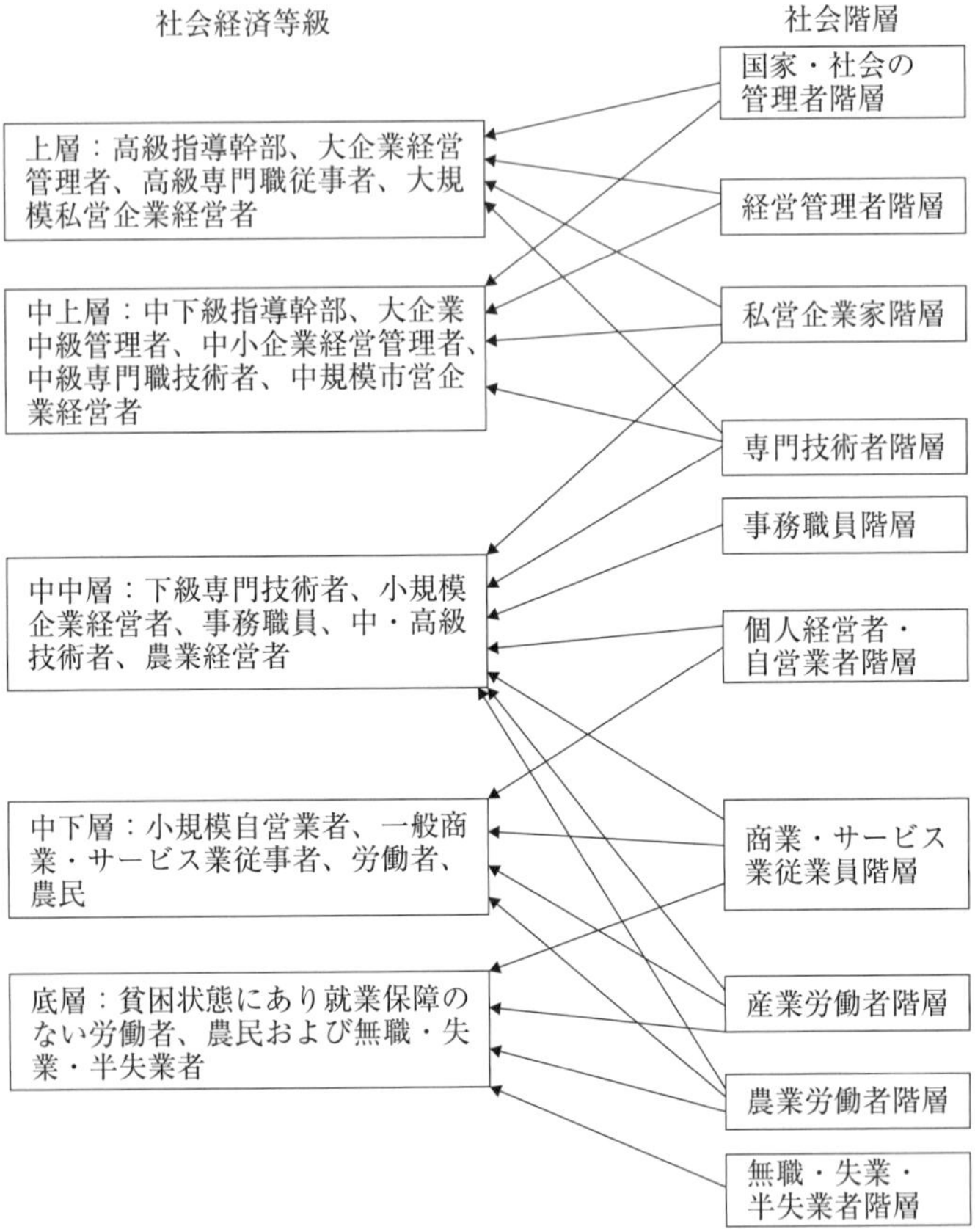


（出所）陸学生主編『当代中国社会階層研究報告』北京：社会科学文献出版社、2002年、９頁より筆者作成。

## おわりに――習近平政権下の労働者

以上のように、中国共産党による労働者統治の実態は、「人民民主独裁」が掲げる理念とはかけ離れたものであった。一部の労働者は、「国家の主人公」としての自覚を高めるに十分な環境を享受することができたが、計画経済期においても、市場経済化以降においても、労働者内部の格差は厳然と存在し、弱者の声は、「人民民主独裁」の理念に基づく美しい空想世界を乱すものとして周縁化され、時に激しい弾圧の対象ともなった。

最後にエピローグとして、現習近平政権下の状況に関し、注目すべきニュースを紹介しておきたい。

図２は、習近平政権期の中国各地の労働争議の件数の推移を、中国労工通訊のデータに基づき示したものである。この図からは、社会統制が強まった習近平政権下でも、コロナ禍の影響による減少こそみられるものの、労働争議が比較的頻繁に発生していることがわかる。しかし、ここで紹介したいのは、労働争議の頻度ではなく、その性質の変化を示す事例である。

広東省深圳《しんせん》市で二〇一八年五月から数か月間続いた深圳佳士科技公司（ＪＡＳＩＣ）の労働争議については、報道でご存知の方も多いだろう。報じられたところによれば、この争議は、一人の労働者がＳＮＳに、休み時間に健康管理のためとして強制的に歩かされたことへの不満を投稿したことに端を発する。それが職場の知るところとなり、彼は現場の上司に殴られたうえに解雇された。彼に同情した仲間たちが、工場の不条理な制度について、深圳市坪山区の総工会に訴え出たところ、総工会関係者からは、工会を結

**図2　中国における労働争議件数の推移**[19]

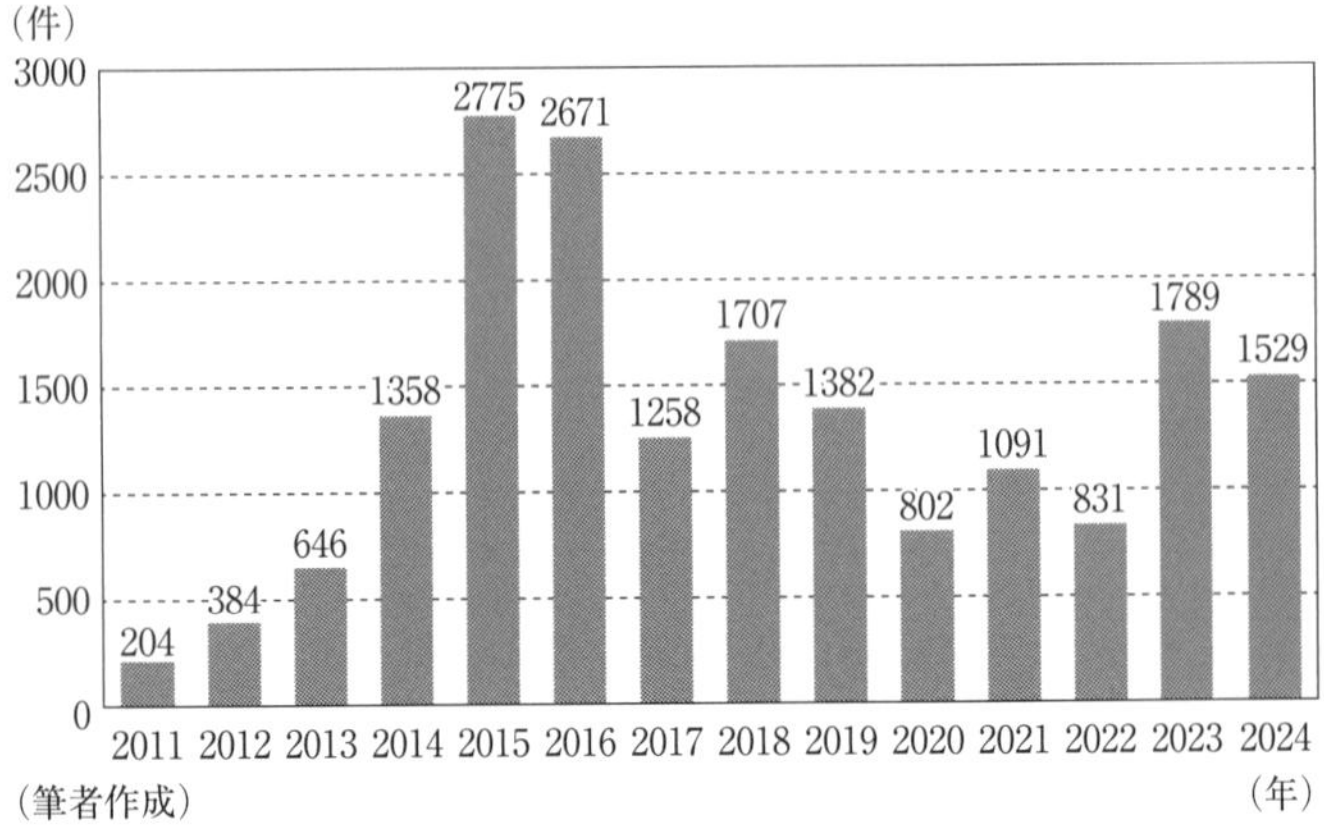


(筆者作成)

成して問題を解決してはどうかと提案された。そこで、労働者たちは工場に工会の結成を要求、工場は労働者の求めに応じて織工代表大会を設置したが[20]、その際、労働者自らが選んだ人物を、代表候補者から排除した。これについて労働者たちは七月二一日、公開書簡を発表して工場側を非難した。これによりさらに、仲間が工場内で殴られたり、逮捕、拘禁のうえ拷問を受けたりするに至り、労働者たちは、運動家である沈夢雨の助言のもと、派出所の近くや街頭で、拘留者の釈放や自主労組の結成を求めるデモを敢行し、一か月にわたって工場や警察と激しく対立した。

この争議で画期的だったのは、労働者たちの訴えが左派系のインターネットサイトに掲載されるや、中国各地の二〇以上の有名大学の学生たちや大学教授、国内外の人権活動家のあいだに、支持と支援の輪が拡がったことである。彼らは、労働者を支持する公開書簡を発表したり、署名活動をしたりしたのみならず、深圳に集結して抗議運動に合流した。運動の拡がりを恐れ、警察は八月下旬になって、労働者・学生の強制排除へと動いた。

九月九日は毛沢東の命日である。この日、佳士科技公司の労働者代表と学生たち十数名が毛沢東の故郷である湖南省韶山に行き、毛の銅像に献花をし、「北大（北京大学）、南大（南京大学）、人大（中国人民大学）、北外（北京外国語大学）、北語（北京語言大学）、南中医（南京中医薬大学）は永遠に毛主席の良き学生になります。青年労働者学生は韶山《しょうざん》に集い、主席の輝かしい思想を永遠に伝えます。佳士労働者は毛主席に経緯を表します」と書いた横断幕を広げ、「インターナショナル」（社会主義・共産主義を代表する歌）を歌い、警察に拘束された。今回の争議に直接的、間接的に参加した学生の所属する団体――例えば、北京大学マルクス主義学会や南京大学のマルクス主義読書研究会、中国人民大学の新光平民発展協会などは、改組されたり、団体としての登録を抹消されたりした。

天安門広場で露呈した学生と労働者の間の溝は、今日に至って、急速に埋められてきている。大学生は、もはやかつてのような選ばれしエリートではない。経済の悪化に伴い、大卒者の就職率は低下し、若年層の失業率が高まっている。そのようななか、ＳＮＳの普及も手伝って、特権階級化した党幹部に対し、学生と労働者が共闘する構図がつくられるのも自然の流れといえるだろう。

（1）　中兼和津次「空想から現実へ――マルクス、レーニン、スターリン、毛沢東、鄧小平にみられる社会主義像の変遷」『比較経済研究』第五五巻第二号、二〇一八年。
（2）　一九五四年に制定された中国最初の憲法においても、第一章総綱第一条に「中華人民共和国は、労働者階級が領導する、労農同盟を基礎とした人民民主国家である」と明記されている。
（3）　ロデリック・マックファーカーほか編（徳田教之ほか訳）『毛沢東の秘められた講話（上）』岩波書店、一九九二年、九九―一〇一、二二九頁。

（4）中共浙江省委党史研究室・浙江省档案館編『中共浙江省委文件選編（一九五七年一月～一九六〇年一二月）』一九九一年（中文出版物服務中心編『中共重要歴史文献資料彙編　第三三輯　地方党政文献史料選編　第三分冊（上）』ロサンゼルス：中文出版物服務中心、二〇一一年）、二六―二七、八九―九〇頁。

（5）『工人日報』一九五七年五月一六日。

（6）小嶋華津子『中国の労働者組織と国民統合――工会をめぐる中央―地方間の政治力学』慶應義塾大学出版会、二〇二一年。

（7）『中国工会運動史料全書』総編輯委員会・『中国工会運動史料全書・浙江巻』編委会編『中国工会運動史料全書・浙江巻』上冊・下冊、北京：中華書局、二〇〇〇年、四五八―四六二頁。

（8）『中国工会運動史料全書・浙江巻』九六三―九六四頁。

（9）中共浙江省委党史研究室・浙江省档案館編『中共浙江省委文件選編（一九五七年一月～一九六〇年一二月）』一九九一年（中文出版物服務中心編『中共重要歴史文献資料彙編　第三三輯　地方党政文献史料選輯　第三分冊（上）』（二〇一一年）一一七頁、一三四頁。

（10）中共中央書記処研究室理論組・中華全国総工会弁公庁編『当前我国工人階級状況調査資料匯編2』北京：中共中央党校出版社、一九八三年、九八頁。

（11）中華全国総工会弁公庁編『建国以来中共中央関於工人運動文件選編　下冊』北京：工人出版社、一九八九年、一三一三―一三一五頁。

（12）運動に際して、全総は、工人自治連合会からの支援要請の申し出は断ったが、他方で朱厚沢（全総常務副主席・全総書記処第一書記）は、学生の運動に対する道義上、経済上の支持を表明し、全総として一〇万元の寄付を行うとともに、「当面の事態に関する五つの声明」を発表して、全国人民代表大会と政府に対し、労働者との対話を要求した（『工人日報』一九八九年五月一八日・一九日）。また、全総直属の中国工運学院関係者や全総工運研究所の研究員を中心とする全総の幹部が、「中華全国総工会」の旗を掲げて、民主化運動に参加した（『工人日報』一九八九年五月一七日）。このことは、全総と一般労働者との間の溝を露呈したといえるだろう。

（13）Andrew G. Walder and Xiaoxia Gong, "Workers in the Tiananmen Protests: The Politics of the Beijing Workers' Autonomous Federation," *The Australian Journal of Chinese Affairs*, No.29, Jan. 1993, p.24

（14）Andrew G. Walder and Xiaoxia Gong, "Workers in the Tiananmen Protests: The Politics of the Beijing Workers' Autonomous Federation," *The Australian Journal of Chinese Affairs*, No.29, Jan. 1993, p.5.

（15）Shaoguang Wang, "Deng Xiaoping's Reform and the Chinese Workers' Participation in the Protest Movement of 1989," Paul Zarembka ed., *Research in Political Economy*, Vol.13, Greenwich: JAI Press,1992, pp.163-197.

（16）労働者の参加者として広く知られているのが韓東方である。韓は、元北京鉄路局の労働者であり、北京工人自治連合会の設立に関わった。天安門事件後は、中国政府により真っ先に指名手配され、逮捕後は裁判手続きもないまま二二か月拘留された。その後病気療養のためアメリカで一年間の治療を受けたが、一九九三年に帰国すると再び逮捕された。一九九七年に香港の身分証を取得し、現在は「中国労工通訊」主宰として中国の労働情勢を対外的に発信している。

（17）『解放軍報』一九八九年六月一日。傍点は筆者。

（18）労働和社会保障部・国家統計局「一九九九年度労働和社会保障事業発展統計公報」（https://www.mohrss.gov.cn/SYrlzyhshbzb/zwgk/szrs/tjgb/200602/t20060207_69892.html）（最終閲覧：二〇二四年一一月二九日）

（19）China Labour Bulletin（https://maps.clb.org.hk/statistics?i18n_language=en_US&map=1&startDate=2003-04&endDate=2024-10&eventId=&keyword=&addressId=&parentAddressId=&address=&industry=&parentIndustry=&industryName=）（最終閲覧：二〇二四年一一月二九日）

（20）職工代表大会とは、企業の従業員代表が、企業の経営とりわけ従業員の労働条件や福利厚生について協議する会議体である。工会は職工代表大会の運営を担うケースが多い。

# 第2章　人民をつくる
## ――人民代表大会の代表とは誰か

加茂具樹

### はじめに

「人民」は現代中国の政治を理解するうえで重要な概念である。一九四九年以降、中国の公式文書や新聞宣伝は、現代中国において人民が国家の主人公であることを繰り返し確認してきた。国家の一切の権力は人民に属し、人民は国家の権力機関である人民代表大会を通じて、その権力を行使する。

この人民は、マルクス・レーニン主義における革命概念であり、「敵」と相対する存在である。中国を含む社会主義国家は、国家の構成員を人民と敵に分類し、それぞれに異なる政治的対応をしてきた。「人民民主独裁」という政治概念が示しているように、人民には民主を、敵には独裁を、である。民主とは選挙権、被選挙権などの政治的権利を与えることであり、独裁というのはそれらの権利を与えないことである。中華人民共和国が建国する直前に採択された中国人民政治協商会議共同綱領、そして建国以来、これまでに制定されたすべての中華人民共和国憲法は、「中華人民共和国の一切の権力は人民に属する」こと、「人民が国家権力を行使する機関は、全国人民代表大会および地方各レベルの人民代表大会である」こと、と規定している(1)。

中華人民共和国憲法には、人民とともに公民という言葉がある。公民とは国籍保有者のことである。憲法が公民と人民を書き分けることによって、政治的権利を剝奪された公民、すなわち人民の敵の存在が可視化される。中華人民共和国の領域には国籍保有者である公民が生活し、公民は、国家権力を行使する人民という公民と、人民の敵としての公民、によって構成されているのである。

本章の問いは、人民とは誰か、である。この問いに答えるために本章は、人民が権力を行使するために選出する人民代表大会代表（以下、人代代表）とは誰か、を論じる。先行研究が指摘するように、中国共産党（以下、党）が一党支配する現代中国において、人代代表の選挙も党が領導する。つまり党が人代代表をつくるのであり、そこには党が期待する人民の代表の姿が埋め込まれている。すなわち、党が人民をつくるのである。

本章の構成は以下の通りである。第一節は、中国政治において人代代表が担っている機能を論じる。本章では現代中国を権威主義国家と捉える(2)。先行研究が説明しているように、権威主義国家における「民主的」制度、すなわち議会や選挙、そして政党は、その政治指導者が体制の内外から生じる脅威を緩和するための道具として機能している（以下、煩雑であるため「民主的」制度を民主的制度と表記する）。では、現代中国の民主的制度である人代は、どのような存在なのか。先行研究を踏まえて整理する。第二節は、人代代表とは誰か、を論じる。本章は江蘇省揚州市人代（二〇〇八年～二一年）と河北省石家荘市人代（一九四九年～五四年）の史資料を利用する。これによって党が期待する人民の代表の姿の輪郭を捉える。以上の考察を踏まえて、本章のおわりにでは、中国政治における疎外と連帯の姿を描く。現代中国政治は、中華人民共和国という「境界」内に生活する人びとのなかに、人民という政治の主人公と、秩序からの逸脱者や脅威となる者としての敵という二元構造をつくりだしてきた。党は、自らの生存のために、人代代表という「政治的な連帯」を創出し、そうした彼らを通じて体制の内外から生じる脅威の緩和を試みてきた。人代は党による支配を維持するための政治的道具の一つである。

## 1　中国政治のなかの人民代表大会

### （1）権威主義国家の政治指導者が直面する政治課題

権威主義国家である現代中国の民主的制度を論じた先行研究は、そこに政治体制の持続に貢献する機能を見出している。(3) 権威主義国家における民主的制度の政治的機能を体系的に理解するためには、権威主義国家の政治指導者が、自らの地位を維持するために解決しなければならない政治課題とは何か、という視点が役に立つ。

先行研究は、二つの対立関係が権威主義国家の政治をかたちづくっていると論じる。(4) その一つが支配者（rulers）と被支配者（ruled）の対立である。権威主義国家の政治指導者は、あたかも自らを包囲するかのように存在する大衆（masses）からの脅威に直面しており、権力から排除された多数派との均衡をいかにとるのか、という政治課題に直面している。これが権威主義的なコントロールの問題（the problems of authoritarian control）である。

いま一つの対立関係は支配者の内部に存在する。政治指導者は、共同して支配（joint rule）する同盟者（allies）としての体制エリートとのあいだにある緊張をいかに緩和するのか、という政治課題に直面している。これが権威主義的な権力共有の問題（the problems of authoritarian power sharing）である。[5]政治指導者は、その地位に就くとき、体制の外側からの挑戦を排除できる十分な資源を備えていることは希であり、挑戦に対抗するために同盟者を求める。政治指導者は、同盟者と共同して支配することによって得られる利益を共有することで、彼らの支持に報いようとするのである。この共同支配によって得られる果実の配分に関する体制エリートとの合意が、権威主義的な権力共有とよばれるものである。

こうした問題に直面している権威主義国家の政治指導者にとっては、掌握している政治的資源を配分し、抑圧や不正な操作を行うこと（強権的な支配）によって、体制エリートや大衆から強引に支持を調達して（服従させて）、緊張を緩和させることは容易なのかもしれない。しかし政治指導者は、抑圧や不正に過度に依存してしまうと、体制エリートや大衆が本当はどのくらい自らを支持しているのかを把握し、また彼らの選好を知ることが難しくなってしまう。

同時に、体制エリートや大衆もまた、政治指導者の意図を把握することが困難である。こうした政治指導者と体制エリートのあいだ、そして大衆とのあいだの不完全な情報環境は、相互に相手に対して不確実性に根ざした不安全感をもたらし、政治的な混乱を引き起こすかもしれない。これを独裁政治のディレンマという。

また権威主義国家の政治指導者が、経済問題などの政策課題を解決し、執政の支持を調達するために強制的な手段を導入すると、かえって腐敗や汚職といった統治の非効率性を高め、統治の不安への懸念を生むという研究もある。そして過度に抑圧や不正に依存した支配は、体制エリートや大衆を過激な行動へと駆り立てる可能性もある。体制エリートは、政治指導者による抑圧や粛正の機先を制するために、体制からの離反や反乱という行動を選択するかもしれない。大衆は自らの要求を政府に訴える手段がなければ、やむを得ず、リスクを顧みずに、政府に対する抗議活動の烈度を高め、運動の組織化をすすめ、一線を越えた行動を選択するかもしれない。剝き出しの暴力は人びとの不満をかえって高め、体制崩壊の引き金になる。

こうして権威主義国家の政治指導者が抑圧や不正に過度に依存することは、自らの権力を維持し、体制を持続させるための最適の選択肢ではないことは明らかである。強権的な支配と統治の有効性とのあいだに存在するジレンマに対処するために、権威主義国家の政治指導者が活用する支配の道具が、議会や選挙、そして政党といった民主的制度なのである。

### (2) 権威主義国家における民主的制度の政治的機能

これまで権威主義国家の民主的制度は、権威主義国家の政治指導者が自らの政治体制は民主的であることを偽装するための道具、と理解されてきた。しかし権威主義政治は、そう単純ではない。

近年の研究は、権威主義国家の政治指導者は、体制の内外から生じる脅威を緩和するための道具が、権威主義国家の議会や選挙、そして政党といった民主的制度であると説明している。この道具には三つの政治的機能がある。

その第一の政治的機能が、政治指導者と体制エリートとのあいだの安定的な関係を構築し、紛争を防止する機能である。政治指導者は支配を維持するために、体制エリートと権力共有のメカニズムを構築して緊張を緩和し、体制エリートの離反を防ごうとする。しかし政治指導者が、体制エリートと権力共有をするうえで、一つの課題がある。

それがコミットメント問題である。何が問題なのか。政治指導者は、体制エリートに対して税金や天然資源からの収入といった金銭的なもの、あるいは自らが支配する組織（国家機関や政党）の職位、政策方針に関する妥協といった政治的資源を配分し、彼らを取り込もうとする。しかし政治指導者がそうした便宜を供与するだけで、体制エリートを取り込むことができるとは限らない。体制エリートは、政治指導者が資源の配分を約束したとしても、将来においても約束は守られず、政治指導者に突然に奪われるかもしれない、という懸念を抱く。この懸念は、体制エリートをして政治指導者への挑戦的な行動を選択する誘因となり得る。

それでは、政治指導者はいかにして自らのコミットメントの信頼性を高めることができるのだろうか。政治指導者にとって、そのための効果的な道具が権威主義国家の民主的制度である。なぜなら、これらの制度をかたちづくる各組織を運用するための規則や規範が存在し、その手続きを遵守して資源配分を行うことについて政治指導者と体制エリートの合意が存在するようになること（制度化）は、体制エリートの視点からすれば、将来における資源配分の確からしさが高まることを意味する。この結果、体制エリートたちは、配分の長期的な予見可能性（例えば、政治的資源の配分が国家や政党の職位なのであれば、キャリアパスの長期的な予見可能性）を感じ、政治指導者への忠誠を選択することは、政治指導者に挑戦するよりもましな選択と考えるようになる。こうして政治指導者が民主的制度を安定的に運用する動機は、自身と体制エリートとのあいだの権力共有のコミットメントの信頼性をたかめ、体制エリートからの脅威を効果的に緩和しやすくなる、というところに生まれる。

権威主義国家の政治指導者が、その民主的制度に期待する第二の政治的機能が、政治指導者に競争する勢力（以下、競争勢力。体制エリートや大衆のなかに存在する）の伸張を抑え、その弱体化を図ることである。政治指導者は、競争勢力に国家や政党の職位を配分し、また予算を配分し、立法を通じた政策的優遇などの政治的資源を分け与えることができる。議会での人事案や予算案、法律案といった議案の審議を通じた対抗競争との駆け引きは、政治指導者にとって情報操作が容易であり、交渉は有利である。このとき政治指導者は、一部の競争勢力にだけ利益を供与するという戦略をとることで、競争勢力を分断し、団結を阻止して、彼らの勢力を弱体化させて、体制の安定にとって有利な環境をつくることができる。あるいは議案の審議を通じて、政治指導者への圧倒的な支持が表明される（例えば議案が満票の賛成票が投じられるなど）ことによって、政治指導者が圧倒的な権威と権力を有していることが可視化されることは、競争勢力の意思を挫くことになるだろう。

そして第三の機能が統治の有効性の向上である。政治指導者は、人事や予算、法律を審議する過程を政策決定に必要な情報（要求や不満）を収集する機会として民主的制度を積極的に活用する。(6) また、これらの情報を踏まえて政治指導者は、競争勢力の要望に応じて政治的な譲歩を選択し、彼らの不満を緩和し、また支持をとりつけることができる、というわけである。さらには、民主的制度での体制エリートたちのパフォーマンスを通じて、彼らの能力を評価し、任用選抜のための参考となる情報を収集できるのである。

### （3）権威主義国家中国における民主的制度

先行研究は、権威主義国家中国の民主的制度である人代もまた、他の権威主義国家の民主的制度と同じように、体制の持続に貢献する政治的機能を発揮していると論じている。

権威主義政治は、「閉鎖的権威主義」（Closed autocracy）と「選挙権威主義」（Electoral autocracy）に分類できる。[7]「閉鎖的権威主義」政治のもとで生活する人びとは、複数政党制の選挙を通じて政府の最高行政官または立法府のいずれかを選択する権利をもっていない。「選挙権威主義」政治のもとで生活する人びとは、複数政党制の選挙を通じて最高行政官と立法府を選択する権利をもっているが、結社の自由や表現の自由など、選挙を意味のある、自由で公正なものにする自由がかけている。現代中国の政治は、党の領導に挑戦する政治勢力の存在を認めておらず、「閉鎖的権威主義」政治である。憲法が、「中華人民共和国は、労働者階級が領導し、労働者と農民の同盟を基礎とする社会主義国家である」ことを支持する公民を人民と定義している。そのため人民が権力を行使するための代表である人代代表を選ぶ過程には、当然、人民と敵を選別する機能を埋め込まれていることになる。

以上を前提としたうえで先行研究によれば、人代には統治に必要な社会の要求や不満の所在についての情報の収集と政策決定者である党と政府の政策方針や政策選好の伝達といった統治の有効性の向上のための機能がある。

したがって、人代に関する先行研究は、人民と敵を腑分けする機能である選挙に焦点を当てる研究と、統治の有効性機能に焦点を当てる研究に分類できる[8]。本章は後者の統治の有効性機能に注目している。この機能の実態を理解するためには、人代代表の活動への理解が必要である。この研究領域において最も代表的な先行研究が、Kevin O'Brien の研究である[9]。

O'Brien は、人代代表の行動の特徴を次の三つに分類していた[10]。第一の種類は、議場にて何も行動しない（議案も建議・批評・意見も何も提出しない）代表である「消極的行為者（In-actives）」である。彼らは、人代代表に選出されたことを党と政府による信任と捉え、これに感謝し、議場では挙手と拍手と肯くだけであり、「政治的な飾り物」にすぎないという。さらに O'Brien は、「代理者（agents）」と「諫言者（remonstrators）」として活動する人代代表の存在を指摘している。

O'Brien によれば、「代理者」としての人代代表は、自身が所属（就業）する単位や所属単位が所在する行政区域（以下、選挙区）に対して、党と政府の政策方針や政策選好を伝達する役割を担っている。これが党と政府の「代理者」としての人代代表である。そして「諫言者」としての人代代表とは、政策決定者である党と政府が適切な政策決定を下すために必要な情報を収集し、伝達する役割を担っている。「諫言者」が伝達するのは、選挙区の要望や不満、社会的亀裂の所在などの情報である。「代理者」にしろ「諫言者」にしろ、こうした活動をする人代代表を O'Brien は、「指導者から選挙民に向かって延びる橋梁」として活動していると表現していた。また O'Brien は、党は人代を通じて中国社会の中産階級や社会的エリート層を代表する民主諸党派、無党派人士に対する影響力を行使しているとも論じていた[11]。

Cho Yongnam も O'Brien と類似した分析を行っている。Cho によれば人代代表には四つの行動の特徴があ

として、そして模範としての人代代表である。そして、こうした行動の特徴は、人代代表の背景（職業等）によって異なると Cho は指摘する。工業や農業に従事している人代代表は監督者や意見の表出者として活動し、政府官僚や知識人は政策選択肢の提供者であり、私営企業家を含めた企業経営者は積極的に法律法規を守り、社会の公益事業に積極的に貢献するような模範者であるという。

そして筆者たちの研究は、O'Brien が提起した「代理者」と「諌言者」に加えて、近年の人代代表が「代表者（representatives）」という「中国社会から党や政府に向かって延びる橋梁」としての機能を発揮しているることを論じた。一部の人代代表は、政治指導者が適切な政策決定を下すための貢献というよりも、選挙区の代表として、選挙区の要求を政治指導者に伝達し、また政策調整を促す役割を担っていると指摘した(12)。

これらの研究によれば、人代代表は二つの政治的機能を発揮していると整理することができる。一つには党と政府の政策方針や政策選好を社会に伝達する機能であり、いま一つには社会が表出する要求を党と政府に伝達する機能である。先行研究は、人代代表が政策決定者である党政府と政策実施の対象である社会（選挙区）とのあいだで、双方向的に情報を伝達する役割を担っていることに注目し、伝達された情報が政策決定の有効性の向上に資している構図を実証してきた(13)。本章では議論を展開する余地はないが、議題設定や政策形成の過程における人代の存在感の増大は、中国の政策過程研究の重要な論点の一つとなっている(14)。こうした先行研究の成果を踏まえると、人代は民主的な政治体制であることを装うための政治的な飾り物にすぎない、という従来の評価のままでは、現代中国政治のダイナミズムを十分に説明はできない。人代と人代代表は、現代中国政治の一翼を担う無視することのできない重要なアクターといってよい。

## ２　人代代表とは誰か

### （１）地域の代表と軍の代表

では、人代代表とは誰か。この問いに答えるために本研究は、江蘇省揚州市人代の資料を利用した。揚州市は華東地区の長江下流域にある地級市であり、人口は四五〇万（二〇二二年末の常住人口）人である。現在、市には三つの区（市割区、municipal district）、二つの市（県級市、City at County Level）、一つの県（県、County）、がある。

本研究が、揚州市人代を事例とする最大の理由は、その資料の優位性にある。同市人代は、連続した四期（人代代表の任期は一期、五年）の人代代表に関する資料を公開してきた。表１に示しているように、一九九八年から現在までの二五年分の資料が公開されている。

資料とは、代表の氏名、性別、生年月、職業、民族、教育水準、所属政党および人代代表が人代会議に提出した「議案」や「建議」に関する情報（議案題名、提出日時、提出者氏名、内容、対応した中国共産党や政府機関の回答内容）である。中国各地の人代常務委員会は、人代代表に関する情報を公式ウェブサイトで公開しているが、揚州市人代常務委員会よりも豊富な情報を公開している地方人代はない。

中華人民共和国選挙法にある通り、揚州市人代代表は間接選挙によって選出される。揚州市人代代表は、揚州市よりも一つ行政級が下の区や県、県級市（呼称は市であるが行政級は県級である市を県級市と呼ぶ）の人代と、揚州市に駐屯する人民解放軍が、それぞれ関連する法律によって定められた人数の揚州市

表1　代表組規模の推移

| | 第4期<br>(1998-2003) | 第5期<br>(2003-2008) | 第6期<br>(2008-2012) | 第7期<br>(2012-2017) | 第8期<br>(2017-2022) |
|---|---|---|---|---|---|
| 代表組数 | 8 | 8 | 8 | 7 | 7 |
| 代表人数 | 416 | 428 | 411 | 424 | 415 |

(揚州市人代常務委員会の公式ウェブサイトを利用して筆者作成)

人代代表を選出する。この結果、揚州市人代代表は、二つの区級人民代表大会、二つの県級人民代表大会によって選出された代表、三つ県級市級人民代表大会、人民解放軍(一つ)から選ばれた代表によって構成されている。これら八つのグループのことを「代表組」と呼ぶ(第七期揚州市人代から行政区画の変更があり、八つの代表組から七つに変更された)。

揚州市人代代表は、揚州市下の地方(行政区毎)の代表と、軍の代表によって構成されている。この構図は、揚州市人代に限らず全国人代から地方各行政級(各級)の人代に至るまで一貫している。よって「人代代表とは誰か」と問われれば、地域(地方)の代表と軍の代表、となるのである。

## (2)変わらない基本属性

地域の代表、軍の代表とは誰か。基本属性に注目して、そうした人代代表とは誰かを確認する。興味深いことに、一九九八年から二〇二二年までのあいだ、地域と軍の代表としての人代代表の属性に大きな変化はない。なお、この傾向は揚州市人代に限るものではない。

年齢(表2)、性別(表3)、中国共産党員の比率(表4)は一定である。大きく変化したのは教育水準(表5)である。水準は著しく高まっている。

**表2　年齢構成**

| | 代表人数 | 平均年齢 | 標準偏差 | 最小数値 | 最大数値 |
|---|---|---|---|---|---|
| 第4期 | 416 | 46.96 | 8.34 | 22 | 79 |
| 第5期 | 428 | 46.54 | 7.64 | 25 | 76 |
| 第6期 | 426 | 46.32 | 7.23 | 25 | 81 |
| 第7期 | 411 | 46.66 | 7.55 | 24 | 85 |
| 第8期 | 424 | 47.86 | 7.25 | 28 | 78 |
| 合計 | | 47.48 | 7.85 | 22 | 85 |

（揚州市人代常務委員会の公式ウェブサイトを利用して筆者作成）

**表3　性別比率（数値の単位は%）**

| | 第4期 | 第5期 | 第6期 | 第7期 | 第8期 |
|---|---|---|---|---|---|
| 男 | 79.57 | 81.07 | 80.05 | 75.06 | 70.75 |
| 女 | 20.43 | 18.93 | 19.95 | 24.94 | 29.25 |

（揚州市人代常務委員会の公式ウェブサイトを利用して筆者作成）

**表4　中国共産党員比率（数値の単位は%）**

| | 第4期 | 第5期 | 第6期 | 第7期 | 第8期 |
|---|---|---|---|---|---|
| 比率 | 74.52 | 76.64 | 77.93 | 78.62 | 70.28 |

（揚州市人代常務委員会の公式ウェブサイトを利用して筆者作成）

**表5　教育水準（数値の単位は%）**

| | 大学院 | 大学 | 大学専科 | 中等専門学校 | 高校 | 中学・小学 |
|---|---|---|---|---|---|---|
| 第4期 | 1.91 | 29.43 | 34.86 | 12.26 | 14.18 | 7.21 |
| 第5期 | 4.17 | 41.20 | 40.89 | 2.80 | 9.11 | 3.50 |
| 第6期 | 14.55 | 57.75 | 26.29 | 1.17 | 5.87 | 0.94 |
| 第7期 | 22.36 | 55.78 | 25.30 | 1.46 | 5.60 | 0.97 |
| 第8期 | 25.42 | 55.34 | 55.34 | 12.59 | 3.09 | 0.48 |

（揚州市人代常務委員会の公式ウェブサイトを利用して筆者作成）

## (3) 政治エリート、経済エリート

地域の代表としての人代代表とは誰か。この問いを理解するためには、人代代表は何を代表しているのかを理解することが重要である。[15] 人代代表の代表性に注目をして人代代表とは誰かを理解する。そのためには、人代代表の職業属性が重要な分析の対象となる。

なお職業属性による分類には課題がある。分類の指標に関する問題である。中国の公式資料において、人代代表の職業属性を分類する指標として、しばしば用いられるものは「幹部」である。しかし、この指標は人代代表の職業の実態を何ら反映していない。また「知識分子」という表現も曖昧な分類指標である。例えば高学歴の人代代表は、幹部に分類されることもあれば、知識分子に分類されることもある。

こうした問題を克服するために、本研究は揚州市人代代表を、政府職員、企業職員、事業単位職員、協会職員、基層組織の職員、その他に分類した。なお本研究において政府職員は、党中央組織部が制定した「公務員範囲規定」にもとづいた範囲の職員を指すことにする。[16] すなわち各級中国共産党の職員、人民代表大会の職員、行政機関の職員、中国人民政治協商会議の職員、監察機関の職員、裁判機関の職員、検察機関の職員、民主党派機関および中華全国工商業聯合会の職員である。

揚州市人代代表に占める政府職員の比率は、第四期は六三・五%、第五期は六〇・五%、第六期は六一・五%、第七期は五五・一%、第八期は五七・五%であった。その構成上の特徴を明らかにするために、政府職員をさらに整理した。中国において政府職員は、国家級正職、国家級副職、省部級正職、省部級副職、廳局級正職（正廳）、廳局級副職（副廳）、県處級正職（正處）、県處級副職（副處）、郷科級正職（正科）、郷科級副職（副科）、科員級（普通）、一般事務員（普通）に等級区分されている。本研究においても、こ

の区分を利用して政府職員を整理した。図1は、政府職員である揚州市人代代表を職位別に整理したものである。

基本属性（年齢、性別、党員比率）と同様に、一九九八年から二〇二三年までの二五年のあいだにおいて、揚州市人代代表に占める政府職員の比率に著しい変化は生じていない。

廳局級政府職員と県處級政府職員を高級政府職員と分類することができるのであれば、揚州市人代代表に占める高級政府職員の比率も一定し、一貫して政府職員全数の過半数近くを占めている。

図2は、揚州市人代代表のなかで、企業や事業単位や協会といった組織に所属している代表を職位別に分類した結果である。企業の董事長や事業単位の代表、協会の代表など、組織の指導的地位に就いている職員を高級職員と分類し、各組織の一般の職員を普通職員、その中間に位置する職に就いている職員を中級職員と分類した。この分類によれば、揚州市人代代表における企業や事業単位や協会職員の比率は、一貫して三〇％前後を維持している。

揚州市は、一九九八年から二〇二三年までの過去二五年間を経て、飛躍的な経済成長を経験し、社会構造は変化している(17)。しかしながら人代代表の属性には大きな変化が生じていないのである。政府職員、さらにいえば高級政府職員が圧倒的多数を占める揚州市人代代表は、揚州市の政治エリートを代表する集団である。また企業や事業単位や協会といった組織の職員、さらにいえばそれらの高級職員が多数を占めている揚州市人代代表は、揚州市の経済エリートを代表する集団でもある。こうした代表の属性が過去二五年のあいだ、変化しないのはなぜか。党が領導する選挙において、その結果に党の意思が反映されるのであれば、人代代表の属性が二五年間不変というのもまた、党の意思と考えてよいだろう。揚州市の政治エ

図1　揚州市人代代表に占める政府職員の職位別人数の推移

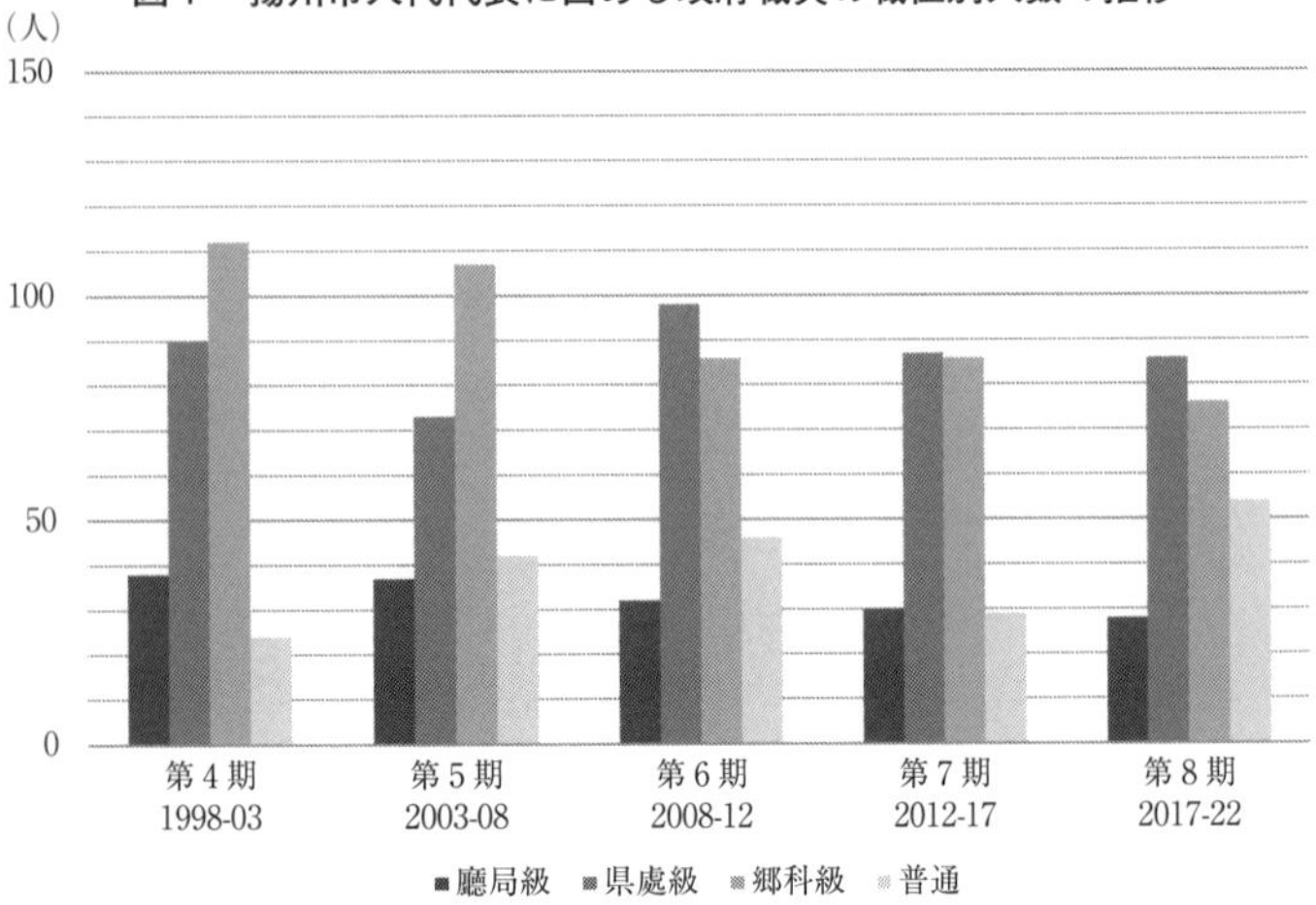


(筆者作成)

図2　揚州市人代代表に占める企業、事業単位、協会職員の職位別人数の推移

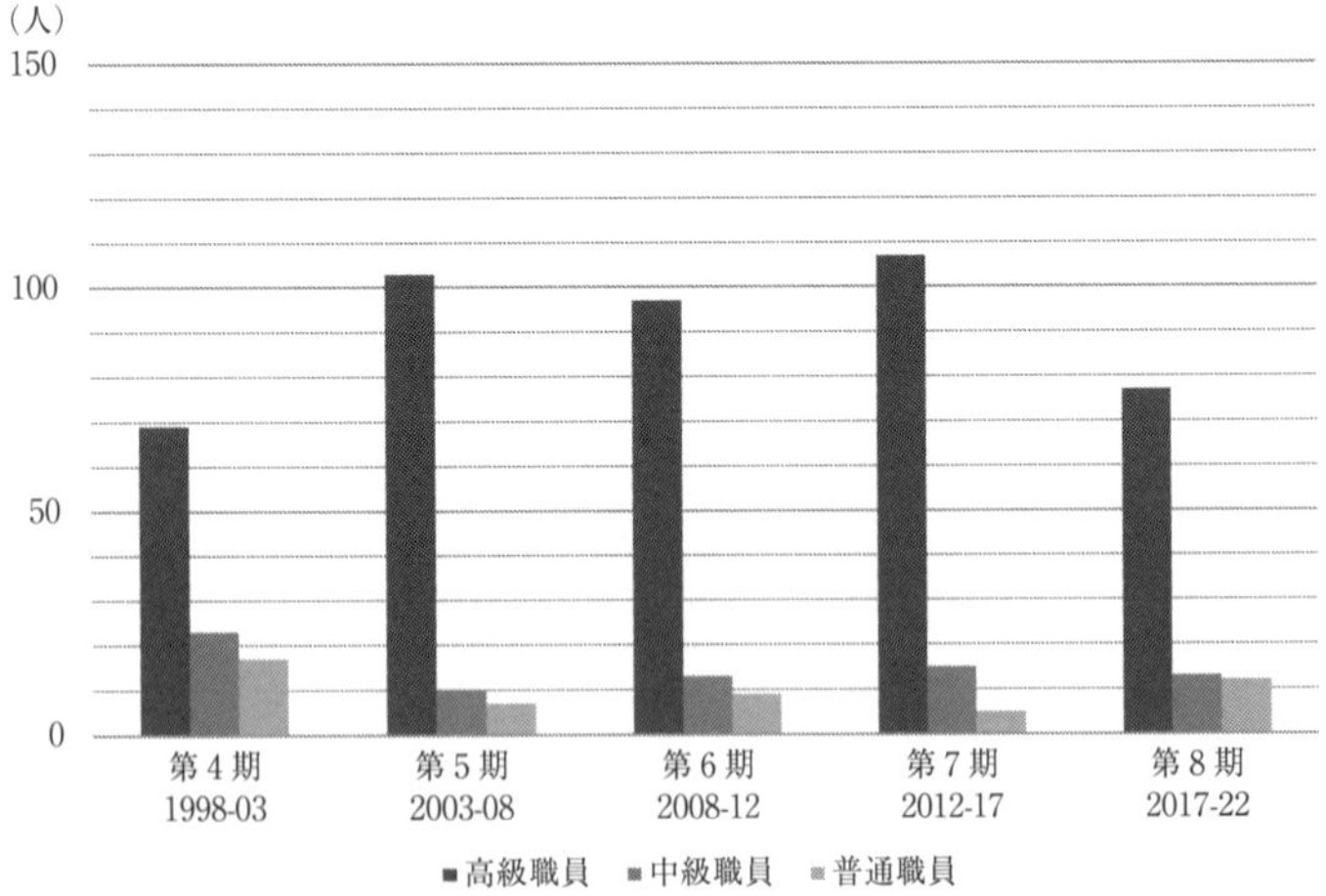


(筆者作成)

リートや経済エリートが多数を占めた人代は、揚州市党委員会や揚州市政府が統治に必要な社会の要望（情報）を収集し、党と政府の政策方針と政策選考を社会に伝達するという、統治の有効性の向上を促すための機能を担ううえで効果的な存在といえる。

政治エリート（高級政府職員）は、一〇〇人程度の規模の集団である。その集団の構造を確認しながら、人代代表とは誰かを考えてみたい。表6は、第五期揚州市人代（二〇〇三年から〇八年）の邗江区代表組に所属している人代代表のうち、属性が政府職員である人代代表を抽出した結果である。邗江区は揚州市中心にあり、揚州市において経済水準の高い地域である。なお紙面の都合上、同代表団以外の代表団の分析は記述しない。後述する分析結果は、他の代表団においても同じである。

代表組とは人代会議会期中の活動の単位である。会期中の人代代表は、全体会議において政府活動報告等が報告された後、この代表組ごとに分かれて報告を審議することになっている。この審議がどの程度の実質的なものであるかは明らかではない。しかし四〇〇名を超える人代代表が一堂に会する全体会議とは異なり、大規模の集団を一定の人数規模に整理して、運営上の秩序をつくろうとして組織した集団だと理解すればよい。

この代表組は三つの集団に整理できる。揚州市級の組織（党や政府）に所属している人代代表、揚州市よりも一下級の組織（党や政府）に所属している人代代表、さらに一下級の組織（党や政府）所属している人代代表である。それぞれ表6にある①廳局級の組織に所属する人代代表、②県處級の組織に所属する人代代表、③鄉科級の組織に所属する人代代表である。①は揚州市党委員会や揚州市人民政府に、②は邗江区党委員会や邗江区人民政府に、③邗江区の下級の鎮や郷の党委委員会や人民政府に所属する人代代表である。

代表組を構成する三つの集団は、それぞれ、さらに分類できる。表６の①の廳局級組織（揚州市党委や人民政府）に整理できる人代代表は、実際の職位にもとづいて廳局級、県處級、科郷級という縦の階層に整理ができる。表６の②の県處級組織（邗江区党委や人民政府）に整理できる人代代表は、実際の職位にもとづいて県處級、郷科級という階層に整理できる。そして表６の③の郷科級組織も同様である。

こうして四〇〇名を超える揚州市人代代表は、横と縦の階層に構造化した小集団に整理できる。この小集団間の関係に、党組織の原則が埋め込まれることによって、小集団の間には指揮命令の系統が確立するのである。必要な情報は、人代組織と党組織の指揮命令系統を通じて下から上に、上から下に、右から左、左から右に伝達、共有されることになる。

先行研究が析出した「代理者」としての人代代表と「諫言者」としての人代代表、さらには「代表者」としての人代代表が、この縦横の階層のなかの指揮命令系統を介して情報を伝達する動機も可視化できるだろう。例えば、「代理者」としての人代代表は、政府職員として、また党員として、選挙区や選挙区住民の代表でありながらも、党や政府の代理として自分自身を選出した選挙区の住民に対して党と政府の政策や法律を伝達することが職責であると考え、党と政府の「助手」として活動するのである。「諫言者」としての人代代表は、党と政府の助手として選挙区や選挙区の住民の要求に耳を傾け、党と政府に伝達する。「代表者」は「代理者」や「諫言者」と趣は異なるが、選挙区やその住民の代表として党と政府に要求を伝達するのである。

ただし、これら三つの人代代表の類型は理念的なものであって、明確に区別することはできないはずだ。

**表6　政府職員に分類できる揚州市人代代表**

| 第5期揚州市人代邗江区代表組に所属している人代代表のなかの政府職員 | | |
|---|---|---|
| **①廳局級組織（揚州市党委や人民政府）に所属する人代代表** | | |
| 揚州市党委副秘書長、揚州市党委辦公室主任 | | |
| 揚州市党委常務委、政法委書記 | **②県處級組織（邗江区党委や人民政府）に所属する人代代表** | |
| 揚州市党委常務委（援蔵） | 邗江区党委書記 | |
| 揚州市人代常務委副主任 | 邗江区党委常務委・邗江区人民政府副区長 | **③郷科級組織（各郷鎮党委や政府）に所属する人代代表** |
| 揚州市人代常務委財政経済工作委主任 | 邗江区人代常務委主任 | 楊廟鎮党委書記 |
| 揚州市人民政府副市長 | 邗江区人民政府対外貿易経済合作局局長 | 泰安鎮党委書記、泰安鎮人代主席 |
| 揚州市人民政府審計局局長・党組書記 | 邗江区人民政府経済貿易局局長・党組書記 | 方巷鎮党委組織幹部幹事、花城村党総支部書記 |
| | 邗江区人民政府烟草専売局局長、邗江区烟草公司経理 | |
| | 邗江区人民政府建設局局長、邗江区建設区管理委員会副主任 | |
| | 邗江区人民政府交通局副局長 | |
| | 邗江区人民政府発展計画局局長 | |
| | 邗江区人民政府建設区管理委員会副主任、邗上街道党工作委書記、邗上街道人代工作委主任 | |
| | 揚州市人民政府公安局邗江分局局長・党委書記 | |

例えば「代理者」と「諫言者」としての行動の動機と「代表者」としての行動の動機が相反するとは限らない。一人の人代代表が三つの役を演じ分けていることもあり得るだろう。いずれにしても人代代表は、中国政治においては、政策決定に必要な情報を（上から下に、下から上に）伝達する役割を担っている。その姿は人代代表が提出する議案や建議に見出すことができる。

以上の整理を通じて人代代表に対する理解は広がり、深まる。人代代表とは誰か、といえば、それは地域と軍の代表という制度設計のなかで、「代理者」であり、「諫言者」であり、「代表者」である。権威主義政治、中国政治のなかの民主的制度に対する従来の見方とは必ずしも一致しない。それがステレオタイプ的なものとして覆すものともいえる。

しかし、人代代表とは誰か、を理解するうえで、もう一つ大きな疑問が残る。現在の人代代表が、「代理者」や「諫言者」、「代表者」としての機能を担っていることは明らかであるが、そうした機能を人代代表は制度の創生時点から発揮していたのだろうか。一九二一年に誕生した党は、わずか三〇年を経て一九四九年一〇月に全国政権としての地位を武力で奪取するという経験はあったが、統治という点においては、あらゆる意味において経験が不足していた。ましてや代議制度の経験は乏しいはずだ。制度が誕生してすぐに、人代代表が「代理者」や「諫言者」、「代表者」という洗練された機能を発揮できたとは信じ難い。また、権力を武力で奪取して建国しようとする時期の党の政策課題と、建国後に統治が安定する時期の政策課題は異なるはずであり、党が人代に期待する政治的機能も異なるはずである。

## （4）転換する人代の政治的機能

ここで、人代制度の発展経路をさかのぼる。この制度の萌芽期に、人代代表は、どのような政治的機能を担っていたのか。本章では、この疑問を解くための手掛かりを河北省石家荘市において開催された石家荘市人民代表会議に関する資料に求めたい[18]。

石家荘市人民代表会議は、毛沢東が一九四九年六月に「人民民主独裁論」を発表してから初めて開催された中国の民主的制度としての「議会」である。同論において毛沢東は、国家建設にあたって人民と相対する人民の敵という秩序観と、その正統性を獲得するためには幅広い階級からの支持を獲得する必要性がある、との認識を披露した。この「人民民主独裁論」をはじめて実践する機会が一九四九年八月に開催された石家荘市の民主的制度としての「議会」であった。なお石家荘市は、党が国共内戦を経て初めて接収した都市の一つであった。そうした文脈において、石家荘市の「議会」は、今日の中国における民主的制度の起点といってよい。

石家荘市では、一九四九年八月に石家荘市第一期人民代表会議が、一九五一年一月に同第二期人民代表会議が、一九五二年一月に同第三期各界人民代表会議が開催された[19]。現在の中国の民主的制度である人民代表大会とは異なる性質のものである。一九四九年、一九五一年そして一九五二年に選出された石家荘市人民代表会議の代表は、八つの地域（選挙区）から選出された代表と職能代表によって組織されていた。なお一九五四年六月に発足した石家荘市第一期人民代表大会以降の人代は本章では扱わないこととする。

石家荘市人民代表会議の発足の経緯を取りまとめた資料がある[20]。この資料は、同会議の開催が決定された後に石家荘市人民政府と石家荘市選挙委員会が実施した、宣伝活動や選挙民登録の状況を説明している。武力による「解放」を経て、中国社会の構造的な変革を実現しようとする党の意思を中国社会（この場合は石家荘市の住民）に受容させようとする取り組みである。

資料は、当時、石家荘市党委員会宣伝部が示したスローガンを紹介している。[21] すなわち、「プロレタリア階級が領導し、労農同盟を基礎とする人民民主独裁の政権を打ち立てる」、「各階層は団結し、人民による政権に積極的に参加する」、「民主的な考え方を発揚し、市政を検査、批評する」、「公民権は素晴らしいものであり、破壊分子には公民権はない」、「人民に奉仕することを熱望している好い代表を選出してください」、「優れた代表を選出することは、指導者を選出することである」、「人民代表を擁護し、人民代表会議を擁護する」、である。この宣伝を通じて石家荘市の住民は、どのような人物が人民であるのかを学習し、また人民代表会議代表を選出する過程に参画することは「人民となる」ことを意味する、ということを理解することになる。すなわち、選挙に至る過程は、人民の代表を選出する資格をもつ人民を選別する過程であった。

選挙にかかる規定は、「本市に居住する中華民国人民、一八歳以上の者で、精神病を患い公民権を剝奪された者以外は、階級、職業、性別、民族、宗教、信仰、財産および教育水準の違いなく、選挙権と被選挙権を有する」としていた。そして選挙方法の実施細則は、この有権者の基準について次のように詳細な説明をしていた。[22]

重要な論点は、選挙権と被選挙権を与えないとする精神病を患った者と公民権を剝奪された者とは誰かである。実施細則は、「精神病を患った者」を「物事の善し悪しを理解できない者、白黒の判別がつかない者、精神錯乱者」を指し、「耳が聞こえない者、口がきけない者、精神衰弱者、身体障害者は選挙権、被選挙権を有する」としていた。[23] そして公民権を剝奪された者は、「1．軍法あるいは人民法院によって公民権を剥奪され、まだ復権していない者」、「2．反革命の行為があり、民主政府によって捜査、逮捕された者」、「3．人民によって人民法院に摘発、上申され、公民権を剥奪された者」のことを指す[24]。

そして選挙管理委員会は、この公民権を剥奪された者をより詳細に規定していた。「武装して反抗した者」、「革命の同志を暗殺した者」、「人民法院によって監禁されている者」[25]、「社会秩序を破壊する者」、「人民政権を覆そうとする者」、「特務」、「反革命団体の会員」、「漢奸」である[25]。

人民代表会議をはじめとする当時の民主的制度である「議会」の代表の選挙には、政権に挑戦する勢力である敵を排除するという政治的機能の付与が明確に示されていた。もちろんこの機能が付与された民主的制度は石家荘人民代表会議だけではない[26]。

上記の人民代表会議代表を選出する活動に関する資料は、人民代表会議という民主的制度に付与された政治的機能についての理解を深めてくれる。つまり党が主導して政権を打ち立てようとする過程（建国直前）および、政権発足直後の国家建設の過程（建国直後）において、その民主的制度は、新しい政権の正統性を獲得するための道具としての機能が期待されていたのである。当時の政権は、（内戦という）力によって奪取した権力の正統性を「主権者によって選ばれた政権」というナラティブの構築とその実践を経て調達しようとしていた。そのための重要な道具が選挙であった。特に「主権者であること」を認識すること、その要が選挙民登録である。政権は、住民登録という住民が人民と人民の敵を峻別する過程、つまり敵の存在を可視化する過程と、選挙によって政権が生まれるという過程を経験することによって、住民のあいだに「主権者としての人民」と「人民が選んだ政権」という意識が醸成されることを促し、そこから政権の正統性がかたちづくられてゆくことを期待したのである[27]。

## おわりに

本章の問いは、人民とは誰か、である。そのために本章は、現代中国の民主的制度である人代に注目し、人代代表とは誰か、を論じた。人代代表の選挙は党が領導する。つまり人代代表は党がつくるのであり、そこには党が期待する人民の代表の姿が埋め込まれている。したがって党が人民をつくるのである。

なぜ党は人代代表をつくるのか。それは、人代代表は政権の安定と持続に必要な政治的道具だからである。先行研究は、人代代表が「代理者」「諫言者」「代表者」と定義できる情報伝達の機能を担っていることを論じていた。権威主義国家の民主的制度にかかる先行研究は、民主的制度が体制の持続に貢献する機能として、①政治指導者と体制エリートが権力を共有、安定した関係を構築するために、コミットメント問題の克服を促す機能、②政治指導者に競争する勢力の伸張を抑え、弱体化を促す機能、③政治指導者が統治に必要な情報を収集し、共有し、統治の有効性の向上を促す機能を論じている。中国の民主的制度である人代について先行研究は、特に三つ目の「政治指導者が統治に必要な情報を収集し、統治の有効性の向上を促す」機能に注目してきた。人代代表は地域の政治エリート、経済エリートである。そうした人代代表が統治の有効性の向上を促す機能を担ってきた。

これに加えて本章は、人代制度の発展経路をさかのぼって考察し、この制度の萌芽期に人代代表が担っていた、もう一つ重要な政治的機能を再確認した。すなわち、人民と人民の敵を峻別する機能であり、主権者としての人民という意識を共有する機会を提供する機能である。これは、先行研究が注目してきたよい。「競争する勢力の伸張を抑え、弱体化を促す」機能といってよい。すでに先行研究は、その選挙に「競争する勢力の伸張を抑え、弱体化を促す」機能を見出しているが、本章の学術的な新規性は、権威主義国家中国における民主的制度の制度発展という文脈において、その政治的機能の原点を指摘したことである。今日の人代代表選挙は、その制度的萌芽期に期待された敵と見方を峻別する機能を継承しているともいえる。

人代に「敵と見方を峻別する機能」が必要であったのは、中華人民共和国の成立前後の時期、政権の重要な政策課題が、権力の安定化であり、支配の正統性の調達だったからである。力によって奪取した権力の正しさをいかに確立するのか、という課題を克服するための道具が人代制度であった。政権は、人びとに対して、人民の代表の選挙を体験させ、代表が政権を選出する過程を体験させることが、権力との一体感を醸成させ、権力への支持を促すことを期待していたのであろう。この体験は、中華人民共和国、すなわち党の支配に競争する（敵対する）勢力の伸張を抑え、弱体化を促す可能性もある。これが制度の萌芽期の人代代表にとっての中心的な政治的機能であった。

いま中国共産党による一党支配は長期に持続している。一党支配体制の内外から生じる脅威の緩和を施し、安定を持続させるために「党の支配に競争する（敵対する）勢力の伸張を抑え、弱体化を促す」機能を担う選挙は引き続き重要な研究対象ではあるが、先行研究はより重要な脅威緩和のための政治的機能として「統治の有効性を高める」機能に注目してきた。ただし中国の民主的制度の発展経路を観察するうえで、その萌芽期に中心的な役割を担った機能への理解は重要な意味をもつ。

現代中国の民主的制度である人代は、本書が中心的論点として掲げる、中国政治における疎外と連帯を体現している。党は、中華人民共和国という「境界」内に生活する人びとのなかに、人民という政治の主人公と、秩序からの逸脱者や脅威となる者としての敵、という二元構造をつくりだしてきた。こうして党は、人民の代表として権力を行使する人代代表という「政治的な連帯」を創出し、そうした彼らによってかたちづくられた人代を通じて体制の内外から生じる脅威の緩和を試みてきたのである。党は人民をつくり、人代代表をつくり、一党支配を維持するための政治的道具をつくってきたのである。

（1）中国人民政治協商会議共同綱領、憲法については、中国語原文を確認のこと。なお日本語訳は、例えば以下がある。竹内実編訳『中華人民共和国憲法集（中国を知るテキスト1）』蒼蒼社、一九九一年。

（2）Erica Frantz, *Authoritarianism: What Everyone Needs to Know*, New York: Oxford University Press, 2018. 邦訳は、エリカ・フランツ（上谷直克・今井宏平・中井遼訳）『権威主義――独裁政治の歴史と変貌』白水社、二〇二一年。

（3）例えば、以下のような研究がある。Jennifer Gandhi, *Political Institutions under Dictatorship*, Cambridge: Cambridge University Press, 2008.; 久保慶一「特集　権威主義体制における議会と選挙の役割　特集にあたって」『アジア経済』第五四巻第四号、二〇一三年一二月、二―一〇頁。粕谷祐子『比較政治学』ミネルヴァ書房、二〇一四年。山田紀彦編著『独裁体制における議会と正当性――中国，ラオス，ベトナム，カンボジア』IDE-JETROアジア経済研究所、二〇一五年。Jennifer Gandhi and Ruben Ruiz-Rufino, *Routledge Handbook of Comparative Political Institutions*, NY: Routledge, 2015, pp278-291.; 東島雅昌『民主主義を装う権威主義――世界化する選挙独裁とその論理』千倉書房、二〇二三年。山田紀彦編著『権威主義体制にとって選挙とは何か――独裁者のジレンマと試行錯誤』ミネルヴァ書房、二〇二四年。

（4）権威主義政治の特徴である「2つの対立」、すなわち①権威主義的なコントロールの問題（the problems of authoritarian control）と権威主義的な権力共有の問題（the problems of authoritarian power sharing）についての本章の分析は、おもに以下の研究を踏まえて論じている。Milan W. Svolik, *The Politics of Authoritarian Rule*, New York: Cambridge University Press, 2012.; 東島雅昌「権威主義体制における選挙景気循環——グローバル・データを用いた実証分析」田中愛治監修、久保慶一・河野勝編『民主化と選挙の比較政治学——変革期の制度形成とその帰結』勁草書房、二〇一三年、四一—七二頁。および前掲 Jennifer Gandhi（2008）；久保慶一（2013）、東島雅昌（2023）、山田紀彦（2024）。

（5）Erica Frantz and Andrea Kendall-Taylor, "A dictator's toolkit: Understanding how co-optation affects repression in autocracies," *Journal of Peace Research*, Vol. 51, No.3, 2014, 332-346.

（6）ここで論じている「情報の収集」という概念をより精緻に整理するためには、下記の研究を参照する必要がある。Martin K. Dimitrov, *Dictatorship and Information, Authoritarian Regime Resilience in Communist Europe and China*, New York: Oxford University Press, 2023.

（7）Anna Luhrmann, Marcus Tannenberg and Staffan I. Lindberg, "Regimes of the World (RoW): Opening New Avenues for the Comparative Study of Political Regime," Politics and Governance, Vol.6, Issue 1, 2018, pp.60-77.; Bastian Herre, "In most countries, democracy is a recent achievement. Dictatorship is far from a distant memory," *Our World in Data*, 2022 (originally published on February 3, 2022, last updated in April 2024) https:// ourworldindata.org/ democracies-age（最終閲覧日：二〇二五年一月三〇日）

（8）選挙研究は、例えば以下の研究が包括的である。Kevin J. O'Brien and Suisheng Zhao eds., *Grassroots Elections in China*, London: Routledge, 2011.

（9）Kevin O'Brien, *Reform without Liberalization: China's National People's Congress and the Politics of Institutional Change*, Cambridge: Cambridge University Press, 1990. また Xia の研究も重要である。Ming Xia, *The People's congresses and Governance in China: Toward a Network Mode of Governance*, New York: Routledge, 2008. なお、この時期の人代に関する研究の重要な論考は、陳明明・何俊志『中国民主的制度構造』復旦大学国際関係與公共事務学院、上海：上海人民出版社、二〇〇八年に所収されている特集「中国代表制度的改革」をみよ。二〇二四年時点の人代研究の重要な論点は、

いずれも本書に所収された研究に原点がある。

(10) Kevin O'Brien, "Agents and Remonstrators: Role Accumulation by Chinese People's Congress Deputies," *The China Quarterly*, Vol.138, 1994, pp.359-380.

(11) Yongnam Cho, *Local People's Congress in China, Development and Transition*, Cambridge: Cambridge University Press, 2008.

(12) Kamo, Tomoki & Takeuchi Hiroki, "Representation and Local People's Congresses in China: A Case Study of the Yangzhou Municipal People's Congress," *Journal of Chinese Political Science*, Vol.18, No.1, 2013.；加茂具樹「現代中国における民意機関の政治的役割——代理者、諫言者、代表者。そして共演。」『アジア経済』第五四巻第四号、LIV-4、二一—四六頁、二〇一三年。

(13) 関連した論文に以下のものがある。Melanie Manion, "Authoritarian Parochialism: Local Congressional Representation in China," *The China Quarterly*, Vol.218, 2014, pp.311-338.; Melanie Manion, *Information for Autocrats: Representation in Chinese Local Congresses*, Cambridge Studies in Comparative Politics, Cambridge, United Kingdom: Cambridge University Press, 2015.; Dongya Huang and Quanling He, "Striking a Balance between Contradictory Roles: The Overlapping Role Perceptions of the Deputies in China's Local People's Congress," *Modern China*, Vol.44, No.1, 2018, pp.103-134.; Xiaobo Lü, Mingxing Liu and Feiyue Li, "Policy Coalition Building in an Authoritarian Legislature: Evidence from China's National Assemblies (1983-2007)," *Comparative Political Studies*, Vol.53, No.9, 2018, pp.1380-1416.; Chuanmin Chen and Dongya Huang, "Workplace-Based Connection: Interest Articulation of Deputies in China's Municipal People's Congress," *Modern China*, Vol.49, No.2, 2022, pp.226-255.

(14) Kjeld Erik Brosdsgaard eds., *Chinese Politics as Fragmented Authoritarianism: Earthquakes, Energy and Environment*, New York: Routledge, 2017.

(15) 軍人の人代代表についての分析は以下のものがある。Kamo Tomoki, Chinese People's Liberation Army in China's People's Congress: How the PLA utilizes People's Congress, *Journal of Contemporary East Asia Studies*, Vol.7, Issue.1, 2018,

pp.35-49.

（16）国家公務員局「公務員範囲規定　2020年3月13日」http://www.scs.gov.cn/zcfg/202003/t20200313_16203.html（最終閲覧：二〇二五年一月三〇日）。なお公務員管理に関する研究として　諏訪一幸「中国共産党の幹部管理政策――「党政幹部」と非共産党組織」『アジア研究』第五〇巻第二号、二〇〇四年、一〇七―一二五頁および、諏訪一幸「胡錦濤時代の幹部管理制度――「人材」概念の導入から見た共産党指導体制の変容可能性」『国際政治』第一四五号、二〇〇六年、一〇九―一二五頁がある。

（17）例えば、揚州市の第一産業、第二次産業、第三次産業の総生産額に占める比率は、一九九八年には一四・七九％、五二・三八％、三三・四七％であったが、二〇二三年には四・五四％、四七・二八％、四八・一八％へと変化した。揚州市統計局・国家統計局揚州調査隊編『2024　揚州統計年鑑』北京：中国統計出版社、二〇二二年。

（18）中国人民政治協商会議河北省石家荘市委員会文史資料委員会編『石家荘文史資料　第一輯』一九八三年一〇月。石家荘市人民代表大会常務委員会弁公室　石家荘市檔案館『石家荘市人民代表大会第1-5届会議文献匯編』一九八六年一〇月。中共石家荘市党史研究室　石家荘市公安局『堅持人民民主専政　――石家荘市鎮圧反革命運動　石家荘党史資料第一五輯』一九九一年六月。中国人民政治協商会議河北省石家荘市委員会文史資料委員会編『人民城市的曙光　――石家荘解放初政権紀実　石家荘文史資料第一五輯』一九九四年一〇月。中共石家荘市組織部『中国共産党石家荘地区組織史資料　第二巻　1987.11～1993.6』石家荘：河北人民出版社、一九九七年。石家荘市地方志編輯委員会編『石家荘市志　第四巻』保定：中国社会出版社、一九九九年。石家荘市人大常委会弁公室　石家荘市檔案館編『石家荘市首届人民代表大会檔案文献選編』石家荘：河北人民出版社、二〇一九年一二月。

（19）石家荘市第一期人民代表大会と同第二期人民代表大会は、それぞれ「人民代表大会」の呼称で開催された。しかし、その後、一九五一年一一月に呼称を「各界人民代表会議」へと変更した。当時の石家荘市の民主的制度は人民代表会議であるが、当時の石家荘市の公式史料においては人民代表大会という名称で記録されている。なお本章では、「人民代表大会」と「人民代表会議」を書き分けることは煩雑であるため、一九五四年六月以前の石家荘市の民主的制度はすべて「人民代表会議」と表記した。
(20) 前掲注14の資料のことを指す。なお、邦語における石家荘市の創生期の民主的制度にかんする先駆的な研究は、杜崎群傑『中国共産党による「人民代表会議」制度の創生と政治過程――権力と正統性をめぐって』御茶の水書房、二〇一五年がある。本章の分析も本研究に依拠するところが大きい。
(21) 中国人民政治協商会議河北省石家荘市委員会文史資料委員会編『人民城市的曙光　――石家荘解放初政権紀実』石家荘文史資料第一五輯、一九九四年一〇月、一六〇―一六一頁。
(22) 同右、一六一頁。「石家荘市人民代表会議代表選挙辦法施行細則」石家荘市人大常委会弁公室　石家荘市檔案館編『石家荘市首届人民代表大会檔案文献選編』石家荘：河北人民出版社、二〇一九年一二月、一五―一六頁。
(23) 同右、一六一頁。
(24) 同右、一六一頁。
(25) 同右、一六二―一六三頁。
(26)「関与人民民主建政工作報告　中国人民政府内務部謝覚哉部長一九五零年七月一七日　在第一届全国民政会議上的報告」『人民日報』一九五〇年九月一二日。「董必武〝一年来中央人民政府在政治法律方面的幾項重要工作〟」『人民日報』一九五〇年一〇月一日。「呉晗〝失業救済和普遍招開区各界人民代表会議的両項工作〟北京市副市長呉晗（副市長呉晗在京市第二届第四次各界人民代表会議上的報告）」『人民日報』一九五〇年一二月三〇日。
(27) もちろん、これは党が期待する民主的制度の政治的機能であって、その実際の効果は別に議論する必要がある。こうした問題について検討した先行研究として次の研究がある。Jishun Zhang, "Creating "Masters of the Country" in Shanghai and Beijing: Discourse and the 1953–54 Local People's Congress Elections," *The China Quarterly*, Vol.220, 24 October 2014, pp.1071–1091.

# 第3章　文化大革命の派閥抗争とは何だったのか

谷川　真一

## はじめに

文化大革命（以下、文革）とは、一九六六年に毛沢東が引き起こした大衆造反を伴う大規模な粛清運動のことである。文革は一般に、一九七六年に毛が死去し、文革を推進した四人組（江青、張春橋、王洪文、姚文元）が逮捕されるまで続いたとされる。しかし、とりわけ一九六九年までの時期は、地方の政治秩序が崩壊するなか、全面内戦ともいわれる大衆組織間の暴力的な派閥抗争が繰り広げられた。

高校生、大学生からなる紅衛兵は、みな一様に毛沢東を神のように崇拝し、毛沢東思想を金科玉条のようにして行動した。工場労働者や党・政府幹部（党政機関幹部）もまた、一貫して毛主席と党中央に忠誠を誓っていた。それなのに、なぜ彼らは分裂し、派閥抗争に明け暮れたのか。この問いは、これまで文革研究の主要な問いであり続けてきた。

文革は、単なる指導部の粛清ではなく、党＝国家権力機構に対する大衆造反を伴う大規模な政治運動であった。毛沢東は、「修正主義に反対し、修正主義を防止する」（反修防修）ために文革を引き起こしたとされる。つまり、上は劉少奇、鄧小平から下は末端の党幹部まで「資本主義の道を歩む党内の実権派」（走資派）を大衆造反によって一掃すること、そしてこの「革命」の経験を通じて若い革命の後継者（接班人）を育成することが、毛が文革を引き起こした目的であった。

しかし、毛沢東の目論見とは裏腹に、学生や労働者、幹部はひとたび立ち上がるやすぐに分裂し、派閥抗争に明け暮れた。毛は、派閥分裂を繰り返す大衆組織を団結させようとしたり、派閥抗争に介入して一方の派閥を支持したりしたが、一向に成功しなかった。このため、文革は毛の目的とはまったく異なるものになってしまった。

さらに最近の研究では、大衆組織間の派閥抗争は一九六七年夏から六八年夏にかけて人民解放軍部隊を巻き込み、数十万人の死者を出す「全面内戦」（毛沢東の言葉）へとエスカレートしていったことが明らかになっている。(1) 人的犠牲の面からみても、文革の派閥抗争は重要な問いであるといえる。

近年、文革の派閥抗争についての見方は、大きく変化してきている。そのため、本章では最新の研究を紹介しながら、「文革の派閥抗争とは何だったのか」という問いを明らかにしていきたい。

## 1　毛沢東時代の既存秩序、格差をめぐる争い？

文革の派閥抗争をめぐっては、実は長年、研究者の間でコンセンサスが存在した。それは、文革の派閥抗争とは、毛時代の政治秩序をめぐる現状維持派（「保守派」）と現状打破派（「急進派」）の争いだったとするものである。(2)「保守派」には「出身階級」（階級成分）のよい幹部子女や党員、共産主義青年団（共青団）員、労働模範・積極分子など体制の受益者が多く、(3)「急進派」には中間層出身学生や非党員、非共青団員、一般労働者など体制外の集団が多かったとされた。

こうした見方が多くの研究者に受け入れられ、定着していった背景には、いくつかの理由があった。まず、「出身血統論」がとりわけ高校生（高級中学の学生）の間で実際に議論されたことがある。「親が英雄なら子は好漢、親が反動なら子は馬鹿者」と断じる侮辱的な対句（対聯《ついれん》）は、一九六六年七月末に北京の中学校に貼り出され、瞬く間に議論を巻き起こした。この事件は、文革を象徴するエピソードとして注目を集め、とりわけ同時代の観察者のなかには、「出身血統主義」のなかに文革の本質を見出す研究者もいた。(4)

次に、これと関連して、中央文化革命小組（中央文革小組）が「血統論」を批判し、幹部子女の多かった「老紅衛兵」に「保守派」のレッテルを貼ったことも、この見方を強める一因となった。「老紅衛兵」とは、一九六六年五月に最初に紅衛兵組織を誕生させた清華大学附属中学（清華附中）や北京大学附属中学（北大附中）をはじめとする北京のエリート中学に現れた初期の紅衛兵のことである。彼らのなかには高級幹部子女が多く、八月以降に大量に出現した紅衛兵組織よりもエリート意識が強かった。老紅衛兵は当初、毛沢東・中央文革小組にもてはやされたが、その後、老紅衛兵が他の紅衛兵の暴力行為に反対して治安維持活動を行ったために、大衆造反の拡大を目論む中央文革小組と衝突する結果となった。この際に、陳伯達ら中央文革小組は、高級幹部子女の多かった老紅衛兵に保守派のレッテルを貼ったのである。

最後に、この見方が政治学の利益集団政治アプローチに親和的だったために、研究者にとっては受け入れやすかったと思われる。利益集団政治とは、集団間の抗争を各集団の社会的地位から類推される集団利益間のせめぎ合いと捉える分析アプローチである。文革の派閥抗争を既存秩序をめぐる「保守派」対「急進派」の争いとする見方は、政治学や社会学を学んだ研究者たちにとって理解しやすかったのである。

このように、高校生たちが実際に「出身血統論」をめぐって議論を戦わせたこと、中央文革小組が「血統論」を批判し老紅衛兵に「保守派」のレッテルを貼ったこと、そして利益集団政治アプローチとの親和性によって、文革の派閥抗争を既存秩序をめぐる争いとする見方は定説化し、長らく研究者に受け入れられてきた。

しかし、二〇〇〇年代に入り、新たな資料や方法を駆使した研究が行われるようになり、それまでの定説が見直されてきている。それらの新しい研究は、二つの点で過去の研究と異なっている。一つは、一九七〇年代から九〇年代にかけての研究は、北京、上海、広州といった大都市に焦点を当てたものに限られていたが、(5) 二〇〇〇年代以降の研究は地方の都市(6)や省、(7) 農村地域(8)にまで研究の射程が広がった。また、アンドリュー・ウォルダー（Andrew G. Walder）の北京の紅衛兵運動の研究(9)に代表されるように、文革の政治プロセスを詳細に跡付ける研究が行われるようになった。こうした研究の広がりと深化によって、文革の派閥抗争の利益集団的解釈――ウォルダーはこれを「社会的解釈」(social interpretations)[10]と呼んだ――は、多くの場合、事実と一致しないことが明らかになったのである。

以下、文革の政治プロセスのなかに派閥抗争を位置付けたうえで、地域間・アクター間の派閥抗争の違いをみていくことにしよう。

## 2　文革の政治プロセスと派閥抗争

ウォルダーは大量の新資料をもとに、北京の大学・中学における派閥形成プロセスを詳細に跡付け、文革以前の社会構造ではなく、急速に変化する政治状況とそのなかでの個々人の政治選択が重要な役割を果たしたことを明らかにした[11]。文革初期のきわめて流動的かつ不透明な状況で、大学生はキャンパスに派遣された工作組との相互行為を通じて分裂し、高校生は工作組が慌ただしく撤収されたのちに噴出した暴力をめぐる相違から分裂していった。いずれも既存の秩序をめぐる利益集団間の争いとはいえず、「創発的」(emergent)な問題への個々人の政治選択が分裂の原因をつくり、派閥へと結晶していったのである。学生たちは、「紅五類」(革命幹部、革命軍人、革命烈士、労働者、貧農・下層中農)学生対非「紅五類」学生や、党員・積極分子対非党員・非積極分子のように既存の社会構造を拠り所として分裂したのではなく、同じ紅五類学生の間、党員・積極分子の間で分裂したのである。

文革の一つの重要な特徴は、目まぐるしく変化する政治プロセスである。毛沢東・党中央が方向転換するたびに学生や労働者の派閥も変化していった。そのため、文革の派閥抗争を理解するためには、まず政治プロセスのなかに派閥構造の変遷を位置付ける必要がある。

### （1）工作組問題（六―七月）

一九六六年五月二五日、北京大学に聶元梓ら七人が書いた大字報（壁新聞）が貼り出された。この大字報は、学長・大学党書記の陸平、北京市党委員会大学部副部長の宋碩らが文革に抵抗し、「広範な教師・学生の強烈な革命要求を抑えつけた」と批判していた。この背後には、毛沢東の側近で中央文革小組顧問の康生による裏工作があった。

聶らの大字報は、毛の指示により六月一日に全国にラジオ放送され、翌二日にはそれを称賛する社説とともに、『人民日報』に掲載された。これをきっかけに、北京のみならず、全国の大学・高校に学校指導部を批判する大字報が大量に貼り出された。

聶らの大字報をきっかけとして大学・中学のキャンパスが混乱状態に陥ったことへの対応として、六月初めに全国各地の大学や中学に工作組が派遣された。このときまだ毛沢東は地方におり、キャンパスの混乱に迫られて、工作組の派遣を決定――または追認――したのは劉少奇、鄧小平ら第一線指導部であった。

大半の工作組は大学に進駐するや、すぐに学校党委員会を脇に追いやり、学校指導部の粛清を主導した。しかしその過程で、運動の主導権をめぐって一部の学生が工作組に反抗し、迫害された。工作組を支持した「多数派」と、それに反対した「少数派」との間の亀裂が、大学生の派閥抗争の原因となった。

毛沢東は、七月一八日に北京に戻り、二四日に突如工作組の撤収を命じた。毛はさらに、劉少奇をはじめとする第一線指導部を陥れるために、工作組問題を政治化し、工作組が文革を妨害し、「学生運動を鎮圧した」と主張した。これにより、とりわけ大学で工作組に反対した「少数派」が勢いづき、工作組を支持した「多数派」との派閥抗争を激化させた。

### (2) 紅衛兵運動の拡大と暴力化（八月）

毛沢東は、八月一日から一二日にかけて八期一一中全会を開き、工作組問題で劉少奇ら第一線指導部の責任を追及するとともに、「党内の資本主義の道を歩む実権派」（「走資派」）に対する大衆造反を発動するために「プロレタリア文化大革命に関する決定」（「十六条」）を採択させた。

毛は大衆造反を煽るために、さまざまな措置を講じた。まず大会初日に、清華附中紅衛兵の「革命的造反精神万歳」と題する二枚の大字報を支持する内容の返書を書き、それを会議出席者に配布した。さらに毛は、五日に「司令部を砲撃せよ——私の大字報」と題する挑発的な文書を書いて、会議参加者に配布した。

八日に採択された「十六条」は、各レベルの党委員会に対して、「思い切って大衆を立ち上がらせ、資本主義の道を歩む実権派を更迭し、指導権をプロレタリア革命派の手中に奪い返す」ことを要求した。一九五七年の短期間で終わった「開門整風」で、毛は知識人に共産党員を批判するよう呼びかけたことがあったが、大衆に党指導者を「更迭」させ、指導権を奪取することまで認めたのは、いうまでもなく建国以来初めてのことであった。

さらに、毛沢東は八月一八日に第一回紅衛兵接見大会を開催し、天安門広場で一〇〇万人近くの学生・教師を観閲し、紅衛兵への支持を表明した。天安門広場の「紅衛兵接見大会」は一一月までの間に八回行われ、全国各地から一二〇〇万人もの学生・教師が毛の観閲を受けた。

このように、毛沢東・党中央が紅衛兵を支持していることが明らかになると、全国の大学・中学には、大小さまざまな紅衛兵組織が雨後の筍のように大量に出現した。

全国の学生が天安門広場を訪れることができるように、汽車やバス、汽船の乗車賃は無料となり、各地に寝食を提供する接待所が設置された。この「経験大交流」（大串連）によって、全国の交通輸送は大混乱に陥ったが、各地を旅して回る紅衛兵によって権力機構への造反は全国隅々まで広がった。

また、八月下旬に人民解放軍部隊と公安部に対して、学生運動を鎮圧・干渉してはならないとの命令が出された。これで、学生の行動を抑制するものがなくなり、紅衛兵の造反活動や暴力に歯止めが効かなくなった。

工作組が撤収され、治安維持機構が無力化された結果、北京では高校生を中心とする紅衛兵による暴力が噴出した。彼らは、党書記や校長、教師を拘束して殴打したために、多くの死者と自殺者が出た。また、紅衛兵は街に繰り出し、「反動的」家庭を家捜して財産を没収し、主人を批判闘争集会にかけた。さらに、「黒五類」（地主、富農、反革命分子、悪質分子、右派分子）の家族全員を市内から追放することさえした。この間、北京市内では紅衛兵の暴力によって一七七二人が死亡した。これを北京の「紅い八月」（紅八月）と呼ぶ。

このような状況のなか、一部の老紅衛兵たちが暴力に反対し、「糾察隊」と称して治安維持活動を行うようになった。高校生糾察隊の活動は、工作組問題の責任を追求して国務院機関で抗議運動を行っていた大学生「少数派」との衝突を引き起こす結果となった。

## （3）ブルジョワ反動路線批判（一〇月）

北京では、八月に紅衛兵組織が急増するとともに暴力に手を染めるものも現れ、そうした動きに反対する老紅衛兵によって「糾察隊」[12]が組織された。

一方、大学では工作組を支持した「多数派」と反対した「少数派」の対立が先鋭化していた。八月末から九月初めにかけて、「多数派」が市レベルの連合組織「首都一司」、「首都二司」を相次いで設立したのに続き、「少数派」も「首都三司」を成立させた。

同じ頃、「少数派」の航空学院紅旗と地質学院東方紅は、工作組問題の責任を追求して、国務院の国防部と地質部で座り込みやデモを行った。ここに高校生糾察隊が派遣され、大学生「少数派」と衝突を引き起こし、中央指導者の注目するところとなった。

党・政府の上層部にまで大衆造反を拡大したかった毛沢東・中央文革小組は、大学生「少数派」への支持を表明し、八月に称賛した老紅衛兵たちに「ブルジョワ反動路線」の協力者、「保守派」「反動派」の汚名を着せた。

こののち、全国でブルジョワ反動路線批判運動が行われ、工作組や学校党組織を支持した大学生「多数派」や老紅衛兵は衰退し、大学生「少数派」やそれまで運動から排除されていたグループが「造反派」として急速に勢力を拡大していった。

## （4）労働者、幹部による造反と党国家の内部崩壊（一一―一二月）

学生の派閥抗争に業を煮やした毛沢東は、一一月半ばに労働者の文革への参加にゴーサインを出し、一二月には農村にまで文革を拡大した。一九六六年に国営企業・集団所有制企業で働いていた労働者・職員の数は五二〇〇万人であり、これは同じ年の大学生数の実に七五倍であった[13]。労働者の造反運動への参加は、工場や交通機関を停止に追い込むなど都市の経済・行政機能を麻痺させた。

労働者に続いて、党・政府幹部も相次いで造反組織を成立させ、権力機構の内部から造反を引き起こした。とりわけ農村地域では、大都市とは異なり学生も工場労働者も数少なかったために、党・政府幹部が造反運動や奪権を主導するようになった[14]。このため、党国家は内部崩壊（implosion）を引き起こしていった。

## （5）奪権（一九六七年初め）

一九六六年一二月末、上海市内はすでに労働者造反組織の工総司と赤衛隊の戦闘により統治不能に陥っていた。翌一月初め、中央文革小組副組長の張春橋は工総司に対して、すでに麻痺状態に陥っていた上海市党委員会からの奪権を命じた。上海市党委員会の指導者ほぼ全員が批判闘争にかけられ、地位を奪われた。一月九日に工総司は「緊急通告」を発し、事実上権力を掌握した。上海の「一月奪権」（「一月風暴」とも呼ばれる）である。

一月奪権の目的は、社会・経済秩序を回復するとともに、上海市の指導部を毛沢東に忠実な幹部たちに取って代わらせることであった。毛沢東はすぐに奪権への支持を表明し、「全国の党・政府・軍隊・民間に、上海の経験に学び一致して行動を起こそう」と呼びかけた。

奪権の嵐は、全国の都市のみならず農村にも及び、三月末までにすべての地区級市の九一％、全県の七六％で奪権が発生した(15)。陝西省では、すべての県の八七％で奪権が行われた(16)。

ここで重要なことは、奪権が新たな派閥分裂を引き起こしたことである。一九六七年初めの奪権以前と以後では派閥抗争の構図・性質が異なることは、一九九九年に徐友漁によって初めて指摘された(17)。前年一〇月のブルジョワ反動路線批判によって、工作組や地方党委員会を擁護した勢力は衰退し、「造反派」が勝利していた。「造反派」は内部に矛盾を抱えながらも権力機構に対する造反では団結していたが、ひとたび権力機構が麻痺状態に陥ると、奪権をめぐって再び分裂したのである。つまり、奪権以後の派閥抗争は「造反派」の分裂によって生じた「造反派」同士の争いであった。

## (6) 軍隊の介入から「全面内戦」、武力鎮圧まで (一九六七年初め―六八年夏)

全国で奪権闘争の嵐が吹き荒れるなか、毛沢東は人民解放軍に造反派の奪権を支援させることを決断した。一月二三日の「軍隊支左決定」は、解放軍部隊に「左派大衆の奪権闘争を支持し」、「反革命分子、反革命組織を断固として鎮圧」するよう命じたのである。しかし、奪権をめぐってすでに競合していた造反派は、解放軍部隊の支持をめぐってさらに抗争を激化させた。

なお悪いことに、分裂した造反派のどちらが「革命左派」かをめぐって地方の軍隊が分裂し、各部隊が派閥抗争に巻き込まれていった。その結果、造反派による解放軍の武器が派閥組織へと流出し、一九六七年夏から六八年夏にかけて派閥抗争は「全面内戦」の様相を呈するまでエスカレートしていった(18)。

一九六八年七月、毛沢東は二度にわたって派閥組織間の武闘停止命令を発し、解放軍正規部隊を大量に投入して戦闘の強制停止と派閥組織の武装解除を行った。さらに、事実上の軍事統治である革命委員会を発足させて無政府状態に終止符を打ち、派閥抗争を収束させたのである[19]。

## 3　地域間・アクター間の相違

ここまで、中国全体を一つとして捉えた場合、党中央（毛沢東と中央文革小組）の政策・指示の揺れが、どのように学生・労働者などの派閥分裂を引き起こし、変化させたのかをみてきた。しかし、いうまでもなく、広大ですでに人口七億人を超えていた中国を、一括りに論じることはできない。次に、都市と農村地域など地域間、学生、労働者、党・政府幹部などアクター間では、どのような違いがあったのかをみてみよう。

### (1)　大学生

すでにみたように、北京の大学では一九六六年六月から七月にかけてキャンパスに駐留した工作組を支持した学生と反対した学生との間で最初の分裂が生じた[20]。地方の大学でも、同じように工作組問題が大学生の派閥分裂の原因になったところもあった。例えば、西安では、聶元梓らの大字報がラジオ放送された翌日の六月二日には、西安交通大学（西安交大）をはじめ市内のほぼすべての大学に大量の大字報が貼り出された[21]。そして、その日の夜には党中央西北局が西安交大に工作組を派遣することを決定し、深夜二時にはキャンパスに到着した。これは、北京大学に工作組が派遣された翌日のことである。

その後、これも北京の例と同じように、一部の学生が工作組に反抗し、弾圧された。とりわけ、李世英という貧農出身の予備党員だった学生は、工作組に反革命とされたうえに残酷な迫害を受け、自殺未遂を引き起こした。その後政治の風向きが変わると、李は毛沢東によって「学生リーダー」と認識されるようになり、西安造反派の主要なリーダーとなった。この一連のプロセスは、北京の大学の造反派リーダーの例によく似ている。

しかし、地方の大学では、ローカルな事情が派閥分裂の原因になったところもあった。南京大学（南大）では、聶らの大字報がラジオ放送された翌日の六月二日に、まず溧陽キャンパスの学生・教員が学長兼党委員会書記の匡亜明に対して造反した。(22) 溧陽《りつよう》キャンパスは、匡亜明が文革直前に南京市の南西約九〇キロメートルの地点に開設した「半農半学」キャンパスであった。造反した学生・教員は、匡によって人文学系の学部のみが移転させられたことに不満をもっていたのである。

一方の南大本校では、工作隊に反対した学生が八月末に二つの造反組織を成立させた。工作隊はこれらの造反組織に対抗するため、溧陽キャンパスの造反学生を動員して別の造反組織を成立させた。しかし、党中央が工作組を批判すると、最初に大学党書記に造反した溧陽キャンパスの造反派は「保守派」にされてしまい、衰退していった。

このように、大学生の場合、北京のみならず地方の大学でも工作組問題が派閥分裂のおもな原因となったが、南大のようにローカルな事情のために、派閥構造にねじれが生じる場合もあった。

いずれにせよ、大学では「出身血統論」は大きな争点とはならなかったようである。大学生は高校生とは違い、すでに大学入学者選抜の際に出身階級（階級成分）の審査を経ていた、より同質性の高い集団であった。大学生は急速に変化する政治状況のもと、同じ紅五類家庭出身の党員・共青団員（「学生幹部」）の間で分裂したのである。

## (2) 都市の高校生

従来の研究では、都市の高校生は出身階級によって派閥分裂したとされることが多かった。すでにみたように、一九六六年五月末に北京のエリート中学で紅衛兵組織を成立させた学生（「老紅衛兵」）たちはみな、革命的階級出身の高級幹部子女たちであった。清華附中の最初の紅衛兵組織の一員であった張承志が自戒の念を込めてのちに述べているように、彼らはエリート意識が強く、八月以降に遅れて登場した紅衛兵たちを見下していた。[23] 折しも同じ頃、「出身血統論」をめぐる議論が高校生たちの間で巻き起こった。これらは実際に起こったことであり、紅衛兵が出身階級をめぐって分裂したとの印象を与えることになった。[24]

また、香港で行われた、広州から逃れてきた元高校生たちへの聞き取り調査をもとにした早期の研究も、こうした見方を裏付けるものであった。それらは、革命的階級出身の学生が一九六七年に出現した「保守派」の連合組織に多く、中間階級出身で成績のよい学生は「急進派」に多かったとした。[25]

しかし最近になり、こうした見方に疑問を投げかける研究が現れている。まずウォルダーは、北京の高校生が「血統論」について論争を行ったのは事実であるが、それは派閥分裂の原因にはならなかったと指摘している。[26]「血統論」は、紅五類学生と非紅五類学生の間のみならず、紅五類学生の間でも意見の相違があった。そのため、出身階級は高校生の間に明確な分断をもたらすには至らなかった。

高校生の派閥分化は、いわば外からもたらされたといえる。紅衛兵の暴力に反対した老紅衛兵たちが糾察隊を組織して治安維持活動を行い、その結果大学生「少数派」と衝突したことが、北京の高校生を大学生の派閥分裂に巻き込んでいったのである。

また、ウォルダーは別の研究で、紅五類学生も一枚岩ではなかったことを明らかにしている。幹部子女が多かった南京師範大学附属中学（南師附中）では、文民幹部の子女と軍幹部の子女をそれぞれ中心メンバーとする二つの紅衛兵組織が存在した(27)。この二つのグループは当初協力関係にあったが、ひとたび「出身血統論」が批判されると、袂を分かつようになった。軍幹部子女からなるグループは戦術を転換し、南京市党委員会に矛先を向けたが、文民幹部子女のグループは最後まで市当局を支持し続けた。軍幹部子女は、文民幹部子女とは違い、文民幹部を攻撃することに抵抗がなかったようである。このように、南師附中では同じ革命的階級出身だったにもかかわらず、文民幹部子女と軍幹部子女の間で分裂が生じたのである。

前述の広州の高校生についての研究も、見直す必要がありそうである。最近の研究は、一九六七年に広州で出現した両派は「保守派」「急進派」とはいえないとの指摘がなされているからである(28)。もしそうであれば、革命的階級出身の学生＝保守派、中間階級出身の学生＝「急進派」という構図は成り立たなくなる。それではいったい、広州の高校生の派閥構成に現れた出身階級に基づく相違をどのように解釈したらよいのであろうか。この点については今後の研究を待たなければならないが、おそらく派閥リーダーの戦略——出身階級の「純潔性」を重視するか、出身階級による制限を緩和してより多くのメンバーを集めるか――の相違や、派閥組織が成立したタイミング――後発の派閥組織のほうがより多くのメンバーを募る必要から、出身階級の制限を緩める傾向がある――が影響したものと考えられる。
いずれにせよ、都市高校生の派閥分裂の原因を出身階級に求める見方は、最近の研究によって再検討を迫られている。今後の研究は、派閥分化のプロセスを詳細に跡付け、ローカルな事情にも目を配る必要があるであろう。

### (3) 農村の高校生

都市部の高校生と農村地域の高校生とでは、紅衛兵組織が形成されたプロセスが重要な点で異なっていた。まず、農村地域では文革運動は若干のタイムラグを経て伝わってきた。陝西省の農村地域を例にとると、工作組が高校に派遣されたのは六月半ばで、撤収されたのが八月半ばであった。北京や西安など大都市に比べると、おおむね半月ほどのタイムラグがあった。

また、農村地域では紅衛兵組織の成立も遅く、多くの場合、工作組の在校中に、工作組が主導する形で最初の紅衛兵組織や「文化革命準備委員会」が設立された。さらに重要なことは、工作組が紅衛兵組織を設立する際に、紅五類学生のなかからメンバーを選出したことである。そのため、農村地域の高校生の派閥構成に出身階級が反映する結果となったのである(29)。

しかし、これらの工作組とのつながりが強く、出身階級のよい紅衛兵組織は、一九六六年一〇月のブルジョワ反動路線批判以降、新たに成立した造反組織の攻撃にさらされるようになり、衰退した。

また、農村地域では、県党委員会の多くが一九六七年初めの奪権まで権力を維持し、文革を主導していた。このように、農村地域では都市よりも長期に及んで党委員会や工作組の主導のもとで文革が進展したため、出身階級など既存の秩序を反映した派閥組織が形成される傾向があった。

最後に、農村地域では高校（高級中学）は通常、県庁所在地に数校あったのみであり、高校生の数自体が少なかった。また、工場労働者の数も少なかったために、農村地域では一九六六年末以降、党・政府幹部が造反運動を主導するようになり、高校生は一部が県レベルの派閥連合組織に加わったが、次第に主導権を失っていった(30)。

## （4）労働者

労働者の大衆組織には、大きく三つのタイプが存在した。

一つ目は労働者造反派で、大学生造反派とともに都市の造反運動では主要な役割を演じることになった。とりわけ、上海の工総司や武漢の工人総部などが有名である。上海や武漢などの工業都市では、大学生を差し置いて労働者の大衆組織が造反運動の主役を演じた。

上海の造反派リーダーの経歴を詳細に検討したエリザベス・ペリー（Elizabeth J. Perry）と李遜（Li Xun）は、労働者造反派の行動を理解するには、出身階級や政治ネットワークのような社会的要因よりも、「個人の気質と野心」のほうが重要であると主張した(31)。造反派リーダーたちは、過去に上司と対立したり、政治処分を受けたり、山東省など北部出身者として疎外されたりした経験があったために、党委員会・工作組への反抗というハイリスクな戦略をとったのだとした。

二つ目は、労働者造反派に対抗する形で誕生したグループで、党員・共青団員・労働模範などが多く参加した。党組織が工作組に破壊された大学・高校とは異なり、工場では党組織がほとんど無傷で残っており、この種の労働者組織は党のネットワークを通じた対抗動員としての性格が強かった[32]。このタイプの組織は、「糾察隊」、「赤衛隊」などと名乗ることが多かったが、多くは「保守派」と批判され、次第に衰退していった。

三つ目は、非正規労働者による待遇改善を求める運動である。このタイプの労働者組織は、まさに既存の秩序に対する造反者であるといえる。ブルジョワ反動路線批判の高まりのなかで、国営企業の臨時工や契約工、集団所有制企業の従業員など非正規労働者が国営企業の正規従業員と同等の権利を求めて造反したのである。この種の労働者造反組織は、とりわけ上海など工業都市で急激に増加し、大規模な運動を繰り広げた。一時は、「全紅総」という全国組織を成立させ、全国の各都市に分団を設置した。江青、張春橋などの中央文革小組は当初、全紅総を支持したが、彼らの要求——臨時工・契約工制度の廃止——が実現不可能なのを知ると、手のひらを返したように「経済主義」批判に転じ、全紅総のリーダーたちを逮捕してしまった。

最後に、労働者の派閥抗争でも、政治プロセスとローカルな事情が作用したことを指摘しておきたい。南京の大規模国営工場（長江機器製造廠）では、社会主義教育運動（一九六二—六六年）の際に中央の第四機械工業部から派遣された工作隊が南京市党委員会に任命された工場指導部に過酷な粛清を加えた。そのため、文革開始とともに、工場を管轄する二つの官僚組織間の対立が表面化し、その亀裂が派閥抗争の原因となった[33]。

### (5) 党・政府幹部

これまで党・政府幹部は大衆造反の対象とみなされていたため、「幹部の造反」はまったく注目されてこなかった。しかし最近の研究では、労働者の造反組織が出現した一九六六年一〇月以降、党委員会・人民政府の内部にも造反組織が設立され、権力機関内部から造反したことが明らかになっている[34]。

党・政府幹部は、とりわけ学生・労働者の数が少ない農村地域の地区・県レベルでは造反運動と、その後の奪権を主導した。全国すべての県の八〇%近くで奪権が発生したのは、こうした農村地域では党・政府幹部が権力機構の内部から奪権を行ったためである。

つまり、党国家は、党・政府幹部による内からの造反によって内部崩壊したのである。

## おわりに

一九六六年八月の「プロレタリア文化大革命に関する決定」(「十六条」)は、文革の目的を次のように説明している。

各級の党委員会に対する党中央の要求は……『敢』の字を真っ先に掲げ、思い切って大衆を立ち上がらせ……資本主義の道を歩む実権派を更迭し、その指導権をプロレタリア革命派の手中に奪い返すことである。

ここで「党中央」――すなわち、毛主席――が各レベルの党指導者に要求しているのは、事実上自らを「更迭」するために、「思い切って大衆を立ち上がらせよ」という無理難題である。地方の党指導者たちは、もし自らの身を守ろうとすれば、真っ先に造反派に与し、他の幹部に造反の矛先を向けなければならなかったであろう。最高指導者からのこのような無体な要求は、それが真面目に遂行されればされるほど、体制エリートの分裂と党国家の内部崩壊を引き起こさざるを得なかったであろう。

文革の派閥抗争は、従来主張されてきたように、既存の秩序をめぐる現状維持派（「保守派」）と現状打破派（「急進派」）の争いではなく、既存の政治秩序が急速に崩壊するなか、紅五類家庭出身、党員・共青団員、積極分子など体制エリートたちが分裂したものといえる。

この既存秩序の崩壊が急速であればあるほど、派閥抗争はエリート集団の内部分裂によって引き起こされ、逆に既存秩序が維持される期間が長ければ長いほど、「保守派」対「急進派」の構図が生じた可能性がある。地方都市やとりわけ農村地域では、工作組や党委員会の権力が一定期間維持されたため、党指導部を擁護する「保守派」（「赤衛隊」）が一時的に存在し得た。しかし、一九六六年一〇月の「ブルジョワ反動路線」批判、そして一九六七年初めの奪権によって、地方の権力機構はほぼすべてが麻痺状態に陥ったために、「保守派」は消滅し、新たに「造反派」間の派閥抗争が繰り広げられるようになった。

このように文革が派閥抗争に終始し、毛沢東の目的を挫折させた原因は、毛自身が命じた党国家体制に対する大衆造反であった。既存の政治秩序の急速な崩壊は、粛清に巻き込まれまいとする体制エリートたちに政治選択を迫った。彼らは利益を追求するためではなく、負けないために（粛清されないために）、すぐに決断する必要があった。そのため、学生や労働者のみならず、党・政府幹部までもが大挙してすでに敗者であることが確実な党指導者を見捨て、大衆造反の波に加わったのである。

（1） Shinichi Tanigawa, "The Policy of the Military 'Supporting the Left' and the Spread of Factional Warfare in China's Countryside: Shaanxi, 1967–1968," *Modern China*, Vol. 44, No. 1, January 2018, pp. 35–67.; Andrew G. Walder, *Agents of Disorder: Inside China's Cultural Revolution*, Cambridge, Mass.: The Belknap Press of Harvard University Press, 2019.

（2） 比較的早期の研究には、以下のものがある。Hong Yung Lee, *The Politics of the Chinese Cultural Revolution: A Case Study*, Berkeley: University of California Press, 1978.; Gordon White, *The Politics of Class and Class Origin: The Case of the Cultural Revolution*, Canberra: Australian National University, 1976.; Anita Chan, Stanley Rosen, and Jonathan Unger, "Students and Class Warfare: The Roots of the Red Guard Conflict in Guangzhou," *The China Quarterly*, No.83, 1980, pp. 397–446.; Stanley Rosen, *Red Guard Factionalism and the Cultural Revolution in Guangzhou (Canton)*, Boulder, CO: Westview Press, 1982.

（3） 「労働模範」とは、社会主義経済・国家の建設に卓越した貢献を行った労働者に与えられる栄誉称号のことをいう。「積極分子」とは、中国共産党の政策・路線に忠実で、政策実施や政治運動、大衆集会などで真っ先に呼応する学生や労働者・職員のことをいう。積極分子は、党によるリクルート・養成（培養）の対象となることが多い。

（4） 加々美光行『歴史のなかの中国文化大革命』岩波書店、二〇〇一年。

（5） 例外として、以下の研究がある。Keith Forster, *Rebellion and Factionalism in a Chinese Province: Zhejiang, 1966–76*, New York: M.E. Sharpe, 1990.

（6） Shaoguang Wang, *Failure of Charisma: the Cultural Revolution in Wuhan*, Hong Kong, New York: Oxford University Press, 1995.

（7）　Melvyn C. Goldstein, Ben Jiao, and Tanzen Lhundrup, *On the Cultural Revolution in Tibet: The Nyemo Incident of 1969*, Berkeley: University of California Press, 2009.; 谷川真一『中国文化大革命のダイナミクス』御茶の水書房、二〇一一年：Yang Su, Collective Killings in Rural China during the Cultural Revolution, Cambridge: Cambridge University Press, 2011.; 楊海英『ジェノサイドと文化大革命——内モンゴルの民族問題』勉誠出版、二〇一四年; Andrew G. Walder, *Civil War in Guangxi: The Cultural Revolution on China's Southern Periphery*, Stanford: Stanford University Press, 2023.

（8）　谷川真一『中国文化大革命のダイナミクス』二〇一一年；Dong Guoqiang and Andrew G. Walder, *A Decade of Upheaval: The Cultural Revolution in Rural China*, Princeton, NJ: Princeton University Press, 2021.

（9）　Andrew G. Walder, *Fractured Rebellion: The Beijing Red Guard Movement*, Cambridge, Mass.: Harvard University Press, 2009.

（10）　Andrew G. Walder, "Beijing Red Guard Factionalism: Social Interpretations Reconsidered," *The Journal of Asian Studies*, Vol. 61, No. 2, May 2002, pp. 437–471.

（11）　Andrew G. Walder, *Fractured Rebellion*.

（12）　北京市内の西城区、東城区、海淀区には糾察隊の分隊が置かれ、それぞれ「西糾」、「東糾」、「海糾」と呼ばれた。

（13）　アンドリュー・G・ウォルダー（谷川真一訳）『脱線した革命——毛沢東時代の中国』ミネルヴァ書房、二〇二四年、二七七頁。

（14）　Andrew G. Walder, "Rebellion of the Cadres: The 1967 Implosion of the Chinese Party-State," *The China Journal*, Vol. 75, 2016, pp. 102–120.

（15）　Andrew G. Walder, *Agents of Disorder: Inside China's Cultural Revolution*, Cambridge, Mass.: The Belknap Press of Harvard University Press, 2019, p. 81.

（16）　谷川真一『中国文化大革命のダイナミクス』八五頁。

（17）徐友漁『形形色色的造反――紅衛兵精神素質的形成及演変』香港：中文大学出版社、一九九九年。

（18）Shinichi Tanigawa, "The Policy of the Military "Supporting the Left" and the Spread of Factional Warfare in China's Countryside: Shaanxi, 1967–1968," *Modern China*, Vol. 44, No. 1, January 2018, pp. 35–67.

（19）しかし水面下では、派閥間の敵意と憎しみは一九七〇年代まで存在し続けた。

（20）Andrew G. Walder, "Beijing Red Guard Factionalism"; Walder, *Fractured Rebellion*.

（21）谷川真一『中国文化大革命のダイナミクス』四三頁。

（22）董国強編著（関智英・金野純・大澤肇編訳・解説）『文革――南京大学一四人の証言』築地書館、二〇〇九年；Dong Guoqiang and Andrew G. Walder, "Factions in a Bureaucratic Setting: The Origins of Cultural Revolution Conflict in Nanjing," *The China Journal*, No. 65, 2011, pp. 1–25.

（23）紅五類のうち、とりわけ革命幹部、革命軍人、革命烈士のことを指す。

（24）張承志（小島晋治・田所竹彦訳）『紅衛兵の時代』岩波書店、一九九二年、一〇一―一〇二頁。

（25）Anita Chan, Stanley Rosen, and Jonathan Unger, "Students and Class Warfare."; Rosen, *Red Guard Factionalism*.

（26）Andrew G. Walder, *Fractured Rebellion*, Chapter 5.

（27）Dong Guoqiang and Andrew G. Walder, "Factions in a Bureaucratic Setting."

（28）Fei Yan, "Rival Rebels: The Political Origins of Guangzhou's Mass Factions in 1967," *Modern China*, Vol. 41, No. 2, March 2015, pp. 168–196.

（29）谷川真一『中国文化大革命のダイナミクス』七三―七四頁。

（30）Dong Guoqiang and Andrew G. Walder, *A Decade of Upheaval: The Cultural Revolution in Rural China*, Princeton: Princeton University Press, 2021.

（31）Elizabeth J. Perry and Li Xun, *Proletarian Power: Shanghai in the Cultural Revolution*, Boulder, Colo.: Westview, 1997, Chapter 2.

（32）　Elizabeth J. Perry and Li Xun, *Proletarian Power: Shanghai in the Cultural Revolution, Boulder*, Colo.: Westview, 1997, Chapter 3.; Andrew G. Walder, "The Chinese Cultural Revolution in the Factories: Party-State Structures and Patterns of Conflicts," in Elizabeth Perry, ed., *Putting Class in its Place: Worker Identities in East Asia*, Berkeley: Institute of East Asian Studies, University of California, 1996.

（33）　Dong Guoqiang and Andrew G. Walder, "Factions in a Bureaucratic Setting."

（34）　Andrew G. Walder, "Rebellion of the Cadres."

# 第4章　中国社会の逸脱と管理
## ――改革開放後の社会統制を中心に

金野　純

われわれは、或る行為が犯罪であるからそれを非難するのではなく、われわれがそれを非難するから犯罪なのである。

――エミール・デュルケム（Émile Durkheim）

### はじめに――中国共産党政権下の社会統制

改革開放後（一九七〇年代後半以降）の中国における逸脱と管理について、「掃黄打非」や「打黒除悪」――ポルノやヤクザの取り締まり運動――といった実際の取り締まり運動の事例から分析するのが本章の目的である。現在の中国で行われている逸脱の管理といった社会統制のメカニズムは毛沢東時代とは異なるが、かといってすべてが刷新されているわけではない。多分に過去の遺産を引き継ぎつつ、変化に適応してアップデートが重ねられ、現在の姿がある(1)。

そのため本章では、ポスト文化大革命期（以下、文革）から現在に至る中長期的視野から中国社会の逸脱と管理を観察することで新たな変化と毛沢東時代の遺産が混淆《こんこう》した現在の社会統制のメカニズムを明らかにしたい。ここでいう逸脱とは各時期にあって犯罪や不良行為とみなされる行動を指しており、可変的な概念である。

二〇世紀において中国ほど逸脱概念がドラスティックに変化した国は少ない。特に毛沢東時代は逸脱範囲が曖昧で驚くことに刑法のような逸脱行為に関する法規範が定まっていなかった。そのため過去に問題視されなかった行為が政治的風向きの変化で逸脱（右派）と糾弾されたり、逆に文革では反抗的・暴力的な行為（造反）が容認されたりといった現象が発生した。刑法が採択されたのは一九七九年だが、それまで多くの犯罪は反革命として処理されており、逸脱範囲の曖昧さは当然の帰結だったともいえる。

こうした混乱を経験した彭真のような中国共産党幹部が新たな司法制度の構築に熱心に取り組んだのは自然な流れであり、その重要な契機が中国共産党第一一期中央委員会第三回全体会議（一九七八年一二月）だった。この会議で社会主義法制の強化の必要性が強調され、次年一月、中国共産党中央委員会（以下、中共中央）は全国人民代表大会常務委員会に彭真を主任とする法制委員会を設立することを決めた。文革で迫害され、長らく政権から遠ざけられていた彭真はこのとき、すでに七六歳だった。

文革終焉後に再出発した中国は社会秩序の大混乱に直面していた。大量の下放青年（都市部の雇用圧力を背景に、労働と思想改造を名目として農村や辺境地域に送りだされた若者）が都市へ帰還し、人口過多となった都市部では失業者も増加して社会は不安定化し、犯罪件数も大きく増加した(2)。さらに国際関係や国内政治経済面で巨大な変化の波に揺さぶられ、その影響は人びとの社会生活にまで及んでいた。一九七八年、学校はソ連式の二月始まりからアメリカ式の九月始まりに変わり、北京市内の西単と長安街の交差点に近いレンガの壁には、民主化を訴える壁新聞が貼られていた。警察などの司法組織は文革で弱体化し、町内には自警団が組織されてヤクザや娼婦だけでなく、酔っ払いや違法な物売りなどを捕まえては殴りつけていた。七〇年前後から警察や裁判所は徐々に役割を回復したが十分ではなく、自警団は司法機関の監督を受けなかったので、そのような暴力行為がまかり通っていたのである(3)。

この混乱した転換期に、中国共産党はどのような統制システムを構築することで、社会を管理したのだろうか。この問いは、中国共産党政権が示してきた——時として外部の観察者の予想を大きく上回る——驚くべき強靱性と生命力の源を理解するうえでも重要な手掛かりとなるだろう。当然だが中国型社会統制は我々の経験とは大きく異なっている。一党独裁を維持しながらも司法の制度化と公平性の確保を試みる一方、時期によって一般市民も動員してキャンペーン型の取り締まり——いわゆる「厳打《げんだ》」——を行う姿はかつての大衆動員を想起させる。このような司法の制度化とキャンペーン型取り締まりの混淆は中国の大きな特徴である。本章はそのような統制手法の起源とメカニズムについて具体的事例から考えてみたい。

## 1　ポスト文革期の社会混乱と犯罪急増

### (1) ポスト文革期の社会混乱

文革の混乱は人びと――特に青少年――の価値観を変化させ、七〇年代後半に入ると一部の若者による共産党批判も顕在化した。当時、鄧小平は党の理論工作検討会で四つの基本原則（社会主義の道、プロレタリア独裁（一九八一年に人民民主主義独裁と改変）、中国共産党の指導、マルクス・レーニン主義・毛沢東思想の堅持）を揺るがすような行動が、社会で起きていることに注意を促したが、彼の談話から読み取れるのは、ポスト文革期に発生していた社会の混乱状況である。

一部の人びとによる党政府機関の攻撃や占拠、ハンガーストライキ、交通妨害、業務・生産秩序や社会秩序の破壊などの行為が発生し、巷では「中国人権小組」や「民主討論会」のような西側の民主主義を評価するグループが公然とプロレタリア独裁を批判していた。上海の「民主討論会」では「諸悪の根源は無産階級」であり「中国共産党の徹底批判を堅持」しなければならないとうスローガンまで出されていた。当時の中国で思想開放が謳われながらも、他方で四つの基本原則がつねに強調された背景には、政権に批判的な社会的ムードの存在があった(4)。

このような社会混乱は深刻だったようで、鄧小平は一九八〇年一二月の中央工作会議でも次のように述べている(5)。

あるところでは悪い連中の煽動の下、少数の下放青年が騒動を起こし、ごく少数の悪い連中の操る違法組織、違法刊行物が表面化し、反党反社会主義言論が公開発表され、反動的チラシが散布され、政治的噂が広がっている。「四人組」の残存勢力が活動し、殺人、放火、爆弾の製造、強盗、強姦などの性的暴力事件も起きている……

毛沢東時代の革命的イデオロギーへの信頼が崩壊するなかで、当時の中国は思想的にも治安的にも大きな混乱期を迎えていた。当時、党の政策の重点は経済建設へ置かれ、改革開放が大きく進展していた。そのため都市近郊の農民たちは余剰作物を市場に出すことが可能となり、それが配給切符を持たない下放青年の都市への帰還を可能としたが、一方で犯罪増加の一因ともなった。

エズラ・ヴォーゲル（Ezra F. Vogel）の研究によると、一九七八年から七九年にかけて推定六五〇万人の若者が農村から都市に戻り、八〇年代初期までに推定二〇〇〇万人の知識青年や労働者が都市に戻っている。しかし当時の都市の経済空間に彼らを雇用するだけの余力はなく、結果、失業青年の犯罪が増大した(6)。実際に犯罪件数の変化をみると、一九七八年に五三万件、七九年に五九万四〇〇〇件、八〇年に七五万件、八一年に八九万件と犯罪件数は増加しており、対外開放による新たな経済政策下で「社会治安にもいくつかの注目に値する新たな問題が出現」していることが指摘されている(7)。

## (2)　改革開放以降の犯罪の変化――「三多」問題の発生

それでは改革開放以降の犯罪はどのように変化したのだろうか。ここでポスト文革期に中央政府が直面した治安の急速な悪化について、マクロな視点から概観したい。

暴力行為が革命的レトリックで正当化された文革の後遺症で、特に問題だったのは司法制度の弱体化である。長く続いた混乱のなかで、若者たちの共産主義の理念も色褪せ、犯罪が急増した。坂口一成の研究によると、七〇年代以降の犯罪の低年齢化を明らかにしており、特に八〇年から八二年には青少年犯の比率が四〇％以上を占め、特に組織化されたグループ犯罪が大きな比率を占めたとされている[8]。

歴史を振り返ってみれば、中国共産党が政権を奪取した直後で国民党政権時代の名残がある五〇年代、各種の政治運動で逮捕される犯罪類型としては「反革命犯」が絶大多数だった。しかし六〇年代からすでにその数は徐々に減少傾向にあり、文革期に上昇はしたものの、全体としては年を追って減少した。そして七九年初めには「反革命犯」は全勾留者の一七％にまで減少し、さらに年末には一一％に減少した。逆に八〇年代初期になると反革命犯の大幅な減少に反比例するように、窃盗、強盗、性犯罪を中心とした刑事犯が激増した。そして、逮捕・勾留される者の年齢にも変化がみられた。五〇〜六〇年代には大多数が四〇〜六〇代の反革命犯や刑事犯だったのが、七〇年代後半になると犯罪者の構成が徐々に低年齢化し、三〇歳以下の若者が五五・六％となり、窃盗、強盗、傷害の各種犯罪においても若者が大多数を占めるようになった[9]。

さらに「出身」と逮捕前の職業にも大きな変化が起きた。以前の犯罪者は「搾取階級」家庭の出身者が比較的多く、加えて少数の職員や無職の遊民といった人びとがいた。しかし、七〇年代末から八〇年代初めには犯罪者の出身は労働者家庭が絶大多数となり、逮捕・勾留された者の九〇％以上を占めるようになった。本人の階級成分は絶対多数が労働者、農民、そして学生だった。逮捕される前の職業としては、労働者、農民、知識青年（一般的に高等教育を受けた若者）、無職の遊民が全体の五〇％以上を占めていた。このような変化は当然ながら犯罪者の学歴にも起きており、五〇～六〇年代の犯罪者は非識字者がおよそ四一％、小学校卒がおよそ三二％を占めていたが、七〇年代末から八〇年代初めには中学校卒が五〇％以上を占めており、非識字者かそれに類するレベルの犯罪者はおよそ一五％に過ぎなかった。[10]

以上のような変化は、当時「三多」と表現された。すなわち「刑事犯罪が多く、青年の犯罪者が多く、労働者家庭出身の犯罪者が多い」というわけである。こうした犯罪が増加した背景には「資産階級の生活様式」や「享楽」の追求といった要素が挙げられており、犯罪の性質の変化と改革開放といった大きな政策転換と社会の変化が結びついていたことが理解できる。

## 2　乱れる風紀と中国型社会統制の誕生

### (1)　乱れる風紀——ポスト文革期のアノミーと逸脱

犯罪は突き詰めれば個人の関与によって行われるが、たとえ個人の犯行でもその変化にマクロな社会環境が大きく関与しているのはいうまでもない。ポスト文革期には共産主義のもつ魅力が色褪せており、多くの「民主」や「自由」を謳う自発的グループが形成され、一九七九年三月の統計によると北京、上海、天津、貴州で「中国人権同盟」、「社会主義民主制度促進会」、「上海民主討論会」のようなグループが八〇以上もの数に上っていた。

政治理念を掲げた組織が生まれたのと同時に、中国共産党が「反動会道門」と批判・弾圧してきた宗教性を帯びた民間秘密結社もまた再び増加していた。一九八〇年の一七の省・市を対象とした統計では、秘密結社が再び活動を始めた事件の数は七九年の二倍に達し、八一年にはさらに八〇％増加している。こうした組織による「政治的デマ」の流布、反革命的扇動、武装暴動、海外組織との結びつきなどが、問題視された[11]。

文革から改革開放政策への転換に伴って発生したこの状況は、デュルケームの古典的な表現を借りれば一種のアノミー――社会規範の崩壊状態――ともいえる。そもそも継続革命を掲げた毛沢東時代の社会主義建設においては、外部に閉ざされた環境下で極端な理想主義が社会を覆っていた。ところが毛沢東死去後の一九七〇年代後半以降になると、それまで徹底的に否定された資本主義の波が中国社会全体に及び、外国からの資本・文化が流入した。現在の我々からしてみれば想像を絶する大きな変化のなかで、旧来の「当たり前」な社会規範は崩壊し、そのようなアノミー下で犯罪件数は急速に増大した。

このような社会規範の動揺を当時の中国共産党政権はどのようにみていたのだろうか。法制委員会の主任だった彭真は治安座談会でつぎのように述べている。

現在、新たな状況が発生している。それは社会治安を乱す者の出身家庭、階級成分が過去と大きく異なっていることである。過去においては、主に搾取階級分子と旧社会の残滓であったが、現在では主に人民内部において生まれており、大多数が青少年、青年労働者、学生であり、一般的な大衆（労働者、農民、知識人、幹部）の子弟であり、革命後の社会で成長した者たちである[12]。

もちろん、彭真の念頭には、当時の四人組批判という政治的潮流への配慮もあったとは思うが、おおむねこのような意見は、彼ら政治家の見方を率直に反映しているように思われる。一時的とはいえ、文革において学生主体で組織された紅衛兵による暴力や破壊行為が黙認されたことは、それまでの社会規範を大きく動揺させ、また林彪事件[13]のようなクーデター騒ぎは民衆間に共産主義への失望感を生んだ。この状況が逸脱へのハードルを下げたことは、一九八六年の学生デモを見れば明らかである。度を超えた逸脱は、その後の「反精神汚染」、「反ブルジョア自由化」によって徹底的に弾圧されたものの、それでも八九年の天安門事件が起きたことから、当時の社会規範の崩壊が理解できる[14]。

さて社会規範の崩壊は逸脱的な集合行動だけでなく、傷害、窃盗、強姦などの犯罪の増加をもたらしたが、当時の中国に住む人びとの不安をかき立てたのは統計のような数的データではなく、各地に発生して大々的に報道された象徴的凶悪事件だった。これらが、人びとの治安に対する不安を生み出していた。例えば、有名なのが一九七九年に上海の控江路で発生したチンピラ集団による暴行事件、八〇年に広州市浜江路で起きた警察官殺害事件、八一年に北京の北海公園で起きた逃亡した労働改造犯[15]による強姦事件である。

このような凶悪事件は社会への衝撃が大きいだけに公安組織も非常に重大視し、公安部弁公庁による『公安工作要覧』（一九九九年）のような資料にも「重大案件」としてその経緯が紹介されている。同時代的に見ても、彭真が治安座談会において名指しで指摘し、深い懸念を示すほど大きなインパクトのある事件であり、次のような事件の報告からは当時の社会的雰囲気を感じ取ることができる。

一九七九年九月九日午後三時前後、上海市の控江路と江浦路の交差点で勤務中の交通民警（筆者注：人民警察の略称）施漢培同志が農民が販売していたカニを奪った青年を制止したが、その方法が不当だったため群衆が周りを取り囲む事態となった。数人の不良分子が騒ぎを引き起こし、施漢培にしつこく絡んだ。（中略）

施漢培が他の民警の庇護下で道を走る公共交通会社の車に乗って現場を離れようとした時、この不良分子は車のガラスを砕いて、さらにその場にいた治安・交通の警察をそれぞれ包囲攻撃して警帽を奪い、殴る蹴るなどし、三名の民警が負傷した。

これらの警察が現場を離れた後、不良分子はさらにしたい放題に破壊活動を行って小型自動車を遮ったり、自転車を壊したり、バスに向かって投石して意図的に阻害したり、農民の野菜のリアカーをひっくり返して野菜を撒き散らし、機に乗じて道ゆく群衆の腕時計、カバン、革ジャンを奪い、女性にわいせつな行為をした(16)。

結局、この事件で逮捕された犯人は三一名、一〇年以下の懲役は七名、労働教養(17)は一一名、少年院送りは一名だった。この事件が政権に与えた衝撃は大きかった。

一九八五年一月の全国政法工作会議で彭真は、「当時の上海の『控江路事件』、北京の『北海公園事件』、広東の『浜江路事件』などを思い出してみてほしい。あの頃、犯罪者は白日の下に殺人や強姦をし、社会に有害な混乱をもたらし、人心は不安で、女性の同志は出勤退勤にも人の送り迎えを必要とし、社会秩序は非常に乱れていたではないか(18)」と述べて、これらの象徴的事件を例に挙げながら社会動員を伴う厳しい集中的取り締まりの必要性を強調した。現在から振り返ってみれば、ポスト文革期のこのような状況は、現在の中国型社会統制の特徴を生み出す母胎となった。

## (2) 中国型社会統制の誕生――「掃黄打非」「打黒除悪」専項闘争を事例として

ポスト文革期に生まれたアノミーと逸脱の増加は、結果として中国型社会統制のなかに現在まで続く独特な特徴――司法のプロフェッショナリズムへの流れと民衆を巻き込んだ政治運動的取り締まりの混淆――を生み出した。一九八一年一〇月から開催された全国公安庁局長会議では治安問題をめぐる状況の深刻さが指摘され、刑事犯罪件数の上昇、都市や農村における治安問題の増加、麻薬の取引、売春行為、ポルノの印刷販売などがその「主要な表現」とされた[19]。このような犯罪率の増加が中国共産党内の「モラル・パニック」を惹起し、「厳打」(厳厲打撃刑事犯罪活動)といわれる中央政府が政治運動形式で行う反犯罪闘争が考案された[20]。

厳打とは、中央政府が政治運動形式で行う犯罪闘争を指している。厳打期間中は検察・裁判所・公安は協力して市民も動員した取り締まり活動を展開し、犯罪に対して通常よりも厳しい処罰が科される。このような取り締まりは定期的に行われており、大きなものとしては一九八三～八六年、一九九六年、二〇〇一～〇三年の取り締まりがある。厳打には政府が重視する特定領域へ注力した取り締まりがあり、それを専項闘争という。改革開放政策後に問題化したポルノや違法出版物などの拡散、さらにはヤクザ組織の犯罪活動に対して、政府は「掃黄打非」や「打黒除悪」[21]というスローガンを掲げた専項闘争として毎年のように対応しており、それは現在にも至っている。

**図1　専項闘争の指揮系統:「掃黄打非」と「打黒除悪」の事例(2006年時点)**

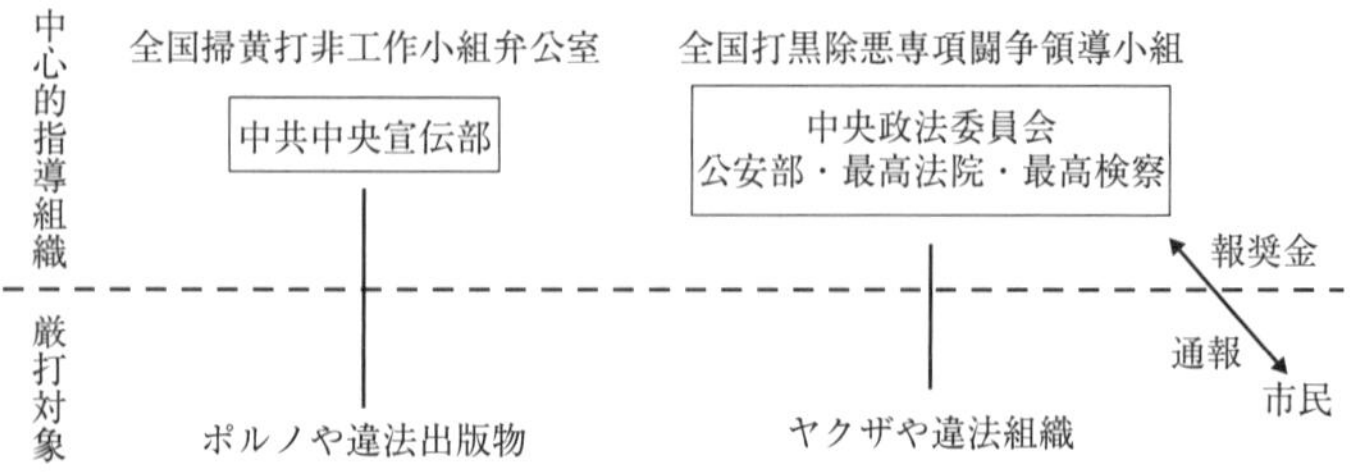


(筆者作成)

こうした専項闘争は毛沢東時代を想起させる大衆動員型の取り締まりであり、職場や教育現場も含めて多くの部署が動員された。例えば日本のような法治国家では、犯罪捜査は警察行政組織が行い、プロフェッショナリズムが徹底しているが、中国の厳打、特に専項闘争では取り締まりの内容によって前面に立つ組織が違ってくる。例えば「掃黄打非」のようなポルノや違法出版物の取り締まりにおいては党中央宣伝部のようなイデオロギーや宣伝部門が先頭に立って行われることが多く、「打黒除悪」のようなヤクザや違法組織の取り締まりにおいては、当然ながら公安機関が大きなイニシアティブをもっている。

ポルノやヤクザの取り締まりを事例として大まかにまとめたのが図1だが、違法行為の内容に応じて上級組織が異なるのが専項闘争の特徴であり、そのため取り締まりへのアプローチにも個性がある。ポルノや違法出版物の取り締まりは、多分に若者たちの「健全な成長」を主要目標にしているがゆえにより教育機関を中心に文化面でのプロパガンダが強調される傾向にある。

例えば二〇〇五年の「掃黄打非」専項闘争で、当時中央宣伝部部長で後の習近平政権下で政治局常務委員に抜擢された劉雲山は、安徽《あんき》省で出版された雑誌『科教文匯』に寄稿し、「徹底した『反ポルノ・反違法出版物の取り締まり』の実施は、未成年者が育つ環境を浄化する重要な手段であり、未成年者の思想的・道徳的構築を促進する重要な手段である」と述べ、行政機関に加えて学校や地域社会が協力することによって反ポルノ・反違法出版物の取り締まりと文化市場の繁栄を目指すことを呼びかけている(22)。

このような「掃黄打非」は教育的効果を狙っているだけに学生雑誌に関連文章が掲載されることも多い。『初中生』に掲載された、「法の執行官」である父に同行して「掃黄打非」に参加した若者の作文は、当時の雰囲気や取り締まり手法の特徴が感じ取れる興味深いドキュメントとなっている。

今回の法執行は、もともと熱心な市民の告発に始まりました。告発によると、歩行者専用道路にあるビル一階にある書店には九種類の非公式の書籍のほか、迷信やホラーの小説があったといいます。（中略）私たちは本屋に行き、たくさんの本が並んでいる本棚を見ました。本棚の端には「割引本」の看板もありましたが、探し回っても営業許可は見つかりませんでした。隣にあった「安い本」を何気なく開いてみると、その本の印刷は非常に荒く、深刻な脱字や誤字があり、写真はぼやけて見えました。法執行官は書店員に「営業許可証はどこにあるのか？　誰が社長だ？」と尋ねました。

彼らは沈黙を続け、話すことを躊躇する人もいました。警察が店内を調べたところ、出版社名が記載されていない出版物や有名作家を装って出版された出版物が数冊見つかりました。いずれも違法出版物でした。カウンターに囲まれた本棚の奥に、ひっそりと大きな箱が隠されていました――父の鋭い目がなかったら、一見して見つけるのはとても難しかったろうと思います。（中略）

このとき、いくつかのテレビ局の記者が続々と到着し、皆一刻も早くニュースを伝えようとしていました。女性店員は記者を見るとすぐに手を振り、記者の質問には答えませんでした。法執行官はカメラに向かって、海賊版の本の見分け方を丁寧に説明しました。警察当局は、子供にはふさわしくない下品でホラーな小説を発見しました。まだ発展段階にある私たちにとって、その悪影響は確かに大きいです。私のクラスメートの多くはホラー小説に夢中になったために成績が下がりましたが、これらの「悪い本」については知りませんでした。（中略）

（筆者注：店の店員である）中年の女性はさらに不安になり、すぐに可哀想なふりをして法執行機関の担当者にこういいました。「私たちは皆リストラされた労働者です。こんなささやかな商売をしているのにあんた方はこうして苦しめる。もしあなたがリストラされたらどうしますか？」。周りではすでに何人かの人びとが見つめており、中年女性の言葉が共感を呼び、議論せずにはいられませんでした。法執行機関の担当者は「解雇されても法を犯したり、人を騙したりすることはできない」と厳しく指摘したので、中年女性は一瞬言葉を失い、会場は静まり帰りました。(23)

このように取り締まり現場にテレビ局が来るよう準備されていることからも、宣伝部門の影響を看取できる。また取り締まりにあった中年女性がリストラ（下崗《シアガン》）された労働者であり、「私たちは皆リストラされた労働者です」という女性に対する「解雇されても法を犯したり、人を騙したりすることはできない」という法執行官の指摘に、当時の中国社会が抱える問題が透けて見える。ポルノや違法出版物の野放図な販売の背景には、リストラされて職を失った大量の労働者の存在があった。

逆に「打黒除悪」は凶悪なヤクザ組織を対象としているので「掃黄打非」より専門的かつ厳格であった。

先に紹介した反ポルノ・反違法出版物の取り締まりと同時期に行われたヤクザの取り締まりでは、全国の公安機関がその主力を担っている。例えば二〇〇六年に中央政法委員会が「ヤクザと違法組織の取り締まり」の特別キャンペーンを展開した後、三か月以内に全国の公安機関が捜査を行った事件は一〇一三件で、同年五月までに全国の検察機関は一三八四人を含む合計四九二件のヤクザ関連事件を処理した。そのうち一九三件の事件で七二五人が逮捕され、六五件の事件で一八〇人が起訴された[24]。

ただし「打黒除悪」が反ポルノと大きく異なるのは、取り締まりの範囲が国家機関の内部に及ぶ点である。中国の著名な弁護士である佟麗華が中国の主要メディアの報道を調査し、一九九七〜二〇〇七年の一〇年間で発生した一〇〇〇件の国家機関幹部に関する腐敗事件を分析した内容によると、司法の腐敗に関する事件は一六四件に上り、そのなかでも公安系統は七〇件、法院系統は五四件、検察や規律検査系統は三二件、監獄系統は七件で、さらに一件は法院系統と検察系統に跨る腐敗事件だった。特に興味深いのは、公安系統の腐敗のなかでも、ヤクザ組織に関連した腐敗事件は三三件で、公安系統の犯罪事件の実に四七・一四％を占めていた点である[25]。こうした傾向は現在も続き、二〇二一年の最高人民法院工作報告によると、二〇一八年一月から始まった専項闘争で国家公務員とヤクザの癒着による犯罪は二六六八件も発生している[26]。同じ専項闘争でも反ポルノ・反違法出版物とヤクザの取り締まりは深刻さの種類が異なり、ゆえに指導組織の系統も異なっている。

またヤクザなどの組織的犯罪の特徴は、時代によってつねに犯行の手口が変化するため、政権から見た逸脱の範囲がどんどん拡大していく点にある。例えば二〇二四年五月二七日の中国の国営通信社である新華社の記事によれば、五年間の間に公安機関が取り締まったヤクザ組織は五二〇〇余りあるが、二〇二三年には盗難・強盗・詐欺の立件は二〇一九年と比較して三一・四％減少し、人身売買事件の件数は六六・六％も下がっている。他方で経済犯罪事件は四〇万件を検挙して、直接的な経済損失の二三〇〇億元以上を回収し、さらにインターネットによる個人情報の略取やインターネットを通した噂や暴力など四五万三〇〇〇件を捜査している。これは時代の変化によって直接的暴力を伴う犯罪から、金融やインターネットといった分野における犯罪へと、組織犯罪の質が変化していることを示している。(27)特に習近平政権では汚職取り締まりが重要視されているため、「打黒除悪」専項闘争は二〇一八年の中共中央・国務院の文書で「掃黒除悪」と表現が変化し、指導組織の主体が党中央と国家に格上げされることになった。

このように文革後の中国共産党政権は司法の制度化を志向したものの、特に一九八〇年代の社会的混乱に対応するなかでかつての大衆動員を彷彿とさせる厳打が誕生し、両者が混じり合いながら独特の統制メカニズムが形成された。それでは逸脱者とされた人びとはいかに管理されたのだろうか。以下、その管理のあり方と特徴について考えてみたい。

## 3　逸脱者の排除と矯正――「和諧」社会と生き続ける毛沢東的パターナリズム

### (1) 司法制度改革の深化と中国的特徴

文革後の中央政府は毛沢東時代の反省を踏まえて司法制度の再構築に力を入れた。一九九七年の中国共産党第一五回全国代表大会では、「依法治国《いほうちこく》」という表現が初めて江沢民報告に登場し、二〇〇二年の第一六回全国代表大会では、司法制度改革にさらに踏み込んで「司法機関の機構のあり方、職権区分と管理制度を完全なものとし、権限・職責の明確化、相互の連携、相互の制約、効率のよい司法体制の運用をさらに健全なものとする」とされた。そして二〇〇七年の胡錦濤報告で「裁判機関・検察機関が法に基づいて独立して公正に裁判権・検察権を行使できるように保証」する裁判権・検察権の独立について明確に目標化された[28]。

このように一九九〇～二〇〇〇年代の大きな方向性は司法の独立性向上にあり、公安・検察・裁判所の相互の職責が明確化したプロフェッショナリズムの向上にあった。しかし中国における司法制度改革の特徴は、やはり一党独裁という政治的特徴に規定された「党の指導」である。すなわち習近平が中国共産党第一八期四中全会第二回全体会議で述べたように「法による国家統治の全面的推進は、党の指導の強化と改善に有利でなければならず（中略）決して党の指導を弱めることではない」のである[29]。法に対する党の指導性は明確な特徴であり、王岐山も「司法もまた党の指導の下になければならない」としている[30]。

この特徴から見れば、社会に「重大な危害」を与えると政府が考える特定分野の逸脱行動に対して党組織が積極的に関与する厳打が行われていることも説明がつく。司法全体の方向性として示されているプロフェッショナリズムと――一見すると対極に感じられるような――厳打のような前法律的な取り締まりの混淆は、まさに一党独裁体制下で目指される法治の帰結ともいえる。

社会の不安定化を恐れる一党独裁政権で最も重視すべきなのは社会的危害性の度合いである。中国法学者の小口彦太が指摘するように「社会的危害性の程度という実質から入って、その後に形式すなわち犯罪定型を論ずるというプロセス」をとるため「中国の犯罪概念は依然として強く社会的危害性という前法律的な実体的概念によって支配されている（傍点筆者）」のである[31]。ゆえにたとえ司法の独立に向けて改革を進めたとしても、社会的危害性が高い逸脱行為には、躊躇することなく党中央の指導のもとで専項闘争といった毛沢東時代を想起させるアプローチが併用されるのである。

## (2) 逸脱者の矯正——中国共産党政権下における法と徳の混合

それでは逮捕された逸脱者をどのように扱うべきか。この罪の量定にもやはり中国の特徴がある。それは刑罰の量定に政策が強い影響を及ぼす点である。特に近年目立つのは毛沢東時代の「病を治して人を救う」的な教育と救済、すなわち「正しい人間」へ矯正することの重視である。もちろん刑の量定に際して、どのような諸事情をどのような基準に基づいて参酌するのか、そして裁判官の主観的恣意をどう勘案するかは日本でも議論が絶えない[32]。しかし、ここでいう中国的特質とは、明確な刑事政策として政府が刑の量定に介入することであり、突き詰めればこれも一党独裁体制から派生する特徴である。

重要な背景には胡錦濤政権による和諧社会——調和の取れた社会——の提唱がある。二〇〇六年の中国共産党第一六期中央委員会第六回全体会議で正式に提起されたのが「寛厳相済刑事政策（寛大さと厳しさを併せもつ刑事政策）」だった。

> 我々は、法に基づいて重大な犯罪行為を厳打（筆者注：厳しい取り締まり）を行い、治安上の問題が顕著で治安が混乱する地域の是正に重点を置き、ポルノ、ギャンブル、麻薬などの社会悪を根絶して多発する犯罪犯罪を断固として抑制する。
> 寛厳相済刑事政策（筆者注：寛大さと厳しさを併せもつ刑事政策）を実施し、少年司法制度を改革

し、地域社会の矯正を積極的に推進する。ストリートチルドレンと受刑者の子供たちのケアと教育を強化し、麻薬中毒者の改革と管理を強化し、元受刑者の支援、教育、配置を改善する。(33)

このような中国共産党中央の政策に呼応し、二〇一〇年二月八日に最高人民法院も「寛大さと厳しさを組み合わせた刑事政策の実施に関するいくつかの意見（「関於貫徹寛厳相済刑事政策的若干意見」）」を発布して次のような指示を下している。

寛大さと厳しさを併せもつ刑事政策を遂行するために、我々は実際の状況に基づいて異なる犯罪を異なる方法で扱い、寛大であるべき者には寛大に、実際の状況がそうである必要がある場合には厳格にし、寛大さと厳しさのバランスを保ち、適切な刑罰を課し、ごく少数の者と闘って孤立させ、大多数の者を教育し、改革して救い、社会の矛盾を最大限に減らし、社会の調和と安定を高め、国家の永続的な平和と安定を維持する。(34)

このように中央政府が決めた刑事政策に裁判機関が協力するのは、党の支配が貫徹する中国では当たり前の現象である。そして罪の量定にも中央政府の政策的影響が反映される。特に和諧社会というスローガンを掲げる政府にとって厳打――すなわち逸脱者の排除――だけでは不十分であり、教育と救済によって逸脱行為を減少させる必要性があった。この「寛大さと厳しさを組み合わせた刑事政策」は伝統的な道徳と法の結合として説明されることが多かった。例えば『検察日報』（二〇二二年一二月二七日）で西南政法大学刑事検察研究センター研究員の張福坤は「寛大さと厳しさを組み合わせた刑事政策は、伝統的な法文化の含意を示している」という文章を寄稿し、「寛厳相済刑事政策」は古代から中国に存在する道徳と法律を組み合わせる文化の表れであり、今日の司法に重要なインスピレーションを与えると指摘している。ここでいう道徳と法律の混合とは、例えば西周時代の「明徳慎罰」（道徳を顕彰して刑罰を慎む）のような思想を指しており、そこで理想とされているのは刑罰だけに頼らずに「天、徳、刑」を結びつけて民衆を教化することにより社会を安定させる統治手法である。(35)

ポルノ、違法出版物、ヤクザやその他の違法組織といった社会的危害の度合いが高い領域に対し、中央政府が司法機関や政府部署だけでなく多くの民間組織を動員する取り締まりのアプローチは司法の中国的特徴を示しているが、取り締まりで生まれた逸脱者への処遇——すなわち刑罰の量定——に中央政府の政策的介入が行われる点も独自性がある。複雑化する社会と利害関係のなかで「調和の取れた社会」を模索する政権にとって司法は重要な統治道具である。逸脱者の排除だけで社会調和は実現できず、そこに司法と古典的政治思想——徳による民衆の教化——が絡み合う下地が生まれるのである。本節でみた厳打と刑の量定に関する議論には、法治と徳治の狭間で揺れ動く一党独裁下の司法の姿が映し出されている。

## おわりに

どのような行為を犯罪（逸脱）と考えるかは時代により変化する。ある時期に逸脱とされない行為が時として逸脱となったり、処罰が重くなったりすることがある。逆に逸脱とみなされていた行為がそうでなくなったり、より軽い処罰へと変化したりすることもある。社会学的な用語で説明すれば、前者は犯罪化（criminalization）といわれ、後者は非犯罪化（decriminalization）といえるだろう。

文革後の中国では過去の反省を踏まえ司法の制度化が進められた。かつて犯罪類型の多数を占めた「反革命」は激減し、文革で糾弾された「資本主義の道を歩む」逸脱行為は非犯罪化したどころか、積極的意味をもつようになった。しかし皮肉なことに、改革開放政策導入に惹起された社会的混乱、暴力的犯罪の増加は結局、毛沢東時代に馴染みの政治手法――大衆動員による取り締まり――のリバイバルを政権に強いる結果となった。そのため司法のプロフェッショナリズムを模索しながら時として厳打のような動員型取り締まりを発動する現在の統制スタイルが誕生した。

さらに取り締まりにより拘束された逸脱者の処遇にも、独裁という中国政治の個性が反映された。中国共産党が強調する「寛大さと厳しさを組み合わせた刑事政策」は、政権自身が積極的に宣伝しているように西周まで遡る伝統的司法文化と現代司法を結びつけており、教育と感化による民衆の敬服を重視したものである。そして近年、改革開放後の逸脱と管理における「教育感化の働き」は、権力者によってこれまで以上に重視されているように感じられる。習近平の談話で頻繁に強調される「法治と徳治の結合」はその一例である。習は次のように法と道徳の相互補完性を説明している。

法治と徳治における指導幹部の重要な役割を発揮させる必要がある。指導幹部は国家統治の全面的法治化を行う重要な組織者、促進者になるだけでなく、道徳建設の積極的な提唱者、模範にもならなければならない。（中略）徳で身を修め、徳で権威を確立し、徳で人民に敬服させることは、幹部が成

長し、人材になる重要な要素である。(36)

多元的政治体制ではない中国で中華民族の偉大な復興といった政治目標を掲げ、広大な土地に住むおびただしい人びとの行動を管理しようとするとき、制度化された司法と動員方式による取り締まり、厳格な司法と徳による教化といった諸要素の結合は避けられない結末なのかもしれない。さまざまな人びとの複雑化する社会的利害関係を調整するために司法の制度化が避けられないのは当然である。しかし独裁政権下では逸脱者の社会的危害の度合いを判断しながら包摂と排除の匙加減を決める必要がある。そのため時として容認できない逸脱に関しては、法の枠を超えた厳しい取り締まり（厳打）が発動されるが、こうした特徴は今後も一党独裁下における社会統制のなかで強い生命力を維持し続けるであろう。そして中国共産党のそうした司法制度が、広く民衆からの正当性を獲得できるかどうかを占ううえでも、法治と徳治の結合の成否は重要な意味をもつことになるだろう。

（1）この点に関しては拙稿「現代中国の刑事司法制度と「厳打」――起源、経路依存、制度進化」加茂具樹・林載桓編著『現代中国の政治制度――時間の政治と共産党支配』慶應義塾大学出版会、二〇一八年、四九―七六頁参照。

（2）不完全な統計ではあるが、一九七八年におよそ五三万件だった犯罪件数は、八一年にはおよそ八九万件に急増した（『中国法律年鑑』北京：中国法律出版社、一九八七年）。

（3）沈彤（石戸谷滋訳）『革命寸前――天安門事件・北京大生の手記』草思社、一九九二年、五二一―六二一頁参照。

（4）鄧小平「堅持四項基本原則」（一九七九年三月三〇日）中共中央文献研究室編『改革開放三〇年重要文献選編（上）』北京：中央文献出版社、二〇〇八年、三八―三九頁。
（5）鄧小平「貫徹調整方針，保証安定団結」『改革開放三〇年重要文献選編（上）』一七二頁。
（6）エズラ・F・ヴォーゲル（益尾知佐子・杉本孝訳）『現代中国の父　鄧小平（下）』日本経済新聞出版社、二〇一三年、九二―九三頁。
（7）「最高人民検察院工作報告　一九八三年六月七日在第六届全国人民代表大会第一次会議」『人民日報』一九八三年六月二六日。
（8）坂口一成『現代中国刑事裁判論――裁判をめぐる政治と法』北海道大学出版会、二〇〇九年、四九―五一頁。
（9）『中華人民共和国監獄史【一九四九～二〇〇〇】』（中国監獄学会）二〇〇四年五月、中文出版物服務中心編『中共重要歴史文献資料匯編　第二九輯　公安法制史料専輯　第一分冊』ロサンゼルス：中文出版物服務中心、二〇〇九年、二四〇―二四二頁。
（10）同右。
（11）『取締反動会道門工作歴史資料匯編（一九四八―一九九二年）』（公安部一局編印）、中文出版物服務中心編『中共重要歴史文献資料匯編　第二九輯　公安法制史料専輯　第八四分冊』ロサンゼルス：中文出版物服務中心、二〇一六年、三〇八頁。
（12）「在五大城市治安座談会上的講話」『彭真文選（一九四一―一九九〇）』北京：人民出版社、一九九一年、四〇六頁。
（13）林彪事件とは、1971年に毛沢東の「親密な戦友」で「後継者」である林彪らによって引き起こされた毛沢東暗殺・クーデター未遂事件を指す。その詳細は現在も不明な点が多く、明かにされていない。
（14）なお徹底的な弾圧に遭った天安門事件であったが、それでも人びとは中国共産党政権に黙従したわけではなかった。九〇年代以降には特定の政治・宗教的理念には関係のない一般市民による、生活に密着した異議申し立てが急速に増加している。彼らは集団で政府に対する種々の陳情、請願、集会、デモなどを行ったが、そうした、いわゆる「群体性事件」が社会で急速に拡大した。公安部弁公庁の調査によると、例えば一九九七年の「群体性事件」の発生件数は九六年と比較して二五・六%、九八年は九七年と比較して五六・九%、九九年はさらに三〇・五%と増えており集団での異議申し立てが急速に増加しており、こうした活動への参加人数をみても九七年は九六年と比較して八・三%増、九八年はさらに六五・六%増、九九年は四四・六%増と、集団的異議申し立てへの参加者が社会全体として急増した（『群体性事件研究』（公安部弁公庁研究室・二〇〇〇年六月）、中文出版物服務中心編『中共重要歴史文献資料匯編　第二九輯　公安法制史料専輯　第二七分冊』ロサンゼルス：中文出版物服務中心、二〇一一年、三—四頁。

（15）労働改造とは懲役刑に処された者が、労働を通して思想改造を行うことを指す。建国後の取り締まりによる収監者の急増と刑事施設の運営コスト増大を背景に生まれた制度である。

（16）『十一届三中全会以来　公安工作要覧　第一冊（一九七八年一二月—一九八一年）』（公安部弁公庁編印、一九九九年六月）、中文出版物服務中心編『中共重要歴史文献資料匯編　第二九輯　公安法制史料専輯　第二四分冊』ロサンゼルス：中文出版物服務中心、二〇一一年、四八—四九頁。

（17）労働教養とは司法機関の審査を経ずに執行できる強制的な労働教育の措置を指す。公安機関などによる恣意的な運用などが問題視され二〇一三年に廃止された。

（18）「在全国政法工作会議上的講話」（一九八五年一月二八日）『彭真文選（一九四一—一九九〇）』五〇九頁。

（19）『十一届三中全会以来　公安工作要覧　第一冊』九九頁。

（20）Susan Trevaskes, *Policing Serious Crime in China: From 'strike hard' to 'kill fewer,'* New York: Routledge, 2013, p17.

（21）「掃黄打非」とは、猥褻な出版物や映像など（黄）を一掃して違法出版物（非）を取り締まることを指している。「打黒除悪」とは、ヤクザのような犯罪組織（黒勢力）や社会秩序を乱す暴力的グループ（悪勢力）の取り締まりを指している。

（22）劉雲山「専項治理浄化未成年人成長環境」安徽省老科技工作者協会・安徽省科学教育研究会『科教文匯』（二〇〇五年三月一日）四五頁。

（23）周世佳「跟老爸〝掃黄打非〟去」『初中生』湖南・二〇〇五年一期、八二―八三頁。

（24）康均心「従打黒除悪到掃黒除悪」『河南警察学院学報』二〇一八年六月、第二七巻第三期、六頁。

（25）佟麗華『十八大以来的法治変革』北京：人民出版社、二〇一五年、三七頁。

（26）『最高人民法院工作報告』北京：人民法院出版社、二〇二一年、三四頁。

（27）「五年来公安機関共打掃黒悪組織5200余個」『新華網』（二〇二四年五月二七日）http://www.news.cn/legal/20240527/495eac9f32464d42a3f5fe68875a8607/c.html（最終閲覧：二〇二四年八月三〇日）。

（28）中華人民共和国中央人民政府ウェブサイト「江沢民在中国共産党第一五次全国代表大会上的報告」https://www.gov.cn/test/2008-07/11/content_1042080.htm

中華人民共和国中央人民政府ウェブサイト「江沢民：在中国共産党第十六次全国代表大会上的報告」https://www.gov.cn/test/2008-08/01/content_1061490.htm

中国共産党新聞ウェブサイト「胡錦濤在中国共産党第十七次全国代表大会上的報告」『中国共産党歴次全国代表大会数據庫』http://cpc.people.com.cn/BIG5/104019/104101/6429414.html（以上、最終閲覧：二〇二四年八月三〇日）。

（29）『習近平　国政運営を語る』第二巻、北京：外文出版社、二〇一八年、一二四頁。

（30）林望『習近平の中国――百年の夢と現実』岩波書店、二〇一七年における王岐山とのインタビュー参照。

（31）小口彦太『現代中国の裁判と法』成文堂、二〇〇三年、一四〇頁。

（32）小池信太郎「量刑における消極的責任主義の再構成」『慶應法学』第一号、二〇〇四年一二月、二一三―二二二頁。

（33）中華人民共和国政府ウェブサイト「中共中央関於構建社会主義和諧社会若干重大問題的決定」（二〇〇六年

一〇月一一日中国共産党第一六届中央委員会第六次全体会議通過）https://www.gov.cn/gongbao/content/2006/content_453176.htm（最終閲覧：二〇二四年八月三〇日）。

（34）　北大法宝ウェブサイト「最高人民法院印発『関於貫徹寛厳相済刑事政策的若干意見』的通知」（法発〔二〇一〇〕九号）https://www.pkulaw.cn/fulltext_form.aspx?Db=chl&Gid=126987（最終閲覧：二〇二四年九月一日）

（35）　張福坤「寛厳相済刑事政策彰顕伝統法律文化意蘊」『中華人民共和国最高人民検察院』https://login.12309.gov.cn:8443/spp/llyj/202212/t20221227_596896.shtml（最終閲覧：二〇二四年九月一日）。

（36）　「法治と徳治の結合を堅持しよう」（二〇一六年一二月九日）『習近平　国政運営を語る』第二巻、一四八―一四九頁。

# 第5章　近代中国リベラリズムからみる疎外と連帯

中村　元哉

## はじめに

私たちは、現代中国情勢がどうであれ、それを読み解く際に、近代中国からの歴史的文脈を知っておいたほうが賢明である。というのも、例えば、二〇二〇年代の大陸中国と香港と台湾は民主と独裁をめぐってせめぎあっているが、このような摩擦は、辛亥革命以来の憲政と革命の二大潮流を知っていれば、歴史的にセットされたものであることをすんなりと理解できるからである。[1]当然に、私たちは、本書のように連帯（包摂）と疎外（排除）をキーワードにして中国社会について深く知ろうとするならば、歴史的文脈をおさえておかなければならない。なぜなら、社会を構成する個人の内面には思考の積み重なりがあり、

**写真1　儲安平**

（出所：中国語版ウィキペディア[2]）

その積み重なりが、国家（政府）による政策の変遷とも連動しながら、社会の連帯と疎外ないしは権力による包摂と排除という歴史的な社会現象を生み出しているからである。とりわけ、知識人の政治思想が歴史的にどのように変遷してきたのかを知ることは重要である。なぜ知識人なのかといえば、伝統中国で儒家的な規範や倫理を発展させてきた士大夫（科挙官僚であり地方の名士であり教養人でもあった）が、科挙廃止後の近代中国においても、近代西洋の学知を採り入れながら従来と似たような政治的社会的役割を果たす知識人として存在感を発揮し、そのエリート的な役割は、少なくとも一九九〇年代——知識人が政治や社会から周縁化されつつあるのではないかという議論が巻き起こった——までは続いたからである。

以上のことから、本章の目的は、次のようにまとめられる。すなわち、個人と社会と国家を橋渡しする知識人の政治思想の動きに注目しながら社会の連帯と疎外あるいは権力による包摂と排除の一面を歴史的に浮き彫りにすることである、と。

では、どのような政治思想に注目するのが効果的なのだろうか。

既存の複数の研究が明らかにしてきたように、近代中国には、中華文化（儒家）を重んじる伝統主義を除けば、国家・民族主義（ナショナリズム）、自由主義（リベラリズム）、社会主義の三大思潮が存在した。そのなかでも、個の自由を重視して自由と権力の問題に切り込もうとするリベラリズムが、個人と社会と国家の緊張関係を最も反映しているといえるだろう。そのため、リベラリズムが社会の連帯と疎外ないしは権力による包摂と排除の様相を観察するうえでは格好の分析対象になる(3)。

近代中国においてリベラリズムをおもに担った知識人は、中華民国期（一九一二―四九年）に活躍した胡適（一八九一―一九六二年）と儲安平（一九〇九―六六？年、写真1）である。彼らは、自由と権力の問題に正面から向き合い、中華人民共和国の成立前後に、この普遍的なリベラリズムを大陸中国に残すと同時に、香港や台湾に伝えた。

しかしながら、リベラリズムは、歴史的に振り返った場合、そもそも非常に多義的な概念だった。だからこそ、少なくとも、近代中国においては、リベラリズムかナショナリズムかといった二項対立の枠組みは、リベラリズムの動態を把握するうえでは、あまり意味をなさない。なぜなら、この種の二項対立の枠組みとは違う次元から自由と権力の問題を考えた知識人が近代中国には存在し、彼・彼女らが、普遍的なリベラリズムの普及に貢献したからである。例えば、伝統主義の活用をめざした、いわば文化的リベラリズムとしか呼びようのないリベラリズムが近代中国では育まれ、その文化的リベラリズムの一部は普遍的リベラリズムを豊かなものにしていった。そのため、本章では、こうした歴史事実を踏まえて、「近代中国リベラリズム＝普遍的リベラリズム＋文化的リベラリズム」と便宜的に定義しておきたい。

ところが、である。この近代中国リベラリズムの動態をその内部からさらに複雑にさせた要因があった。それが、冷戦の論理の有無ないしは強弱だった。

写真２　殷海光が晩年過ごした住居跡

（2019年、筆者撮影）

中華民国（民国）は大陸中国で憲政を実行した後に台湾へと移動を余儀なくされ、それに前後して、中華人民共和国（人民共和国）が大陸中国に成立した。このような政治的大変動を促した一九四九年を一つの分水嶺として、冷戦の論理をめぐる摩擦——資本主義か社会主義か、あるいは、リベラル・デモクラシー(4)を肯定するか否かといった政治イデオロギーをめぐる対立——が東アジアでますます拡大し、人びとの冷戦思考が社会の連帯と疎外のメカニズムとして作用した(5)。そのため、近代中国リベラリズムは、反ソ反共の性格を全面に押し出すことになった。

しかしながら、東アジアは、冷戦の論理だけでは読み解けない世界でもあった(6)。実際、中華文化との接続可能性を模索した文化的リベラリズムは、香港や台湾をはじめとする大陸中国の外部に広がっていき、西側の同胞であるはずの香港と台湾の間で、普遍的リベラリズムと対立したり協調したりした。具体的にいえば、張君勱、銭穆、唐君毅といった現代儒家（「新儒家」）の系譜に属する文化的リベラリズム(7)、もしくは、伝統資源を活かしながら自由を探究しようとした殷海光らの文化的リベラリズム(8)が、台湾海峡を挟んで、自由と権力の問題を直視した胡適や儲安平らの普遍的リベラリズムと分化や統合を繰り返したわけである。政治学者からすれば、現代儒家の文化的リベラリズムや殷海光の文化的リベラリズムは、法に対する徳を最後の拠り所としている点において、政治思想としての「正式な」リベラリズム（普遍的リベラリズム）には含まれないのだろう。それでも、冷戦の論理からだけでは到底整理できない、まさに普遍的リベラリズムと文化的リベラリズムの間を行き来するような政治思想が、台湾海峡を挟んで芽生えつつあったわけである(9)。

本章は、以上のような近代中国リベラリズムの全容をまず確認しておきたい(10)。そのうえで、近代中国リベラリズムのうち、次の二つの角度からみえてくる近現代中国社会の連帯と疎外の風景を描写することにしたい。

①近代中国リベラリズムが大陸中国でどのような変遷を辿り、それが現代中国リベラリズム――本章では一九八〇年代を中心とする改革開放萌芽期(11)のリベラリズムを指す――にどのように継承されたのか。

②文化的リベラリズムが大陸中国から香港および台湾へと移動したことで、新たな関係性がこれらの地域でどのように発生し、それが現代中国リベラリズムにどのように作用したのか。

## １　近代中国リベラリズムの展開

### (1) 近代中国リベラリズムの発露と高揚

中国にはもともと「自由」という概念があった。しかし、それは放任の自由という意味か、甚だしくは、自分勝手な自由という、いわば儒家規範に反するマイナスのイメージとして理解されてきた。

その伝統中国の「自由」観をリベラリズムの受容によって刷新しようとしたのが、厳復（一八五四―一九二一年）だった。そして、民国期を中心とする近代中国では、伝統中国の政治文化に抗いながらリベラリズムを定着させようとした知識人の台頭が続くことになった。その代表的人物こそが、一九一〇年代後半の新文化運動で儒家文化と封建制度の一掃をめざした胡適だった。胡は、少なくとも一九三〇年代までには、中国においてリベラリズムを一つの主義として国内の人びとに認知させることに成功した。実際、その定着は、近代西洋のリベラリズムに共鳴した政論誌『現代評論』（一九二四―二八年）、『独立評論』（一九三二―三七年）、『観察』（一九四六―四八年）が権力の内外から権力批判を行っていたことからも明らかである。[12]

これらの政論誌のなかでも、とりわけ人気を博したのが第二次世界大戦終結後に上海で創刊された『観察』だった。『観察』は、一九四五年から一九四九年の、いわゆる戦後中国において、リベラリズムを代表する最も著名な政論誌として社会に受け入れられた。その責任者だった儲安平は、胡適と双璧をなす近代中国のリベラリストとして、確たる地位を築いた。

多くの日本人には意外なことに映るかもしれないが、第二次世界大戦で戦勝国となった中国は、孫文の遺訓である憲政への移行準備を満洲事変（一九三一年）後に着々と進めていき、日本国憲法とほぼ同じ日程で中華民国憲法を制定、公布、施行した。この政治決断の背景には、国際的な要因があった。というのも、戦勝国としての中国は、民主化を期待するアメリカに配慮することで国際的な地位を押し上げると同時に、アメリカのリベラリズムを基調とする国際秩序に五大国――アメリカ、ソ連、イギリス、フランス、中国――の一員として積極的に参加し、アジアの中心国として振る舞うことを求められていたからである。だからこそ、戦後中国でリベラリズムが高まったのは、自然な成り行きだった。

とはいえ、戦後中国の知識人は、多義的な概念であるリベラリズムを理論化し、それを中国語の自由主義と精緻な等号関係で結べたわけではなかった。唯一いえることは、自由主義やリベラリズムとしか形容できない政治思想が一九四〇年代にもひしめきあっていた、という事実だけである[13]。

このような思想状況のなか、近代中国のリベラリストは、中国国民党（国民党）と中国共産党（共産党）に対抗する政治勢力を形成できるのか否かを問うようになった。この争点は、当時の中国社会で最も定評のあった民営紙『大公報』が「自由主義者の信念」という社評[14]を掲載したのをきっかけにして、争われるようになった。この社評は、リベラリズムを一種の理想や抱負だと定義し、人生に対する基本態度、すなわち公平さと理性、そして多数を尊重して自らと異なることを受け入れることだ、と述べた。

近代中国リベラリズムは、こうして生成し定着し発展していった。この過程で、近代中国のリベラリストは、とりわけ戦後中国において政治勢力の形成という連帯を模索し始めた。

## （2）近代中国リベラリズムの発展

では、儲安平は、どのような主張を展開したのだろうか。

儲安平は、近代中国のリベラリストの連帯をめざして、一九四五年一一月に重慶で『客観』を創刊し、それから約一年後の一九四六年九月に上海で『観察』を創刊した。『観察』は、民主、自由、進歩、理性の追求という彼の信念を実践した場であり、だからこそ魅力あるリベラルな政論誌として名を馳せた。

儲安平は、中国には統一が必要であり、その統一は民主政治に根ざされなければならず、民主政治を実現するためには言論の自由がなければならない、と一貫して主張した[15]。その彼が気迫を込めて書き残した名文が、『観察』創刊号に掲載された次の一節である。

> 私たちは自由を要求し、各種の基本的人権を要求する。自由は放縦ではなく、自由も法を守らなければならない。しかし、法はまず人民の自由を保障しなければならず、人びとを法の前では一律に平等にしなければならない。もし法が人民の自由と権利を保障できれば、人民は必ず法を遵守するだろう。政府は、人民の人格を尊重すべきであり、自由は、人格を維持し保護するためにも絶対に必要である。……自由のない人民は、人格のない人民である。自由のない社会は、必ずや奴隷の社会となるだろう。我われは、人びとが各種の基本的人権を獲得し、各個人の人格を維持し保護し、国家と社会の優れた発展を促すことを要求する[16]。

さらに、彼は次のような悲壮な覚悟も語っている。「この混乱の大時代に中国が必要としていることは、何者も恐れない言論であり、言論のために進んで命を犠牲にすることを決心した人である！」、と。[17]

かくして、儲安平を中心に『観察』で連帯した近代中国のリベラリストは、今日においてもなお、『観察』グループと称されるほどの一大勢力を形成した。もちろん、ここで連帯したリベラリストは、『観察』誌上だけで活躍したわけではなく、『観察』の「特約寄稿者」としてさまざまな新聞・雑誌でも活躍していた多士済々なメンバーによって構成された。[18]

こうして多くのリベラリストに支えられた『観察』は、国民党政権内部のリベラルな考えを代弁することもあれば、国民党政権の独裁体質を批判する共産党とも連携可能なリベラリズムを主張することもあった。[19]だからこそ、『観察』に象徴されるリベラリズムは、その理想を学問的に問いかけただけでなく、その理想を現実政治のなかで磨き上げようとしたのだった。[20]儲安平および『観察』は、権力内部のリベラリズムを表出することもあったが、権力外部からも権力を批判したのだった。このことを象徴する代表的な論文が、儲安平「中国の政局」だった。今日も色褪せない主張のなかで、最も有名なフレーズが残されている箇所のみを引用しておこう。

> 実をいうと、我われは現在自由を争っているが、国民党の統治下では「自由」は依然として「多い」か「少ない」かの問題であるが、かりに共産党が政権をとれば「自由」は「有る」か「無い」かの問題に変わってしまう。（中略）
>
> 現在の中国の自由主義者は、民盟、民社党を除くと、各大学および文化界に散らばっている。この自由主義者の数は多く、質的にも弱くはないが、彼らは散漫で、〔人びとから〕重視されるべき組織

をもっていない。これらの人びとが擁している力はただ潜在的な力であり、表立った力ではない。ただ道徳的な権威の力であって、政治的な権力ではない。ただ思想と言論への影響に限定され、政治的な行動力ではない(21)。

このように儲安平は、国民党も共産党も、そしてリベラリストも滅多切りにしたのだった。しかし、儲は、国民党に対しても共産党に対しても明るい未来を描けなかったため、最終的には、近代中国リベラリストのさらなる連帯に期待するほかなかった。

少し先を論じれば、我われの世代は、大概すでに、「自己を犠牲にして、後の世代に幸福をもたらす」ものと定められている。(中略)自由主義者は立ち上がることができるし、そうしなければならないのである。これは、彼らが喜ぶか否か、願うか否かの問題ではなく、自由主義者の歴史上の責任問題である(22)。

ところが、人民共和国の成立により、この連帯の夢は潰えた。『観察』で連帯していた近代中国のリベラリストは共産党によって包摂(連帯)ではなく排除(疎外)され、大陸中国で沈黙させられるか香港や台湾や海外へと分散を余儀なくされた。この疎外を積極的な表現に改めるならば、近代中国リベラリズムは、大陸中国で伏流しながらも生命力を何とか維持し(23)、香港や台湾へと拡大しながら新たな発展を遂げた、ということになる(24)。

## 2　法学者・政治学者の動向からみた近代中国リベラリズムの浮沈

### (1) 近代中国リベラリズムの伏流

人民共和国が成立した後、共産党は『観察』を『新観察』へと改組して、近代中国のリベラリストを懐柔しようとした。しかし、権力（共産党）によって一旦排除されたリベラリストを社会に再び包摂しようとする懐柔政策は、決して順調に進められたわけではなかった。それは、幾多の政治運動を伴いながら、抑圧的な思想運動として実行に移されていった[25]。その最たるものが一九五七年夏から始まった反右派闘争だった。近代中国リベラリズムは権力によって完全に疎外され、社会の地中深くに潜り込んでいった[26]。

儲安平は、この一連の政治過程を象徴する近代中国のリベラリストだった。儲は、人民共和国成立後もリベラリストとしての信念を放棄せず、その信念に基づいて共産党の政権運営を「党の天下」として痛烈に批判した（一九五六年）[27]。しかし、このような批判は、共産党の許容範囲をはるかに超えてしまった。プロレタリア階級（左派）を代表する共産党からすれば、政治運動や思想運動を繰り返してきたことで敵対勢力のブルジョア階級（右派）の政治思想は根絶されたはずだったが、儲の「党の天下」論は、ブルジョア階級の近代中国リベラリズムがいまだに根強く残っていることを共産党に認識させた。そのため共産党は、反右派闘争とその後の文化大革命（文革）で儲安平を徹底的に弾圧した。

## （2）近代中国リベラリズムの継承者としての法学者・政治学者

では、伏流を余儀なくされた近代中国リベラリズムは、どのような推移を辿ったのだろうか。

例えば、「自由と統一」のバランスを模索した法学者で政治学者でもあった銭端升（一九〇〇―九〇年）は、慎重な物言いながらも、共産党の独裁体質とその危険性に警鐘を鳴らした(28)。銭は、儲安平と同様に反右派闘争で批判されたが、その後の文革の荒波も何とか乗り越えて、改革開放萌芽期を生き抜いた。

こうした一九四九年前後の政治思想の動向からすると、法学者や政治学者にも注目して近代中国リベラリズムのその後の変遷を整理しなければならないことがわかるだろう。ただし、中国近現代政治思想史に関する従来の研究成果によれば、民国期から人民共和国期にかけての法学者や政治学者は下記のように分類できるため、近代中国リベラリズムの系譜に属する関係者は全体の一部（①（A））に過ぎないことも同時に確認しておかなければならない。

①民国期の国民党または第三勢力系の政治家や知識人
（A）人民共和国期に大陸中国に残留：銭端升、周鯁生、楊兆龍、呉恩裕、韓徳培ら
（B）人民共和国期に香港や台湾などへ移動：張知本、張君勱ら
②民国期の左派系知識人（共産党入党者も含む）
（A）延安で社会主義法制を受容：不明
（B）南京・重慶などで民国期の近代法制にも接触：張友漁、呉家麟ら
③民国期の共産党員
（A）延安で社会主義法制を受容：共産党中央の主流派

（B）南京・重慶などで民国期の近代法制にも接触：董必武、彭真ら
④人民共和国期に養成または重用された政治家や知識人
（A）国内で「民主と法制」を重視：李鋭、于浩成ら共産党内部のリベラル派
（B）海外の近代法制にも接触：現代中国でリベラルな国際派と称される学者

このように分類した際に、特に注目されるべきは、②（B）と④（A）の系譜、つまり近代中国リベラリズムの系譜には直結しないものの、その遺産を間接的に継承した現代中国リベラリズムの一派である。例えば、②（B）の張友漁の主張を具体的に確認しておきたい。[29]

## （3）近代中国リベラリズムの間接的継承

張友漁（一八九九―一九九二年、写真３）は、法学者、政治学者、ジャーナリストとして民国期から人民共和国期にかけて活躍した。『中国憲政論』（生生出版社、一九四四年）や『憲政論叢（上下）』（群衆出版社、一九八六年）などで知られる張は、改革開放萌芽期にリベラルな言動を展開した。例えば、一九七〇年代後半から一九八〇年代にかけて、政治と法をめぐる「政法」論争とでも呼ぶべき民国期の法の継承性をめぐる議論が知識人の間で活発化し、人治と法治、社会主義民主と社会主義法制をめぐって議論が盛り上がると、[30]彼は、「社会主義民主と社会主義法制があってはじめて、〔国家は〕労働者である人民の利益の下に真に統一されるのである。（中略）民主は法制と衝突し、法制は民主を制限するので、この両者は対立すると理解されることがある。しかし、この理解は、明らかに間違っている」と主張した。[31]

確かに、この引用箇所は、共産党政権下での社会主義民主と社会主義法制を重視したに過ぎず、リベラ

**写真3　張友漁**

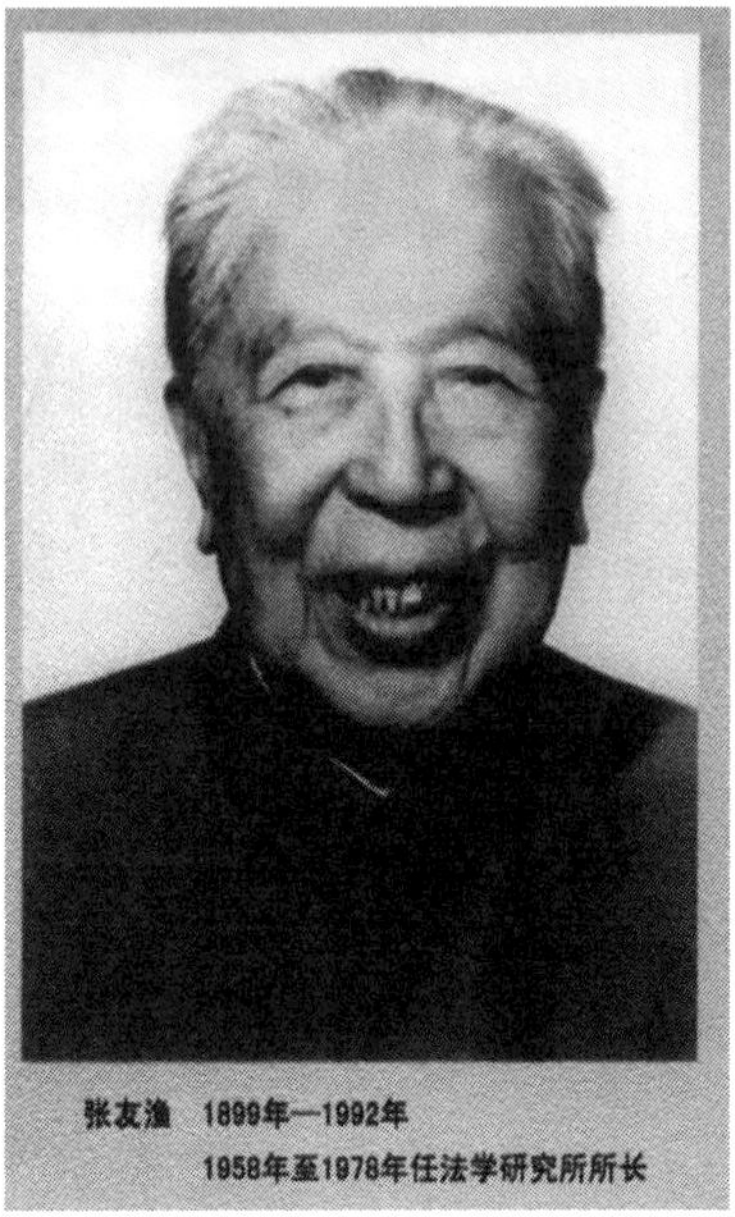
张友渔　1899年—1992年
1958年至1978年任法学研究所所长

（出所：百度[32]）

ルな言説を直ちに証明するものではない。この論文だけで判断するならば、張は共産党の権威を維持する一つの手段として「民主と法制」の強化を主張したに過ぎない、と解釈するのが自然だろう。

ところが、張友漁は、一九八〇年代後半に共産党内部から党政分離[33]が論じられるようになると、その政治主張を後押しする姿勢をみせ始めた[34]。この変化を一九八〇年代の政治情勢に応じて自らの主張を変化させただけだとみなすのは、浅薄な分析であろう。なぜなら、中長期的な時間軸で張の政治思想を読み解き直すと、むしろ彼の本音は、法制に立脚した党政分離の下で民主政治を実現し、自由を最大限に引き出すことを共産党政権下でもめざしていた、と解釈できるからである。彼は、民国期に「何が憲政か。憲政とは民主政治である。（中略）憲政運動とは、民主政治を争い、それを強固にして発展させる政治運動である[35]」、「人民の自由と権利を保障することは、いかなる民主国家でも必ず実現されなければならない[36]」とリベラルな主張を展開していた。

このような歴史的流れは、民国期の憲政が成功したか否かに関係なく、当時の憲政をめぐる政治情勢が張友漁のその後の政治思想の形成に影響を及ぼしたことを物語っている。平たくいってしまえば、蔣介石の国民党は民国期に憲政を準備し実行しながらも、自由と民主政治の定着に反する強権的な振る舞いを完全には放棄しなかったため、張を含む一部の共産党および左派系の知識人はそのような蔣介石に対して反発し、その過程で、かえって自由や民主政治を重んじるようになった――もしこれが過大な評価だとすれば、行き過ぎた専制の弊害を問題視するようになった――わけである。こうして、②（B）や④（A）のような系譜が人民共和国期に出現することになった。事実、共産党の古参幹部で晩年に党内のリベラル派と目された李鋭（一九一七―二〇一九年）は、この説明を証明するような民国期の政治経験を語っている[37]。

こうして改革開放萌芽期の知識人は、リベラルな言動を復活させていった。

## 3　近代中国リベラリズムをめぐる大陸中国、香港、台湾のトライアングル関係

### (1) 香港と台湾の新たな関係性

胡適や儲安平らが発展させた近代中国リベラリズムのうち、その普遍的リベラリズムは、人民共和国成立前後に胡適が台湾やアメリカへ移住したことからも読み取れるように、冷戦下の西側に属する香港や台湾にも流れ着いた[38]。さらに、張君勱、銭穆、唐君毅らの現代儒家ないしは殷海光らの文化的リベラリズムも、共産党が伝統文化を否定する立場をとったことから、人民共和国成立前後に大陸中国から香港や台湾へと注ぎ込まれた。

このような一連の経緯からすれば、香港と台湾の文化的リベラリズムは、香港と台湾の普遍的リベラリズムと連帯しながら、大陸中国の社会主義に対して共闘するはずだった。

ところが、台湾に移った国民党の蔣介石が憲政を事実上凍結して強権政治を敷いたため、予期せぬ事態が引き起こされた。それは、香港および台湾に横断して広がっていた普遍的リベラリズム[39]が、蔣介石政権によって分断させられたことである。蔣介石政権は、台湾のリベラルな政論誌『自由中国』（一九四九―六〇年）と連帯しようとした香港の政論誌『自由陣線』（一九四九―五九年）および『聯合評論』（一九五八―六四年）に対する財政支援を停止し、自らのことを独裁政権として断罪する普遍的リベラリズムが香港と台湾で連帯することを阻止しようとした。そして、蔣介石政権は、「大陸反攻」（大陸中国を武力で奪還すること）のために文化的リベラリズムを支持し[40]、それを香港と台湾の普遍的リベラリズムと対抗させようとした[41]。

本節では、このような香港と台湾で発生した新たな関係性のうち、文化的リベラリズムの動向に絞って整理してみよう。

文化的リベラリズムは、香港や台湾に逃れた現代儒家の系譜につながる文化的リベラリズムであれ、殷海光のように普遍的リベラリズムとの間を行き来した文化的リベラリズムであれ、いずれも中華文化の伝統資源――それは徳などと形容させる曖昧模糊としたものであった――がリベラリズムとどのように接続可能なのかを模索した。例えば、代表的な現代儒家である張君勱はプラトンの『国家』を次のように翻訳し、現在の台湾でリベラリストの一人とみなされている殷海光も次のように主張した。

〈張君勱〉

私には一つの前提がある。すなわち、我が国は善に基づく政治〔「善治」〕において最も完全な国になるだろう、ということである。もちろん、これは容易なことではない。いわゆる完全な国には、「四徳」（四元徳）が備わっていなければならない。「四徳」とは、英知、強い意志、己に打ち克つ力、正しい道理ないしは正しい情のことである。(42)

〈殷海光〉

我われは、「目的社会」から、ポパーのいう「開放社会」へと向かわなければならない。このような社会文化にあっては、私たちの思想と行為は、くだらない前例やタブー、あるいは、複雑な人間関係や神格化された人格などの各種の制約を受けることはない。ただ、人生の徳目と理性および知識に従えばよいだけである。（中略）我われは、自由な文化が醸し出す暗黙裡の力を通じて、中国が現在おこなっている様ざまな暴虐行為を止めて、道徳を重んじながら自由で民主的な状況を創り出したいと思う。(43)

しかしながら、これらの限られた引用箇所からもわかるように、文化的リベラリズムは、権力の濫用をどのように防止するのかという点においては、説得力に欠けていた。だからこそ、台湾で独裁化した蔣介石政権にとっては好都合だったわけである。

ただし、文化的リベラリズムも、リベラリズムの一種ではある。殷海光の「中国が現在おこなっている様ざまな暴虐行為を止めて、道徳を重んじながら自由で民主的な状況を創り出したい」という共産党政権に対する痛烈な批判は、蔣介石政権に対する批判へと容易に転化するものだった。それゆえに、殷海光

『中国文化的展望』（文星書店、一九六六年）は、台湾で発禁扱いとなった。香港と台湾の文化的リベラリズムによって香港と台湾の普遍的リベラリズムを封じ込めようとした蔣介石政権の思惑は、必ずしもそのように進んだわけではなかった。

こうして共産党によって大陸中国の外部に排除された近代中国リベラリズムは、その外部の香港と台湾において、新たな連帯と疎外という状況を発生させた。

## （２）香港・台湾から大陸中国へと流れる近代リベラリズム

ところが、事態はますます複雑化した。なぜなら、大陸中国内部での連帯と疎外、あるいは、大陸中国と香港および台湾の間で生じた連帯と疎外、さらには、香港と台湾の間で新たに生じた連帯と疎外という現象が、大陸中国の文化大革命（文革）収束後に、さらに新たな関係を結ぶことになったからである。

文革が大陸中国で発動されると、毛沢東を信奉する左派思想が香港でも一時的に高揚した(44)。ところが、大陸中国で文革後の一九七〇年代末に「北京の春」と呼ばれた緩和ムードが広まると、社会主義民主の実現を求める声（張友漁ら）に加えて、言論の自由を正攻法で訴える普遍的リベラリズムが復活し、香港でも文革後の社会主義中国に対する冷めた見方が広まった。この頃の台湾に目を転じると、リベラルな言動は、「『美麗島』事件」（一九七九年）で一旦弾圧されたとはいえ、むしろ勢いを増していき、のちの台湾の民主化を導く一つの原動力になった。そして、これらの現代中国と現代台湾のリベラリズムは左派思想を弱体化させつつあった香港に注ぎ込まれ、その流入先となった政論誌『七十年代』（一九七〇―九八年／一九八四年に『九十年代』に改称）が普遍的リベラリズムを香港から大陸中国へと広めるようになった。

写真４　胡平「言論の自由を論ず」

論言論自由

胡平

序言

第一章　言論自由的含義與價值

（出所：『七十年代』1981年３月号）

当然に、共産党は、このような流入現象に反発し、香港や台湾とも新たに連帯するようになった現代中国リベラリズムを排除しようとした。その象徴的な事例が、胡平「言論の自由を論ず」をめぐる状況だった[45]（写真４）。

文革期に「下放」を経験した胡平（一九四七年―）は、密かに準備していた「言論の自由を論ず」（第一稿、一九七五年）を、自らが主宰していた民間誌『沃土』で第四稿として発表した（一九七九年）。直後に彼は、人民代表大会の地方選挙に参加し、北京大学海淀区の代表として当選を果たし（一九八〇年）、一躍注目を浴びた。こうして彼自身が国内外で若手のリベラリストとして注目されるようになると、「言論の自由を論ず」（第五稿）は香港の『七十年代』（一九八一年三月号）に転載された。「公民の言論の自由は、憲法上公民に保障された各種の政治的権利のなかで、最も大切である。一個人が自己の願望や意見を表明する権利を失ってしまえば、必ずや奴隷あるいは道具となってしまうだろう」(46)との一節を含むこの文章は、後に共産党機関紙が大陸中国から批判を加えなければならないほどに大きな反響を呼んだ(47)。

さらに、このような普遍的リベラリズムの動向と並行して、香港と台湾でもともと連帯していた文化的リベラリズムは、改革開放萌芽期の大陸中国の思想界とも響きあって、文化ブーム（「文化熱」）を支えた。当時の香港や台湾は、韓国やシンガポールと並んで経済を発展させつつあった地域として世界から注目され、いずれの地域も広義には儒家文化圏ないしは中華文化圏に属すると理解されたことから、中華文化にモダニティの要素が内在しているのではないかということが大陸中国の思想界で議論されるようになった(48)。

こうして改革開放萌芽期の大陸中国では、近代中国リベラリズムが香港や台湾からの影響を受けながら復活し、それが現代中国リベラリズムを形成していった。

## おわりに——現代中国リベラリズムのゆくえ

近代中国リベラリズムは、反右派闘争や文革という荒波をくぐり抜けて、台湾や香港からの作用も受けながら、改革開放萌芽期に徐々に復調した。かつて『観察』で活躍した社会学者の費孝通（一九一〇—二〇〇五年）や国際法学者の韓徳培（一九一一—二〇〇九年）といったリベラリストたちは一九八〇年代以降に再び活躍の場を広げ、彼らの学術成果とそれぞれが牽引してきた学問分野は再び脚光を浴び始めた。

また、香港の現代儒家の系統に属する余英時（一九三〇―二〇二一年）や大陸中国から台湾へと渡った殷海光の系統に属する林毓生（一九三四―二〇二二年）、あるいは、海外の現代儒家と呼ばれた杜維明（一九四〇年―）らの議論も、改革開放萌芽期の大陸中国で注目された。現代中国リベラリズムは、こうした歴史的水脈のなかで形成された。(49)

しかし、現代中国リベラリズムは、一九九〇年代以降、紆余曲折を経ることになった。それを理解するためには、改革開放萌芽期以降の現代中国思想界の動向を大まかに捉えておく必要がある。ここでは、この問題そのものを学術的に考察してきた許紀霖（一九五七年―）の整理を一つの補助線としておきたい。(50)なぜ許紀霖かといえば、彼自身がリベラリストの一人とみなされているからである。(51)

一九八〇年代の中国思想界は、思想解放運動を含む新啓蒙運動を展開した。一九八〇年代前半の思想解放運動は、共産党内部の知識人たち（周揚・王若水ら）が初期マルクスの「疎外」論を援用しながらヒューマニズムを回復しようとした運動だった。この運動に携わった知識人たちは、社会主義を実践しても封建的な専制が生じるなどの「疎外」が発生する可能性を否定できないため、人道主義的なマルクス主義が必要だと訴えた。

しかし、改革開放のなかで現れた諸問題は、マルクス主義の枠内で解決できるとは限らなかった。そのため、上述したような文化ブームのなかで、反伝統主義や全面的西洋化論が一九八〇年代半ばから後半にかけて主張されるようになった。こうした一連の思想運動は新啓蒙運動と呼ばれ、その主たる担い手は「啓蒙と救国の二重変奏」（一九八六年）で知られた李沢厚（一九三〇―二〇二一年）や『新啓蒙』（一九八八―一九八九年）を発刊した王元化（一九二〇―二〇〇八年）だった。(52)

この新啓蒙運動の一角を形成したのが、現代中国リベラリズムだった。活発な論戦が繰り広げられるなか、一部の知識人たちは、西側の資本主義諸国のような現代化された政府を樹立して、市場経済と民主政治と個人主義を実現させせようとした。

ところが、中国思想界そのものが、一九八九年の第二次天安門事件（「六四」）の衝撃を受けて萎縮したばかりか、グローバルな市場経済化の荒波のなかで周縁化されてしまった。一九九〇年代の中国思想界は、こうした危機に瀕すると、グローバル資本主義を擁護するのかヒューマニズムを擁護するのかで混迷を深めた。やがて、汪暉の「現代中国の思想状況とモダニティの問題」（一九九七年）が発表され、それを機に、中国思想界は自由主義（リベラリズム）派と新左派に完全に引き裂かれてしまった。

もっとも、その後の思想は、さらに複雑に分岐した。二一世紀に入ってからの中国知識人は、自由主義経済学の立場をとった発展主義派、市場経済に加えて立憲主義に基づく民主政治も必要だと考えた自由主義派、毛沢東期に回帰しながら西側の資本主義の諸問題を社会主義で克服しようとした新左派、自由と平等の実現には国家によるコントロールもやむを得ないとする国家主義的な社会民主主義派、一九八〇年代末に新権威主義を唱えた政治的保守主義に連なる一派などに分類されるようになった。こうして中国思想界がますます混沌とするなか、一九八〇年代のリベラリストによって重視された啓蒙の理念は、その実現を見通せなくなったどころか、国家主義と古典主義と文化相対主義の新たな挑戦にさらされ、ますます厳しい状況に置かれることになった。

しかし、以上の見取り図は、二〇一〇年代初頭までのものである。しかも、二〇〇〇年代から二〇一〇年代にかけて注目された「儒家憲政」論などが捨象されている。そのため、中国思想界の現状は改めて見通されなければならない[53]。そのなかで、近代中国リベラリズムから現代中国リベラリズムへという歴史的な流れは、現在、権力によって排除され伏流を余儀なくされているだけなのか、それとも完全に切断されてしまったのか。いずれなのかを読み解くことは、二〇二〇年代の中国の進路を観察するうえで、有力な手がかりになるだろう。

（1）中村元哉・森川裕貫・関智英・家永真幸『概説　中華圏の戦後史』東京大学出版会、二〇二二年。
（2）「中国版 Wikipedia」https://zh.wikipedia.org/（最終閲覧：二〇二五年二月一三日）。
（3）近代中国思想史の動向については、次の文献が参考になる。並木頼寿ほか編『新編原典中国近代思想史』（全七巻）岩波書店、二〇一〇—一一年。
（4）ただし、近年の政治学者の成果によれば、リベラル・デモクラシーという概念が自明だったわけではないことも明らかになっている（網谷龍介・上原良子・中田瑞穂編『戦後民主主義の青写真——ヨーロッパにおける統合とデモクラシー』ナカニシヤ出版、二〇一九年）。
（5）益田肇『人びとのなかの冷戦世界——想像が現実となるとき』岩波書店、二〇二一年。
（6）張済順『遠去的都市——一九五〇年代的上海』北京：社会科学文献出版社、二〇一五年。中村元哉「美蘇冷戦下的港台反共自由主義——解読人権思想的政治背景」国立政治大学図書館特蔵管理組『未完結的戦争——戦後東亜人権問題』台北：国立政治大学図書館、二〇一九年。張の研究によれば、アメリカを中心とする西側の文化は、香港映画を介して、一九五〇年代から一九六〇年代の大陸中国に心理的に影響を及ぼし続けていた。
（7）謝暁東『現代新儒学与自由主義——徐復観殷海光政治哲学比較研究』台北：東方出版社、二〇〇八年。蘇瑞鏘「『民主評論』的新儒家与『自由中国』的自由主義者関係変化初探——以徐復観与殷海光為中心的討論」『思与言』第四九巻第一期、二〇一一年。朝倉友海『「東アジアに哲学はない」のか——京都学派と新儒家』岩波書店、二〇一四年。

（8）殷海光のリベラリズムは、普遍的リベラリズムと文化的リベラリズムの間で紆余曲折を辿った。詳細は、次の文献を参照のこと。黎漢基『殷海光思想研究——由五四到戦後台湾一九一九—一九六九』台北：正中書局、二〇〇〇年。何卓恩『殷海光与近代中国自由主義』上海：上海三聯書店、二〇〇四年。

（9）Motoya Nakamura, "Liberalism in Hong Kong and Taiwan during the cold war", *Modern Asia Studies Review*, Vol.12, 2021〔doi/10.24739/00007431〕.

（10）章清『"胡適派学人群"与現代中国自由主義』上海：上海古籍出版、二〇〇四年。水羽信男『中国近代のリベラリズム』東方書店、二〇〇七年。村田雄二郎編『リベラリズムの中国』有志舎、二〇一一年。中村元哉『中国、香港、台湾におけるリベラリズムの系譜』有志舎、二〇一八年。

（11）中村元哉編『改革開放萌芽期の中国——ソ連観と東欧観から読み解く』晃洋書房、二〇二三年。

（12）本項の詳細な内容については、水羽信男『中国近代のリベラリズム』や中村元哉『中国、香港、台湾におけるリベラリズムの系譜』を参照のこと。

（13）鄭慎山「釈 Liberal・Liberalism」『観察』第四巻第六期、一九四八年四月三日。

（14）社評「自由主義者的信念」『大公報』天津版、一九四八年一月一〇日。

（15）儲安平「共産党与民主自由」『客観』第四期、一九四五年一二月一日、儲安平「自由」『客観』第七期、一九四五年一二月二二日。

（16）儲安平「我們的志趣与態度」『観察』第一巻第一期、一九四六年九月一日。

（17）儲安平「風浪、熬煉、撐住——『観察』第三巻報告書」『観察』第三巻第二四期、一九四八年二月七日。

（18）水羽信男『中国近代のリベラリズム』。

（19）胡偉希「理性与烏托邦」許紀霖編『二〇世紀中国思想史論』上海：東方出版中心、二〇〇〇年。許紀霖「現代中国的社会民主主義思潮」許紀霖編『二〇世紀中国思想史論』。

（20）　Edmund S.K., Fung, *In Search of Chinese Democracy: civil opposition in Nationalist China, 1929-1949*, Cambridge: Cambridge University Press, 2000.
（21）　儲安平「中国的政局」『観察』第二巻第二期、一九四七年三月八日。なお、訳文は、砂山幸雄編『新編原典中国近代思想史　世界冷戦のなかの選択――内戦から社会主義建設へ』（第七巻）岩波書店、二〇一一年、八〇―九一頁より一部改変して引用した。
（22）　砂山幸雄編『新編原典中国近代思想史　世界冷戦のなかの選択』（第七巻）二〇一一年、九二頁。
（23）　水羽信男『中国近代のリベラリズム』。
（24）　中村元哉編『憲政から見た現代中国』東京大学出版会、二〇一八年。
（25）　高橋伸夫『中国共産党の歴史』慶應義塾大学出版会、二〇二一年。
（26）　丸山昇『文化大革命に到る道――思想政策と知識人群像』岩波書店、二〇〇一年。水羽信男『中国近代のリベラリズム』。
（27）　儲安平「向毛主席、周総理提些意見」『光明日報』、一九五七年六月二日。訳文は、戴晴（田畑佐和子訳）『毛沢東と中国知識人――延安整風から反右派闘争へ』東方書店、一九九〇年、三〇九―三一〇頁より一部改変して引用した。
（28）　中村元哉『中国、香港、台湾におけるリベラリズムの系譜』。
（29）　④（A）の于浩成（一九二五―二〇一五年）は、一九四二年に共産党に入党し、文革期の投獄を経た後、改革開放萌芽期に胡耀邦に近い立場の知識人として、政治の民主化を主張した（于浩成『民主、法治、社会主義』北京：群衆出版社、一九八五年）。李鋭については、次の文献が詳しい。及川淳子『現代中国の言論空間と政治文化――「李鋭ネットワーク」の形成と変容』御茶の水書房、二〇一二年。
（30）　西村幸次郎編『中国における法の継承性論争』早稲田大学比較法研究所、一九八三年。
（31）　張友漁「論健全社会主義法制」『中国社会科学』一九八一年第六期。

(32)「百度」https://baike.baidu.com/item/%E5%BC%A0%E5%8F%8B%E6%B8%94/2020419?fr=ge_ala（最終閲覧：二〇二五年二月一三日）

(33) ただし、ここでいう「党政分離」は文字通りの党政分離を指すわけではない。一部では党政関係を強化するような方向性が打ち出されたり、一部では行政効率を高める範囲内での党政分離が打ち出されたりしていた（中村元哉編『改革開放萌芽期の中国』二三―二四頁）。

(34) 張友漁「政治体制改革的関鍵是党政分工」『改革』一九八八年第一期。

(35) 張友漁「憲政与憲政運動」『全民抗戦』第一〇七期、一九四〇年一月二七日。

(36) 張友漁「保障人民自由権利的具体辦法」『新華日報』一九四六年一月二二日。

(37) 李鋭（小島晋治編訳）『中国民主改革派の主張――中国共産党私史』岩波書店、二〇一三年、第三章。

(38) 章清『思想之旅――殷海光的生平与志業』鄭州：河南人民出版、二〇〇六年。何卓恩ほか編『大陸赴台知識分子研究――殷海光夏道平紀念会論文合集』北京：九州出版社、二〇一一年。薛化元『民主的浪漫之路――雷震伝』台北：遠流出版事業股份有限公司、二〇二〇年。

(39) ただし、戦後台湾のリベラリズムは、台湾内部からの歴史性にも支えられていた。台湾内部からの系譜と大陸中国という外部からの系譜が混在していることは、次の文献を参照のこと。蘇瑞鏘『超越党籍、省籍与国国籍――傅正与戦後台湾民主運動』台北：前衛出版社、二〇〇八年。

(40) 共産党の反伝統主義に対抗する文化的リベラリズムが、中華文化の正統な継承者を自認する国民党と親和性を帯びるようになったからである。

(41) 中村元哉『中国、香港、台湾におけるリベラリズムの系譜』。

(42) 張君勱「民主政治的開始（六）」『自由鐘』第四巻第一〇期、一九六八年一二月一日。

(43) 中村元哉『中国、香港、台湾におけるリベラリズムの系譜』一三八頁。

(44) 中村元哉「一九七〇年代の香港における左派思想――毛沢東派『盤古』の思想空間」石川禎浩編『毛沢東に

関する人文学的研究』京都大学人文科学研究所附属現代中国研究センター、二〇二〇年。
(45) 胡平（石塚迅訳）『言論の自由と中国の民主』現代人文社、二〇〇九年、一四九―一六三頁。
(46) 胡平「論言論自由」『七十年代』一九八一年三月号。訳文は胡平（石塚迅訳）『言論の自由と中国の民主』二七―二八頁から一部改変して引用した。
(47) 胡平（石塚迅訳）『言論の自由と中国の民主』一四九―一六三頁。ちなみに、胡はその後に渡米して、ニューヨークで民主化論壇誌『北京の春』の主編などを務めた。
(48) 中村元哉『中国、香港、台湾におけるリベラリズムの系譜』二一五頁。
(49) 緒形康「『秘教的な儒教』への道――現代中国における儒教言説の展開」石井知章編『現代中国のリベラリズム思潮――一九二〇年代から二〇一五年まで』藤原書店、二〇一五年。中村元哉『中国、香港、台湾におけるリベラリズムの系譜』二一五頁。
(50) 許紀霖（小嶋祐輔訳）「中国知識人論――八〇年代から二〇〇〇年代へ」『愛知大学国際問題研究所紀要』第一三七号、二〇一一年。他にも、次の文献が参考になる。許紀霖『啓蒙的自我瓦解――一九九〇年代以来中国思想文化界重大論争研究』長春：吉林出版集団、二〇〇七年、同（中島隆博・王前監訳）『普遍的価値を求める――中国現代思想の新潮流』法政大学出版局、二〇二〇年。なお、許は、近代中国の思想動向をも改めて整理している（許紀霖『左衝右突――現代政治激流中的中国知識分子』香港：香港城市大学出版社、二〇二一年）。
(51) 砂山幸雄「中国知識人はグローバル化をどう見るか――「文明の衝突」論から自由主義論争まで」『現代中国』第七六号、二〇〇二年、同「ポスト天安門時代における中国ナショナリズム言説の諸相」『東洋文化』第八四号、二〇〇四年、同「『思想解放』と改革開放」『現代中国』第八三号、二〇〇九年、同「見失われた「一九八九年」――ポスト冷戦期中国の思想文化動向（一九八九―二〇一二年）」『思想』第一一四六号、岩波書店、二〇一九年。
(52) 陳建守『如何啓蒙、怎様運動――近代中国「啓蒙運動」的概念史』中央研究院近代史研究所、二〇二三年、

第八章。

(53) 中村元哉「二〇一〇年代の憲政論の地平――中国憲政史をどう認識するのか」『中国二一』第六〇号、二〇二四年。

# 第2部

## ダイナミックな社会―国家関係

# 第6章　二〇世紀前半、中国華南地域における社会構造と武装勢力

山本　真

## はじめに

一九世紀後半から二〇世紀半ばまでの戦乱の時代、中国の民衆はいかにして生存を図ったのであろうか。本章では、民衆の生活空間である地域社会にまで視線を下降し、この問題を考えたい(1)。長い歴史と、広大な領域を有する中国では、社会構造や民衆文化も時代ごと・地域ごとに差異が大きい。歴史事象の背景や事件の因果関係を深く理解するためには、時代ごと・地域ごとの社会構造や民衆の心性（考え方、感性）の特徴にまで踏み込んで考察することが必要であろう。この問題関心を踏まえて、筆者は二〇世紀前半の中国（特に本章で対象とする福建省）の特徴として「社会の武装化」「軍事化した社会」を強調した

図１　福建省地図

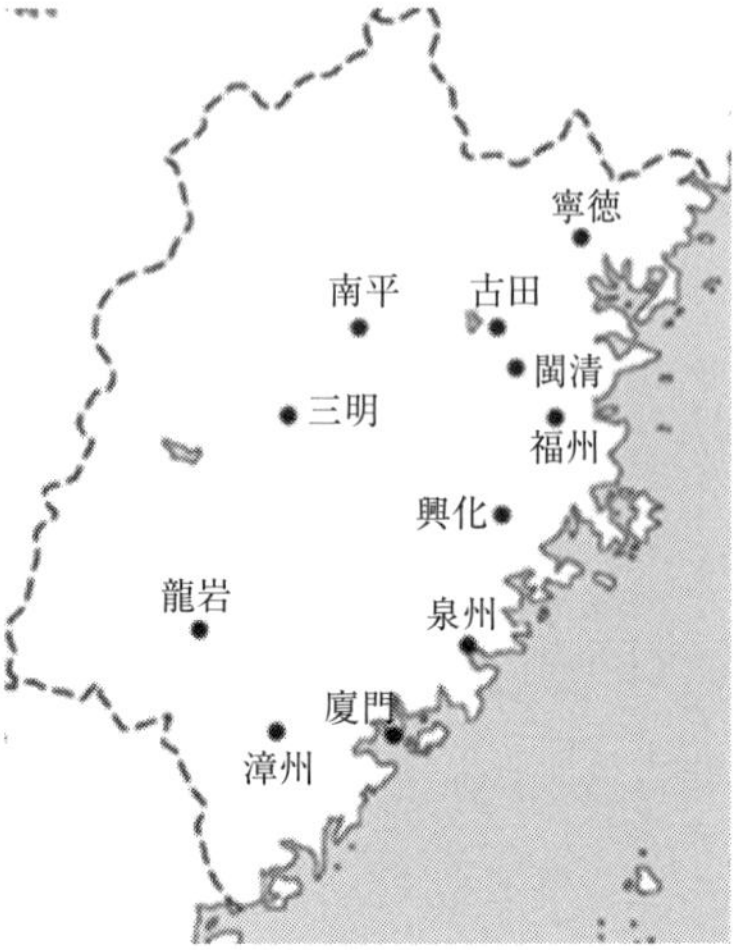


（筆者作成）

い。というのも当該時期は軍閥の混戦、国共内戦、日中戦争などの戦火が絶え間なく続き、そうしたなかで人びとは自らと家族の生命と財産を守るために自衛団や結社に加入し、集団で武装したからである。

考察の舞台としては中国の南東沿海部に位置する福建省を取り上げたい（図１）。その理由は①宗族（父系同族）や②民間信仰（宗教組織）が発達している、③海外への移民を多く輩出した華僑の故郷である（この内容については後述する）など、中国社会を研究する興味深い素材を多く提供してくれる地域だからである。

福建の社会・文化を生み出した背景にはその人文地理が見逃せない。全省の大半が山地と丘陵である一方で、海岸線は複雑であり、多数の島嶼《とうしょ》を有している。耕地が少ないため、海外に出稼ぎに出る者が多く、広東省とともに華僑の主要な故郷（僑郷《きょうきょう》）となってきた。ただし山地では林業が沿海部では漁業が発展していることは経済上重要である[2]。

河川や山脈により隔てられ、言語を中心に地域ごとに多様性があることも見逃せない。省内には七つの方言区があり、それは閩東《びんとう》方言区（福州方言区、福安や寧徳など福州以北を含む）、莆仙《ほせん》方言区（興化方言区）、閩南《びんなん》方言区（厦門、泉州など）、閩北《びんほく》方言区（閩江上流地区）、閩中《びんちゅう》方言区（永安、三明、沙県）、閩贛《びんかん》方言区（江西省との省境の七県市）、閩西客家《びんせいはっか》方言区（福建南西部）である。(3) このように社会構造、方言、人文地理的諸条件が、本章のテーマである武装勢力・武装結社の存在形態を規定した要素と考えられる。以下では、まず福建の伝統的社会構造を一瞥したい。

## 1　福建の社会構造

宗族（父系同族）とは中国において、共同の祖先から分かれた男系血族を指す。宗族が団体性をもつための要素として重要なのが族譜、宗祠《そうし》（祠堂《しどう》）、族産である。族譜には、家系図と一族の歴史が記載されている。宗祠は祖先の位牌を安置する家屋であり、宗族の構成員が集団で祭祀を行う場所である。族産は宗族が共有する田畑などの財産であり、そこからの収入を用いて祖先祭祀などの儀礼が行われた。(4) 共有田について、福建省南西部の永定県では、宗族の共有田が総耕地面積の四八％を占めた。(5) また同じく福建南西部、龍岩市Z鎮のX姓YG戸（戸は宗族の分枝）は、膨大な族産を擁していた。筆者が現地で撮影した「民国九年庚申十一月清算」（『崇文社逐年清算簿』）によればX姓宗族は、義倉、学校経費、子弟への奨学金、堤・水溝の補修、廟の修理、農業収穫物の見張り費用をこの族産から賄ったという。

複数の宗族が居住する雑姓村では、民間信仰に関わる儀礼を共同で執行することが地域の凝集力の源となった。つまり血縁（宗族）と地縁（村落）と神縁（信仰）が融合したのである。また宗族連合による実質的自治も行われた。ある地域の自治機関（公所）は地元の廟に置かれ、各宗族の代表がこれに参加した。ここで穀物の貯蔵、官府からの徴発への対応、橋梁の建造、道路の修理などの地域の公益事業が協議された。また「郷約《きょうやく》」と呼ばれる自治規約も制定された。王朝の支配力が希薄な周縁部では宗族や民間信仰を背景とする「郷約」が自治に重要な役割を果たしたといえる[(6)]。ただし、それでも宗族・村落間のさまざまな諍《いさか》い（後述）を解決できない場合は、宗族・村落間で武器を持した闘争（械闘《かいとう》）が発生した[(7)]。民国期に福建で布教していたキリスト教の宣教師は「武器を使った抗争は通常二つの異なる姓の成員間の喧嘩から開始された。抗争は双方の友人を巻き込み継続され、同姓の人びとがこれに加担した。最後には両方の姓のすべての人が巻き込まれた」と記録した[(8)]。一九三〇年代の史料も「もし公共の風水を破壊あるいは妨害する者が現われれば必ず団結して報復するか、それによって械闘に至る」と記している[(9)]。

資源をめぐる地域間の対立・械闘については、福建東部興化府（莆田県・仙遊県）での「烏白旗《うはくき》」の事例を紹介したい。興化府の人口は清初の順治一八年（一六六一年）に約一〇・三万人であったものが、道光九年（一八二九年）には約五六万人にまで増加していたという。こうしたなかで市場や河川の渡し場の利権、開墾や牧畜範囲に関わる争い、水利、迎神賽会《げいしんさいかい》（村祭り）における神輿巡行での境界をめぐる諍い、端午の節句での龍船競争や風水に関わる争いなどが頻発した。これに対応するために人びとは、道光年間（在位一八二〇―五〇年）から咸豊年間（在位一八五〇―六一年）にかけて武装結社「烏白旗」を組織し自らの権益を守った。注意すべきは「烏白旗」の同盟範囲は地域の廟の信仰の圏域と重複する傾向があったことである。このように清代後期に至ると人口の増加を背景とし、資源獲得をめぐる械闘がつねに発生し、その規模も大きくなっていった。さらに辛亥革命後、福建での政治情勢が不安定化するなか、地域の実力者黄濂が「烏白旗」を背景とする武装勢力を基盤に反乱を起こした（黄濂の乱）。黄は当時興化の一部で信仰されていた教派宗教（民衆宗教）である「関門教」の人脈や複数の「烏白旗」に所属する武術の達人と結んだ義兄弟関係などの重層的ネットワークに依拠して、民衆に重税を課す福建省政府に戦いを挑んだのである。また民衆の戦意を鼓舞するために廟の祝祭日に合わせて決起を行ったり、戦いに出る前に占いにより吉兆を誇示したりするなどの工夫も凝らされた(10)。

## 2　軍閥混戦時期における治安の悪化と武装勢力

袁世凱政権に国民党系勢力が対抗した第二革命（一九一三年）以降、福建の政権は北京政府系の将軍李厚基が掌握した。しかし、広州の南方政府がこれに抵抗し、福建は南北勢力の内戦の場となってしまった。省政府の統治が弱体であり匪賊《ひぞく》が蔓延し、略奪や誘拐が常態化した。このため宗族や村落も武装を一層強化して自衛に努めざるを得なかったのである。これを当時の日本の研究者は次のように描写している。「福建は四川や湖南と同じように一時は南北の争奪地となったため、戦争の絶え間が無く、双方で土匪を利用するため、土匪か軍隊か区別がつかず、土匪自身でも自治軍と名乗っておったために、軍隊か土匪か区分のつかない曖昧なのが少なくなかった(11)」。シンガポールへ移住した華僑も福建の匪賊について次のように語っている。「当時福建にはとても多くの匪賊がいました（中略）金持ちは誘拐されました。誘拐され身代金を要求されました。金がない者はというと、もっと苦しく、生きていく力がなかったのです(12)」。「民軍」・匪賊の社会的背景については、「民軍」の首領は自分の村に対しては、いつもある程度の保護を与えていた。例えば、村に送金する、村内で窃盗を行わせないなどである。賢い首領はさらに親戚や郷里の若者たちに分け前を与え、失敗して逃げ込むときの備えとし、さらに親戚や友人を部下に抜擢して、広

写真1　望楼を有し武装化した金門島の華僑邸宅

（筆者撮影）

く自分の一味を扶植していたとされる[13]。また福建では海賊も活発であった。福州南方の興化府沿海の海賊について日本側史料は次のように述べている「鰲山島ハ興化県涵江ニ近ク人口約三百。住民全部海賊ニシテ最獰猛ナリ[14]」。筆者によるマレーシアでの聞き取りでも、祖先が東マレーシアのシブに来たのは、福建での治安問題を背景とすると語られた。「当時政府は強くなく、匪賊がとても多くいました。私の父と祖父は匪賊に誘拐されました（中略）実際に多数の興化人が南洋に来たのは匪賊と北軍の迫害を恐れたからです[15]」。こうした事態に直面して、宗族や地域社会も自ら武装した。「殊に南福建は南洋との関係で早やく経済的勢力が発達しかつ有名な大宗族組織の維持されて居る地方であり、各大家族はそれぞれの軍隊組織を備えて居る」と日本の雑誌も報道した[16]。

さらに呪術儀礼を取り込み民衆の戦闘力を強化した秘密結社的武装組織も登場した。すなわち況を「大刀会《だいとうかい》」（実際の名称はさまざま）である。以下では一九三一年の宣教師文書に現れた古田県での状況を紹介したい。「匪賊に対抗するために迷信の復活と秘密結社の組織化が行われた。儀礼が呪術的方法により行われたが、それは弾丸や火や水からの安全を信者に授けるものであった」[17]。彼らは戦いに出る前に毎回呪術的儀礼を挙行し鶏の血を混ぜた酒を飲み士気を高めた。赤い腹巻を着けると、撃ち込まれた銃弾は身体を傷つけることがなく、その腹巻のなかに落ちると信じられた。さらに下あごと左右の肩にそれぞれ黄色の御札を貼った[18]。地域社会の有力者層には大刀会を財政的に支援するだけでなく、自村あるいは周囲の村落の大刀会を連合する者もいた。さらに外地から法術師を招聘《しょうへい》し、法壇を設けて呪文を会徒に伝授した。法術師から学ぶ期間は一か月あまり、おもな内容は打座（静座）・練気、武術などであり、郷鎮あるいは村ごとに一つの法壇を設けた。呪術と武術を伝授する法壇をコントロールすれば、当該郷鎮・村の大刀会を支配できた[19]。

ところで福建の大刀会は、地縁が根源的紐帯であり、村人が「相互に協力し防衛する」村落主義の組織であったという。そのため大刀会の広範な連合には地理や方言が制約となった。某県あるいは県の下部単位の郷においてすら、方言に異なりがあり、甚だしくは山や川を越えると言葉が通じないことすらあったという。それゆえ各地の大刀会は互いに統属関係にはなく、戦いに出ても通常は自分の故郷を遠くは離れなかった[20]。

なお同時期の一九二〇年代に華北で活動した武装結社の紅槍会《こうそうかい》も有名であるが、こちらは数県の会徒を糾合し、数万から最大三〇万の人数を動員できたという。福建の大刀会の動員規模はそれと比較して小規模（数百から数千、多くても一万人未満）に止まった[21]。山脈や河川による交通の障壁、方言に起因する分散性に組織の規模が制約されたといえるだろう。また省内での大刀会の分布の偏差については、福建北部、東部、中部に多く、南部、西部では少なかった。[22] この理由は、福建南部・西部では一族が集住する土楼や集合住宅などが多く、宗族の規模や団体性も大きくかつ強く、呪術儀礼に依拠して結社化せずとも宗族・村落によって一定規模の武装勢力の維持が可能だったからだろう。

## 3　一九二〇年代から三〇年代――共産党革命根拠地区および国民党統治下での武装勢力

一九二〇年代後半、共産党はおもに福建省西部・北部で革命根拠地を建設した。注意すべきは、すでに述べたように地域社会には既存の武装組織・結社が普遍的に存在しており、国共両党のどちらが彼らを取り込むかによって軍事情勢が大きく変化したことである。[23] 例えば、永定県蛟洋《こうよう》村の共産党武装組織は、在地有力者の傅柏翠《ふはくすい》が設立した自衛団をそのまま取り込んでいた。しかし、「蛟洋区二十里周囲では事実上政権が傅一人の手に収められている。党は傅同志の党であり、群衆は傅同志の群衆である（中略）群衆は彼個人を崇拝しており、党の力量はいまだ彼の力に及ばない[24]」と報告されたように、在地有力者は共産党入党後も地域での権威と勢力を維持し、自立性が強かった。そのことは共産党支部との摩擦を不可避なものとし、一九三一年一月に傅柏翠が共産党党籍を剝奪されると、傅の地元蛟洋村を含む上杭北四区においては共産党員二〇〇人あまりが集団で脱党、農民連合会を組織し、共産党の区支部やソビエトを取り消した。[25] このような革命根拠地の不安定さに関しては、「土地革命はすでに実現したが土地革命闘争までには深化していない（中略）農民の封建意識は濃厚であり、郷村の姓氏房（宗族およびその分枝の房：筆者補足）の境界や保守観念は未だ打破されていない」[26]との共産党自身の記録が残存している。つまり革命根拠地において共産党は吸収した在地武装勢力を必ずしも掌握できたわけではなく、人びとの宗族意識を完全に改変することも難しかったのである。そうしたなかで共産党側に味方した武装勢力と国民党側についた武装勢力は、以下に引用するように利益をめぐって互いに激しく抗争した。

（筆者補足：共産党側の）各地方の武装は決して少なくない。ただし赤色区域を固めるためにではなく、ただ土豪や白色郷村（筆者補足：国民党側村落）を襲撃するためにだけ存在している。遊撃隊と赤衛隊（筆者補足：共産党側民兵）の眼中にはただ財物を獲得することだけしかなく、それゆえ紅区と白区の境界地方の白色郷村は、洋共（筆者補足：外部から来た紅軍）は怖くはない（筆者補足：略奪をしないため）が土共（筆者補足：地元の共産党側武装勢力）は恐ろしいといっている。なぜなら土共はただ物を奪うことを知っているだけだからだ。白が赤を攻撃し、赤が白を攻撃するのは依然として部落式の戦争である。[27]

その後、一九三四年になると国民党側は第五次包囲戦に勝利し、共産党主力を北方に駆逐した。同時期に福建省政府主席となった陳儀（日本の陸軍大学校に留学した経験をもつ。在任一九三四―一九四一年）は、従来の「民軍」を保安隊に収編し、治安軍として省政府の統制下に置こうとした。しかし福州駐在の日本外交官は「帰順者は何れも相当数の武器を提出して官職を得たが、精鋭なる武器は依然密蔵されてゐる」と看破していた。[28]また日中戦争中には「抗戦（日中戦争）以来、彼の輩は敵と傀儡政権の誘惑と煽動を受け、至る所で機に乗じて蜂起し治安を擾乱した」と、国民政府監察院も事態を憂慮したのである。[29]

## 4　日中戦争時期の在地武装勢力――大刀会と福建和平救国軍

日中戦争時期には強引で杜撰な徴兵に反発した青・壮年が大刀会・匪賊へ逃げ込むことが頻発した。福建省政府の史料によれば、福建北部諸県の愚民は匪首や「土豪劣紳」の煽動や操縦を受け、大刀会に参加するかあるいは衆を集めて徴兵に抵抗した。福建南部の諸県では兵役を避けるために匪賊に身を投じたり、海外に出奔したりする者が頻繁にいたと記録されている。[30] 大刀会による政府への抵抗については下記の史料も参考になる。

（筆者注：反徴兵・反食糧徴発について）事前に十分な活動の時間があったために、この度の刀匪（筆者注：大刀会のこと）の暴動に加入した無知な民衆の数はきわめて多くなりました。徴兵されて逃げ戻った壮丁（壮年男子）はすべて加入したのです（中略）県政府は先に米糧を統制し、徴兵を行いましたが、手続きが明瞭でなく、処理がよろしくなく、人民の悪感情を引き起こしました。[31]

なお戦時徴兵への抵抗については福建省内でも地域的偏差がうかがえる。つまり福建北部と東部では大刀会の活動が目立った一方で、福建南部では、武装抵抗もあったが、東南アジアへの逃亡が目立ったのである。厦門・泉州を中心とする福建南部は東南アジアに多くの華僑を送り出していたため、[32] 太平洋戦争前であればその関係を頼っての脱出が可能だったようである。

ところで、日中戦争時期に社会が混乱するなかで慈善を実践する宗教結社である同善社も福建で発展した。同社は儒仏道の三教合一を唱え、「無生老母」を最高神・救済神とし、末劫（終末）思想を擁する教派宗教であった。厳格な菜食主義や非婚は求めず、個人の修行としての静座と慈善の実践による世の救済を提唱した。また教団上層部の指導力が強い垂直型の組織を有していた。福建北部の羅源《らげん》県では、入会した人びとに対して、同善社を信仰して初めて苦海を超脱し、極楽世界に登ることができると説くだけでなく、組織の上層部への服従を求めた。また社友（信徒）が大刀会の兵士の供給源ともなった。同善社は社友を基礎にして独自に大刀会を成立させたため、両者は一脈相通じる組織となった。国民党の徴兵に対する民衆の不満をも利用し、多くの壮・青年を大刀会に加入させたとみなされる(33)。

また日本軍と結託し、福建和平救国軍を名乗り、名目上は汪精衛政権に帰属する武装勢力も存在した。この組織は旧来の「民軍」と福州沿海部・馬祖列島の海賊勢力から組成されていた。彼らは厦門を占領した日本海軍や占領地統治機関である興亜院厦門連絡部と提携するとともにアヘン、モルヒネなどの密貿易に従事して活動資金を確保したのである。また戦乱により生計を立てることが困難になるなか、一般の漁民にも海賊に参加する者が現れた。なお和平救国軍は国民政府の諜報機関である「軍統」とも連絡を保ち、日本の敗北が濃くなると国民政府側に帰順するような「したたかな」集団であった(34)。

このように日中戦争時期の福建省では、省政府や正規軍の統制に服さない武装勢力が多数存在したが、彼らは日中戦争後も匪賊として活動を継続した。一九四七年に福建省参議会議長の丁超五は同省の二大問題として物価高とともに治安問題に言及し「本省の匪患（匪賊による被害）は一向に粛清されておらず、最近はまた猖獗《しょうけつ》し、略奪があちこちで発生している」と嘆いた。一九四九年末の段階で福建省内には約五万人の匪賊が活動していたとされる。(35)

## 5　人民共和国成立後、福建省における共産党への抵抗勢力

国共内戦の終盤、人民解放軍約一五万人が福建に進攻した。一九四九年八月に福州を、一〇月には厦門を占領し、金門島や東山島などの島嶼部を除き、ほぼ福建全域を勢力圏に収めた。しかし、一〇月二五日から二七日にかけての金門島攻略戦には失敗した。福州沿海部の馬祖列島の支配権も国民党側海上武装勢力が保持し続けた。そうしたなか、福建内陸部の地方勢力は国民党側に立ちあくまで抵抗するか、共産党に帰順するか、あるいは香港や台湾に逃亡するかの厳しい選択を迫られたのである。一九二〇年代から三〇年代の革命根拠地時期とは異なり、圧倒的な戦力差により、地方武装勢力が共産党側と正面から戦うことはもはや不可能となっていた。それでも一部地区においてはゲリラ的な抵抗がしばらく継続された。このような状況のもとで共産党側は反対勢力に対する掃討作戦を強化した。福建省全域において一九四九年八月から五一年三月までに、「匪」六万八〇〇〇人を撃破（原文は「殲滅《せんめつ》」）、そのうち五四五八人を処刑したという。また一九五〇年秋以降実施された「反革命鎮圧」では、朝鮮戦争に呼応した国民党軍の反攻に備えるために旧地方有力者層や秘密結社員などの「潜在敵」を徹底的に排除した。(36)

これに対して粘り強い抵抗を見せたのは、同善社と関係をもつ武装結社（大刀会）であった。福建北部と東部の宗教結社同善社は、「末劫（終末）がすでに至った」、「第三次世界大戦が勃発した」、「天下は大

いに乱れ、屍は野に遍く横たわり、血が流れ地に満ち、劫難は逃れ難い」などの流言を広めて大刀会を組織し共産党に抵抗した(37)。つまり民衆のもつ宗教的な末劫思想や神を恐れる心性に働きかけたといえる。福州北方の沿海部に位置する寧徳県では、同善社系の武装組織とみなされる大刀会が活動し、一五の郷で反共産党暴動が発生した。とりわけ寧徳県三都島の同善社の首領陳有昌は、三〇〇人あまりの会徒に三都区公所・公安派出所を襲撃させた。さらに一九五〇年三月には香港へ赴き国民党側と連絡をとり「中華救国保民軍福建東路閩東総管府」を名乗るのである。また福州の南方に位置する平潭島でも一九五〇年二月に同善社と密接な関係をもつ大刀会徒一〇〇〇人以上が、共産党軍の駐屯地を襲撃し、一九五一年二月にも大刀会員が、武装蜂起を試みた。これに対して、福建省中共党委員会は、一九五〇年八月二一日に「大刀会、紅槍会問題の指示」を発布、鎮圧を強化した。さらに一〇月一〇日に中共中央も「中共中央の反革命活動鎮圧に関する指示」を公布し、潜在的敵対分子の洗い出しを督励したのである(38)。これに対して福建同善社の指導者であった倪成や陳有昌は海外に脱出し、一九五〇年代以降は台湾やシンガポール・マレーシアで布教を継続することになった(39)。

一方、台湾海峡でのゲリラ活動は国民党軍を後ろ盾に継続された。日中戦争中に台湾海峡で活動した福建和平救国軍は日中戦争末期に国民政府側に帰順し「軍事委員会福建先遣軍」に変身していた。日中戦争終結後は、兵士のなかで帰郷する者もいたが、馬祖列島にとどまり海賊行為を継続する者もいた。国共内戦の形成が悪化した一九四九年秋、国民政府の特務機関「軍統」は、旧和平救国軍の幹部や兵士などの武装勢力を集め、福建海上保安縦隊を組織、福州戒厳司令部副司令王調勲（軍統の幹部）が指揮官に就任、兵力は四二〇〇人であったという。一九五〇年に福建反共人民突撃軍、五一年には福建反共救国軍と名称を変更しつつ活動を継続した。アメリカのＣＩＡ系の西方公司（Western Enterprises）が遊撃隊に装備を提供しアメリカ人顧問も馬祖列島の白犬島に駐在し台湾海峡でのゲリラ戦を支援した(40)。その結果、周知のように福建南部厦門沖に浮かぶ金門島と福建東部福州沖に浮かぶ馬祖列島は現在に至るまで中華民国側の実行統治下に置かれている。

## おわりに

福建の伝統社会は地縁（村落）・血縁（宗族）・神縁（民間信仰）が結合することで形成されていた。中国民衆は一般に「バラバラの沙」（孫文の言葉）に例えられたりしたが、福建社会は宗族や村落単位で一定の凝集力を保持しており、武装勢力の背景には上記の社会結合が存在したのである。清末・民国時期の治安の悪化は、宗族や村落をして一層武装化を推進せしめた。また華僑が海外に赴いた原因として治安の悪さが挙げられたことも看過できない。そして単独の宗族や村落の力量、あるいは海外への移民だけで問題を解決できない場合には、血縁・地縁を超えて組織された大刀会のような武装結社が必要とされた。こうして小集団ごとに武装化した社会が出現したのである。なお黄濂の乱や大刀会の活動の背景には呪術や占い、さらには末劫（終末論）を信じる民衆の心性や世界観が存在したことも武装結社に民衆が参加した背景として重要だろう。

なお国民党政府は日中戦争という障害も相まって、地方武装勢力を解体・再編し、治安を回復することに失敗した。地方武装勢力が徹底的に殲滅され、社会の武装化が解除されるのは一九五〇年代の共産党による統治を待たねばならなかった。そして福建内陸部に残存した武装勢力は一九五〇年代前半までにほぼ討伐されたが、一部勢力は福建沿海部の島嶼を拠点として反共救国軍と称して国民党と提携し抵抗を続けた。結果的に現在に至るまで馬祖列島は中華民国の統治下に置かれ続けている。また同善社の勢力は武装蜂起に失敗後には台湾、東南アジアへ逃れ、そこで活動を継続しており、その生命力の強さがうかがい知れる。

本章では動乱の二〇世紀前半、中国福建の民衆が、治安の乱れた社会環境のもとで、さまざまな社会結合・横の連帯に依拠して生命と財産の保全に努めたことを明らかにした。日本人である我々には想像困難な過酷な状況のもとでも、たくましく生き抜いた福建の民衆の姿が浮き彫りになったと思われる。中国近現代史を多角的にかつ深く理解するためには、ミクロな社会史・民衆史的視点を踏まえつつマクロな政治史を読み解くことが必要であろう。

（1）　本章は、山本真『近現代中国における社会と国家――福建省での革命、行政の制度化、戦時動員』創土社、二〇一六年。山本真「福建省興化地域社會と結社、キリスト教、阿片――民國初期の黄濂の亂に着目して」『東洋史研究』第七八巻第一号、二〇一九年。Yamamoto Shin "The Maritime Forces and the Local Society of Matsu, Late 1930s-Early 1950s." 『国立金門大学学報』第九巻第一号、二〇二一年などの筆者が過去に執筆した著書や論文を総合し、かつ新たな資料を追加利用してまとめたものである。

（2）　『ブリタニカ国際大百科事典（電子辞書版）』所収の「福建省」および「華僑」による。

（3）　陳支平『福建六大民系』福州：福建人民出版社、二〇〇〇年、二七五頁。

（4）　石田浩『中国農村社会経済構造の研究』晃洋書房、一九八六年、第八章。瀬川昌久『族譜――華南漢族の宗

族・風水・移住』風響社、一九九六年、第一章。瀬川昌久『中国社会の人類学――親族・家族からの展望』世界思想社、二〇〇四年、第三章。山本真『近現代中国における社会と国家』第一章。

（5）「福建省龍巖区永定県各階層土地改革前後土地占有変化表」福建省政府土地改革委員会編印『福建省土地改革文献彙編』下編、一九五三年。

（6）山本真『近現代中国における社会と国家』第一章。鄭豊稔編『龍巖県志』厦門：風行印刷社、一九四五年、禮俗二　風俗。

（7）山本真『近現代中国における社会と国家』第一章。中共福建省委宣伝部他編訳『福建郷規民約』福州：海峡文芸出版社、二〇一六年。

（8）Wiens, F.J., "Fifteen Years Among the Hakkas of South China" (Publisher, Year of Publication unknown), pp. 114–115.

（9）「上杭県概況初歩調査」『福建省統計月刊』第三巻第三期、一九三六年。

（10）広東省東部での「烏白旗」や械闘全般については蒲豊彦『闘う村落――近代中国華南の民衆と国家』名古屋大学出版会、二〇二〇年が参考になる。また一般の民間信仰（村廟など）と異なり教派宗教は一定の教団と信者層を有していた。二階堂善弘『中国の信仰世界と道教――神・仏・仙人』吉川弘文館、二〇二四年、一六七頁を参照されたい。なお民間信仰の信者と教派宗教の信徒は重複することがあった。これについては山本真「福建省興化地域社會と結社、キリスト教、阿片」『東洋史研究』第七八巻第一号、二〇一九年を参照されたい。

（11）長野朗『支那兵・土匪・紅槍会』支那問題研究所、一九三一年、二七五―二七六頁（文章は現代仮名使いに改めた）。

（12）Oral History Centre, Project title: "Chinese Dialect Groupe Hokien, Accession No.000083, Mr.Liaw Ching Sing", National Archive of Singapore.

（13）「閩南的匪郷」『中国農村』戦時特刊第一号、一九三七年。

（14）台湾総督府警部　富永藤平・細井鶴三郎・警視　草野義一「南支那沿岸ニ於ケル海賊船占拠地捜査状況復命

書・台湾総督府警部富井藤平外二名」一九一九年三月一〇日、ＪＡＣＡＲ（アジア歴史資料センター）Ref. A04018155200、公文雑纂・大正八年・第十八巻・海外視察復命・海外視察復命（国立公文書館）。
(15) 林DL氏、一九三六年生まれ、マレーシアサラワク州シブ市興化芭、二〇一一年一一月二五日訪問。
(16) 「萬おぼえ帳」『月刊支那研究』第一巻第三号、大正一四年二月。
(17) CHUNG HUA SHENG KUNG HUI Report of the Fukien CHURCH DAY SCHOOL 1931 (Fukien Mission, 1900-1934 Reel 373; Church Missionary Society Archive).
(18) 鄭梅香「論福建大刀会的若干特点」『科技信息』二〇〇九年第五期、二〇〇九年。
(19) 馬旭東・劉新玲「閩東革命根据地典型民間組織研究」『福建師大福清分校学報』二〇二〇年第三期、二〇二〇年。
(20) 林春蓉ほか「福建大刀会活動因素論」『黎明職業大学学報』二〇〇〇年第二期、二〇〇〇年。
(21) 三谷孝『現代中国秘密結社研究』汲古書院、二〇一三年、五〇頁。王秀恵「民国時期福建大刀会研究」厦門大学修士論文、二〇〇八年、三〇頁。
(22) 中国会道門史料集成編纂委員会編『中国会道門史料集成（上冊）』北京：社会科学出版社、二〇〇四年所収の福建省部分を精査した結果である。
(23) このような観点は阿南友亮『中国革命と軍隊——近代広東における党・軍・社会の関係』慶應義塾大学出版会、二〇一二年も参照されたい。
(24) 陳賽文他『傅柏翠』北京：中国人事出版社、一九九五年、四三頁。「趙亦松于上杭工作概況報告（一九二八年七月二九日）」中央檔案館・福建省檔案館編『福建革命歴史文件匯集』第三巻、福州：福建人民出版社、一九八七年、一三七頁。以下同書は『文件匯集』。
(25) 「中共閩粤贛特委給羅明的信（一九三二年一月三〇日）」中央檔案館編『閩粤贛革命歴史文献匯集　一九三二—一九三三』武漢：湖北人民出版社、一九八七年、二七頁。

(26) 「中共閩西特委通訊第三十号（一九三〇年八月二七日）」中共龍岩地委党史資料征集領導小組他編『閩西革命史文献資料』第四輯、一九八二年、六七頁。
(27) 「閩西的一般政治情形（一九三一年一月一日）」『文件匯集』第八巻、二五六頁。
(28) 在福州総領事　中村豊一「福建省ノ現状及我国ノ対福建発展策」一九三六年三月、ＪＡＣＡＲ（アジア歴史資料センター）Ref.B02030162900、帝国ノ対支外交政策関係一件 第八巻（A.1.1.0.10_008）（外務省外交史料館）。
(29) 「監察院第一巡察団福建省巡察報告」一九四三年七月、台北：中国国民党党史館蔵、国防档案、防003/1089。
(30) 福建省政府編『福建兵役概況』一九三九年、一―二頁。
(31) 「明渓県　擬処理刀匪歩驟（一九三九年一〇月三日）」福建省档案館、民政庁档案、11-8-5570。
(32) 「僑郷図」福建省地方志編纂委員会編『福建省歴史地図集』福州：福建地図出版社、二〇〇四年、一一六―一一七頁。
(33) 武内房司「慈善と宗教結社――同善社から道院へ」野口鐵郎編著『講座道教　第五巻　道教と中国社会』雄山閣、二〇〇〇年。小武海櫻子「同善社の慈善事業――合川会善堂慈善会の軌跡を中心に」『東洋学報』第九四巻第一号、二〇一二年。叶聿琨「記抗戦中一起大刀会暴動事件」『羅源文史資料』第一輯、一九八五年。徐保慶等「福建同善社略述」『福建文史資料』第二〇輯、一九八八年。
(34) Yamamoto Shin "The Maritime Forces and the Local Society of Matsu, Late 1930s-Early 1950s"『国立金門大学学報』第九巻第一号、二〇二一年。
(35) 丁超五「福建目前的両大問題」『民意』第六巻第一・二合刊、一九四七年。中共福建省委党史研究『中共福建地方史（社会主義時期）』中央文献出版社、二〇〇八年、四二頁。
(36) 山本真『近現代中国における社会と国家』第一〇章。
(37) 中国会道門史料集成編纂委員会編『中国会道門史料集成（上冊）』五五四―五八三頁（福建省の部分）。
(38) 山本真『近現代中国における社会と国家』第一〇章。平潭島での大刀会の活動については羅仕傑「民間武装

組織与地方社会：以閩北与東的大刀会組織為例（一九二七－一九五〇）」『台湾師大歴史學報』第七四期、二〇二四年を参照されたい。

（39）小武海櫻子「近代東南アジアにおける「先天大道」の伝播――同善社と南洋聖教会」武内房司編『中国近代の民衆宗教と東南アジア』研文出版、二〇二一年。

（40）Yamamoto Shin "The Maritime Forces and the Local Society of Matsu, Late 1930s-Early 1950s"『国立金門大学学報』第九巻第一号、二〇二一年、東海聯誼会編印『東海部隊奮闘史禄』一九八八年、三三―四〇頁。

# 第7章　境界を問う
## ――農村社会の連帯関係からみた革命と社会主義

鄭　浩瀾

### はじめに

近代的国民国家は境界に基づいてつくられている。対外的には他国との間に明確な地縁的な境界をつくり、主権が及ぶ地理的な範囲を定める。対内的には地縁的な境界に基づいて行政区画を行い、行政組織を設立する。それを通して、国家は土地や森林、鉱物などの資源を開発するとともに、住民管理や徴税などを行う。地縁的な境界のほかに、観念上の境界も国民国家支配の成立に不可欠な要素である。国民がその典型例であろう。国民は、一般的にはその国の国籍をもち、共通の歴史または文化で結ばれる人びとの集まりという意味をもつが、自己と全く接触がない他者であっても、ナショナリズムによって自己と同じ共通の歴史や文化などをもつ者として想像されるため、ベネディクト・アンダーソン（Benedict Anderson）の言葉を借りれば、「想像の共同体」である(1)。

地縁的な境界も観念上の境界も「仲間」と「他者」とを区別し、「他者」を疎外することによって「仲間」を強化するという論理を内包している。このような疎外と連帯の表裏一体の関係は、近代的国民国家に共通してみられる特徴であるが、二〇世紀の中国の場合にはより顕著に表れていた。なぜならば、中国共産党が指導する革命には、国民のほかに、階級という「政治的連帯」をもつくらなければならなかったからである。

階級闘争は、中国革命の主要な手段であり、中華人民共和国が成立した一九四九年以前の革命根拠地時代から、社会主義建設の時代、そして毛沢東の死去まで一貫して堅持されてきた。それを実施するためには、つねに「敵」を発見しなければならないが、誰が「敵」で誰が「友」なのかについては明確な基準はなく、時間的・空間的な文脈における人びとの行動や関係に左右されていた。文化大革命が示すように、「敵」と「友」との戦いは、社会内部の諸関係と複雑に絡み合っていたため、現場において混乱を極めた。

一方、社会的基盤に目を向けると、中国の大半を占める農村地域には、宗族、村落、秘密結社などさまざまな連帯関係が存在していた。こうした社会に根ざした土着の関係はいかなる特徴をもち、清朝の崩壊後いかなる形で存続してきたのか。革命と社会主義は、こうした連帯関係からみれば、革命と社会主義は一体、何を意味していたのか。本章はこれらの問題を考察する。

## １　「伝統社会」の特質と清朝の遺産

### （1）「伝統社会」の特質

まず、封建社会という概念をもって中国「伝統社会」の特質を理解できないという点を確認しておきたい。明清時代の中国における支配者は封建領主ではなく、皇帝であった。皇帝は科挙制度を通して官僚になる人材を社会から選抜したが、その際科挙の受験資格は、身分や家系を問わず、民に開かれていた。一旦官僚になると、当人のみならず家族全員が名誉や栄光に浴することになるが、その職位や社会的地位が子孫に相続されることはなかった。その意味では、身分制・領主制の基づく支配が敷かれていた日本や西欧の近世社会と比べ、明清時代の中国社会は高い流動性を特徴としていたといえる。

村落共同体という概念もまた、中国の「伝統社会」の特質を語るうえで適切なものとはいえないだろう。無論、中国の村落は地域的差異が大きい。一般的には、華北では宗族の勢力が比較的弱く、福建や広東などの華南地域では宗族勢力の発達が観察される。他方、華北、華中、華南の村落には一定の共通性もある。以下、近世日本の村落との比較を通して中国の村落の特徴をみてみよう(2)。

近世日本の村落共同体は次のような特徴をもつとされる。①明確な境界と共同使用の土地（入会地）。②村落内部における本家と分家の主従関係。③安定的な村の支配者の存在と村の営みを律する規則。これら三つの特徴は、いずれも中国の村落には見出すことができない。①についていえば、日本の村には村としての固有の土地が存在するのに対し、中国の村の土地とは、村民が所有する土地の総和であり、明確な境界線をもつものではない。村民が共同で土地を購入し、その土地を共同で運営することもあったが、その形態はさまざまであった。祖先祭りや宗族成員の教育費用などを捻出するために購入した「公田」もあれば、水利修繕や道路、橋の建設など必要に応じて購入した土地もあり、それらはいずれも土地の購入者の土地であって、「村」という集団そのものに所属する土地ではなかった。地主と小作人との関係をみても、明らかに保護する者と保護される者の関係とはいえないものであった。

②に関する違いも明らかである。日本と同様に、中国の村落は個々の家から構成されていたが、家と家との関係は基本的には平等であり、本家と分家といった主従関係はなかった。それは、家産の諸子均分相続と土地の自由売買の慣習によるところが大きい。

③についてはどうだったのだろうか。近世の日本の村落には、名主《なぬし》、組頭《くみがしら》、百姓代からなる村役人（村方三役）が存在し、村掟《むらおきて》や村八分などの共同規則が機能していた。村は、村民の世帯状況や人口、さらには土地所有の状況を把握し、納税の管理を行った。士農工商の身分制はこうした村落社会に深く浸透しており、農民は自らの身分を自由に変えられず、村から自由に移動することもできなかった。その意味では、村落共同体は領主と農民とをつなげる「中間組織」として機能していたといえる。しかし、中国の村落はそのような「中間組織」としての機能を持たなかった。農民は自由に移動することができ、また自由に土地を売買することもでき、村落に縛られた存在ではなかった。

王朝時代における国家と社会との関係は、互いに「遊離」していたと形容される。つまり、皇帝から派遣された官僚はおもに県のレベルまでを統括するにとどまり、県より下のレベルでは「村落自治」が行われ、それに対して政府はあまり介入しなかったといわれている(3)。大半の村民にとって、訴訟や刑事事件に巻き込まれない限り、県政府とはほとんど接触はなかった。徴税でさえ在地勢力に請負わせていた。[4] そして村落自治といっても、ただ一定の教育水準をもつ郷紳《きょうしん》および宗族の長老が村落レベルで大きな発言力をもっていたというだけであって、彼らの権力が制度化されていたわけではなかった。[5]

このように、中国の「伝統社会」は、封建社会や共同体といった概念よりも、「関係社会」という概念で形容したほうが妥当である。人びとの間にはさまざまな連帯関係が存在し、状況に応じて高い組織力または凝集力を示すことができる。大雑把にいえば、おもに次の三種類の連帯関係が存在していた。

一つ目は、血縁・地縁的関係である。華北や華中、華南を問わず、中国の村落は、ほとんど移民によって形成された。最初に来た人びとが一旦その土地に定住すると、その子孫は同じ地域に住み、時間が経過すれば、村というコミュニティが形成され、村民の間は血縁・地縁的関係で結ばれるようになる。このように形成された血縁・地縁的関係は、中国農村社会における基本的な連帯関係であるといえる。

二つ目は、相互扶助の連帯関係である。村には、隣人関係や友人関係などさまざまな関係が存在し、農作業に必要な水利の修繕や「看青」（作物をみはること）、「換工」（労働力や労働道具の交換）から道路や橋の建設に至るまで、多種多様な相互扶助の場があった。このような場面でみられた連帯関係は、村民が必要に応じて結成した一時的なものが多く、実利主義的な色彩が強かった。他方、条件がそろえば、慈善団体や同業ギルドのように制度化される場合もあった。

三つ目は、武装化・組織化された連帯である。これには、村レベルでの武装化と村を超えた武装化という二つのタイプがあった。このうち村レベルでの武装化は、大抵共通の「敵」に対抗し、自分たちの安全を守るためのものであった。それに対し、村を超えた武装化された連帯は、信仰や宗教活動に絡む場合が多く、またしばしば暴力性をもっていた。匪賊《ひぞく》集団や秘密結社がそれである。

以上の三種類の連帯は多くの場合表裏一体の関係にあり、互いに結びついていた。例えば、武装化・組織化された連帯は、多くの場合、擬似的な血縁関係や相互扶助の論理によって成り立っていた。しかし、三種類の連帯のいずれもが、土地を介した身分的主従関係に基づいたものではなく、そこにみられる「仲間」と「他者」との関係が流動的なものであった点は留意すべきであろう。このような空間では、たとえ知らない相手であっても、「仲間」になることができる。それと同様に、親密な関係をもつ「仲間」であっても、「敵」に転化することができる。まさに固定化された境界がなかったがゆえに、人びとの集団的行動は、集合と分離という二つの相反する方向性を内包していたのである。

## (2) 清朝の遺産

清朝は中国社会にいかなる遺産を残したのだろうか。まず指摘したいのは、人口が急増した結果、土地の不足という問題が構造化されたことである。明朝初期から民国初期の一九一三年にかけて中国の人口は六五〇〇万人から四億三千万人へと七倍近く増加した(6)。フィリップ・クーン (Philip Kuhn) によれば、この構造のもとで一八世紀後半から社会はきわめて不安定な状況に陥った。新たな土地の供給が枯渇し、農産物価格の上昇、小規模な土地所有者の没落などの問題が深刻化したが、清朝はこうした問題に対応できなかった。結果として一八世紀末から一九世紀末にかけては、白蓮教徒の乱、太平天国の乱、義和団の蜂起など一連の反乱が社会の内部から発生した(7)。

人口の増加は、生態環境の悪化も促した。ロバート・マークス (Robert Marks) の研究によれば、一九世紀の中国では、ほとんどの地域が開発され、暖房や料理用の燃料を求めて森林破壊が進んだ。一八五五年以降、清朝政府が大運河の運営を放棄すると、華北平原では深刻なエネルギー危機が生じた。農民は燃料を求め、木材だけでなく、作物の穀殻や小枝、木の根、草なども燃やした。(8)

清朝が残したもう一つの遺産は、小農経済社会であった。小農については定義がさまざまだが、本章では、おもに零細な土地を家族で経営する農家のことを指す。(9) 一九三四年に中央農業実験所が全国二二の省で実施した調査結果によれば、一つの農家の経営する土地面積は一〇ムー（面積の単位、六六六・七平方メートル）未満のものが最も多く、農家総数の三五・八%を占め（北方地域では二七・一%、南方地域では四九・五%）、二〇ムー未満の農家を合算すれば、農家総数の六一%に達した（北方地域では四八・六%、南方地域では八〇・五%）。(10) 仮に各世帯の平均人口が五名だとして計算するならば、一人当たりの平均面積は四ムーしかないという結果になる。この数字は世界的にみてかなり小さいといえる。(11)

中国の小農経済は、単に個々の農家の所有する土地の面積が小さいというだけではなく、所有関係が不安定であるという特徴も際立っていた。それは、家産の諸子均分と土地の自由売買という慣習に由来する。これらの慣習のもとでは、農家の土地はつねに分割される運命にあり、資本の蓄積は困難であった。親から土地を相続した子は、わずかな土地で自力で生きていくしかなく、農民による土地の所有はきわめて不安定な状況にあった。

零細な土地しか持たない農家は、自然災害からの影響を最も受けやすく、つねに生存の危機に直面していた。自然災害や戦乱が起こると、飢饉が発生し、人びとは食糧を求めて村を離れて避難し、その多くは移動する途中で命を落とした。(12) 貧しい農民は親戚や友人などあらゆる個人関係を通して生き延びようとしたが、個人関係による救済機能は限られていた。村という集団や地主には、村民を救済する義務もなかった。宗族勢力が強い村の場合には、学田や族田などと呼ばれる公田が存在したが、こうした公田は村民を救済するために設けられたものではなかった。

生命の安全が脅かされた状況下において、農民はしばしば村落を超えた宗教系の慈善組織に加入し、保護を求めた[13]。民兵として組織されたり、匪賊集団に加入したりすることも稀ではなかった。白蓮教徒の反乱に際し、清朝は地域の有力者の私的武装勢力に頼って、これを鎮圧しようとしたが、それは地方における民兵の組織化を助長する結果を招いた。当時の民兵の構成をみると、民兵なのか盗賊なのか、両者の間に明確な境界を引くことはできない[14]。一部の地域では、農民は民兵と盗賊の間を行き来していた。淮北地域に関するエリザベス・ペリー（Elizabeth Perry）の研究によれば、自分の身の安全を守るための「防衛的」活動と、他人の財産を奪う「略奪的」活動は、農民にしてみればいずれも生存のための手段であり、大きな違いはなかった[15]。

このように、民国初期の中国では、秘密結社や匪賊集団が暗躍し、社会が不安定化した。本書の第六章で描かれたような地域社会の武装化・軍事化現象は、福建地域のみならず、ほかの地域にも同様に存在したと思われる。とりわけ「民団」といった私的武装組織をもつ在地の有力者は、国民党政権の治安強化に伴って一層、権力を握るようになった。一方、科挙の廃止や新式教育の導入、県およびそれ以下の行政組織の増設により、新式教育を受けたエリートは、官のポストに就いたことで次第に影響力をもつようになった[16]。いずれにしても、上述した地方の有力者は経済的にも裕福であったため、農村における共産党の階級闘争の主要な対象であった。次節では、中国旧寧岡県（現・井岡山市）の村落を事例に、農村革命およびそれ以降の国民党政権の支配は、いかに社会の連帯関係に絡んでいたのかを考察する。

## 2　社会の連帯関係と権力浸透(17)

### (1) 血縁・地縁的関係と革命

周知のように、毛沢東は一九二〇年後期に湖南省と江西省の省境にある羅霄《らしょう》山脈の中腹地帯を拠点に、国民党軍にゲリラ戦を仕掛けてソビエト政権を打ち立て、支配地域で土地革命を実施した。しかし、国民党政権による軍事的な攻撃にさらされ、ソビエト政権は不安定なものであった。この時、共産党側について革命に参加したのは、元々この地域で暗躍していた匪賊集団や経済的に困窮していた客家人たちであった(18)。

この地域における客家はおもに明朝末期から清朝初期にかけて、広東省と福建省から流入した移民群であった。すでに土地に定着していた「本地人」が比較的肥沃な平原地帯に住むことができたのに対し、遅れてきた客家人は土地が痩せた山の中に居を構えざるをえなかった。時間の経過につれて、客家は経済的に困窮した状況に置かれるようになった(19)。多くの客家人が革命に参加することによって状況を打開し、生存を確保しようとしたのである。同様の論理は、県の中心部に居住しながらも貧困状態にあった「本地人」にも適用された。

革命は宗族や村落の血縁・地縁的関係を基盤に展開された。この点について毛沢東は一九二八年、次のように述べた。

村落内の党の組織は、居住の関係で多くは一つの姓の党員が一支部をなしており、支部会議はまったく家族会議である。こうした状況のもとでの『闘うブルシェウキ党』的建設はほんとうに困難である[20]。

農村革命はこのように社会内部の血縁・地縁的関係の影響を色濃く受け、時に既存の対立関係に利用され、それを助長する結果を招いた。長渓村と西源村が、その一例である。この二つの村には元々貧富の差があった。長渓村には大地主が存在し、肥えた土地をもっていたが、それに対し、西源村は最も裕福な家でも四〇ムーしかもっていなかった。この二つの村にはかつて、資源の使用をめぐるトラブルがあった。そうしたなか、毛沢東の軍隊が同地域にソビエト政権を立てたのだが、ソビエト政権に参加した者の多くは、西源村の村民だった。彼らは土地革命のときに、長渓村の地主の土地を没収して、西源村の村民に分配した。しかし、一九二八年八月に軍事的失敗により西源郷ソビエト政権が崩壊すると、今度は長渓村の有力者が保安部隊を率いて西源村の多くの村民を殺害した。

### (2) 農民の集合行動

ここで引き続き寧岡県の村落を事例に論じてみよう。同地域は一九二九年以降再び国民党政権の支配下に置かれた。日中戦争および国共内戦を背景に、国民党政権は地方の有力者を介して戦時徴発を行ったが、そのやり方は、きわめて恣意的でかつ乱暴であった。その結果、村落間の対立関係が深まっただけでなく、村落内部にも摩擦や対立が生じた。

まず、村落間の対立関係をみよう。寧岡県龍市鎮にある石陂村と旺宜洲村は互いに隣接した同姓村であり、一九三〇年代末から同じ「保」（村を管轄する末端行政組織）の管轄下にあった。両村の間にはそれまで大きな対立はなかったが、一九四〇年代初期に、比較的規模の大きい陳氏宗族の石陂村から陳振華という人物が郷鎮政府の幹部になり、さらに県政府の幹部に抜擢されると、この「保」では、戦時徴発において、規模の小さい旺宜洲村の村民への虐めが露骨に行われるようになった。旺宜洲村の村民によれば、石陂村は有力者がいたために自分の村の者ばかりが徴兵された。それに対抗するために、村の人びとは村の周辺に城壁を造ったり、夜は棒を脇に置いて小屋でともに寝泊まりし、自らを防衛したという。

防衛のために村の周辺に城壁をつくること、すなわち「城塞化」という現象は、村の凝集力の高さを示したものである。蒲豊彦の研究によれば、広東の東端部にある沿海地域では、明の時代から民国期まで村の「城塞化」現象が続いた。「城塞化」は元々は匪賊から身を守るための対策であったが、宗族・村落間の「械闘《かいとう》」が持続的に発生した[21]ことと関係していた。また、村の「城塞化」は、広東や福建に多くみられたため、華南地域の特徴として捉えられがちだが、旺宜洲村の事例が示すように、華中の江西省にもみられた。これは、規模の小さい村落でも強い凝集力をもちうることを示している。ただし旺宜洲村の場合には、「敵」が継続的に存在したわけではなかったため、村の「城塞化」は長期化しなかった。

農民の集合行動は、村という集団を守るためのものというより、「自分を守る」ためのものであった。実際、「城塞化」が生じた旺宜洲村は、かつて井岡山革命のときには紅軍と白軍それぞれの支持派に分かれていた。そして紅軍を支持するか白軍を支持するかを選択しなければならなくなると、農民はとかく親戚に従って行動していた。無論親戚といっても、仲が悪ければ、ともに行動しないようにするのが一般的だった。ここで改めて観察されるのは、農民たちが、村という集団の規則に基づいて組織的に行動したというよりも、それぞれ仲間意識に基づいて行動していたということである。そうした行動様式に鑑みれば、血縁関係が濃厚な同姓村に仲間意識が生じやすいのは当然のことといえる。そして、同姓村の村民が、「敵」の出現に際し、「械闘」のような組織的な暴力行為へと突き進むのも想像に難くない。

仲間意識は、しばしば村落を単位に強まったが、村落内の対立関係を招くこともあった。この点において地域的な差異があり、一概にはいえないが、寧岡県村落の場合には、徴兵が強まった一九四〇年代になると村内部の分裂に至った。徴兵は、最初は旺宜洲村を狙って行われたが、それでもノルマが達成できず、石陂村の中から壮丁を出さなければならないという状況になった。その際、有力者の陳振華に近い血縁関係をもつ「二房」（房は宗族の下の分枝集団）の人がほとんど徴兵されなかったのに対し、「長房」には有力者がいなかったため、徴兵の重い負担を免れなかった。これをきっかけに「長房」と「二房」の間には緊張関係が生まれ、石陂村は分裂に至った。一九四〇年代後期になると、村内には二つの結社（「会」）が組織され、それぞれ武装し対立を深めた。

### （3）国家と社会の「相互包摂」

外部から浸透する政権に対して、農民はどのように反応していたのか。高橋伸夫は、一九二〇年代後半から一九三〇年代前半にかけての農村革命を考察し、農民の対応ぶりを「適応しつつ抵抗し、同調しつつ利用する」と描写し、その諸戦略を「勝手な包摂」と呼んだ[22]。これは、農民のみならず、有力者の行動にも顕著にみられ、「関係社会」の構造に起因する部分が大きいように思われる。村落であれ、宗族や結社組織であれ、いずれも公共の秩序や国家権力の浸透を担う「中間組織」として機能するものではなかった。こうした農村社会における国民権力の浸透は、在地の有力者を通して行われたが、その過程で国家権力は必然的に有力者の私的利益や社会の連帯関係を包摂してしまうこととなった。ひいては、有力者の行動を制御するどころか、その私的権勢を増大させた。結果として国家権力が、有力者を中心とする私的権勢によって取り込まれてしまう事態が生じた。筆者は、こうした現象を国家と社会の「相互包摂」と呼ぶこととする。

国家と社会の「相互包摂」という問題は、日中戦争以降の戦時徴発を背景に一層深刻化した[23]。戦時徴発は地域有力者を介して恣意的に行われていたため、地域有力者の私的勢力の増大をもたらし、結果として有力者と農民の間、有力者の間、そして農民の間に対立関係が深まった。一九四〇年代後期の寧岡県では、戦時徴発のノルマを達成しなければならない状況下において、さまざまな結社が乱立し、その一部が武装化されるようになった。例えば、前述した石陂村には、「長房」と「二房」の人を中心にそれぞれ結社（「会」）がつくられたが、いずれの「会」も、対立を深めるなかで、ほかの村の知り合いや親戚にまで範囲を拡大していった。地域の有力者である陳振華は、村内部の対立から身を守るために、他の宗族や村落の有力者までと連携するなど、自らの勢力を拡大しようとした。こうした結社は、個々人が血縁・地縁的関係をはじめ、さまざまな関係資源を動員して結成した私的な組織にほかならなかったのである。

共産党の言葉を借りるなら、陳振華のような有力者はまさしく「悪覇」（悪辣なボス）だった。「悪覇」は、必ずしも戦時徴発によって生み出されたわけではないが[24]、戦時徴発のもとで増加し、普遍化したと思われる。そして農民は、自己防御のため、武装化・組織化される連帯に一層依存するようになった。一例を挙げるなら、寧岡県では、農民の匪賊集団や秘密結社への加入は、一九二〇年代末には、おもに山岳地帯の村落にみられる現象であったが、一九四〇年代末になると、平原地帯の村落にも波及した。これは寧岡県に限られた現象ではない。例えば、安徽《あんき》省北部の土地改革工作隊員は、土地改革の体験を記したノートの中に次のように書いている。「農民内部には派閥闘争があり、会門が多く、殺人による恨みも多い。昔は互いに殺し合って、殺したらその遺体を溝の中に捨てたりした。ある村では百二〇戸のうち九五戸が土匪になり、農民の間には不信感が増していた」と。(25) この記述からわかるように、中華人民共和国が成立した一九四九年当時、村落内部に結社の組織化および武装化が進み、農民と有力者の間のみならず、農民の間にも対立関係が深まったと推測される。

## 3　連帯関係からみた土地改革

以上のような状況に鑑みれば、一九四九年以降の変化は一目瞭然である。その最大の変化とは、共産党政権が圧倒的な軍事力をもって「悪覇」を中心とする私的武装集団を鎮圧し、また土地改革と農業集団化を通して土地や食糧などの資源を統制することができたという点に求められるであろう。土地改革以降の農業集団化および社会主義体制の成立は、この流れのなかで把握すべきである。

まず、土地改革についてみよう。土地改革に関する研究の多くは、地主と農民の土地所有状況の不平等な状況に着目し、改革の実施によって平等化が実現されたことを強調するが、この点についてはさらなる検証が必要であろう。確かに土地所有状況は不平等なものであり、多くの農民はわずかな土地に頼って耕作し、生存の危機に瀕していた。しかし建国後の土地改革は、元の耕作状況（中国語：原耕）を維持しながら地主の土地のみを没収して貧農と雇農に分配するという限定的な土地分配の政策をとったため、そもそも分配できる土地がどれほどの規模で存在したのかという点について、再考する余地がある。大地主がおらず、「公田」の数も少ない地域には、分配できる土地も少なかったのではないかと推測される。(26)秦暉の研究によれば、陝西省の関中地域では土地改革前の農村はほとんど自作農経営が中心で地主がきわめて少なかった。(27)北方地域と比べて、南方地域では小作関係が発達していたとよくいわれるが、楊奎松の研究が示すように、一九四〇年代の末期において地主の中で小地主が圧倒的な多数を占めていた。(28)

土地改革の意味は、土地の再分配それ自体より、むしろ政治的なところにある。(29)数多くの研究が示すように、朝鮮戦争の勃発後、土地改革はより急進化し、反革命鎮圧運動と連動して進められるようになった。その過程では、「悪覇」のみならず、武装化・組織化された連帯がすべて鎮圧の対象となった。匪賊集団や秘密結社、さらには前述したような有力者や農民が自ら結成した組織も例外なく潰された。闘争の矛先はあらゆる潜在的な「敵」へと向けられ、運動は急進化した。

「悪覇」に対する階級闘争は、大衆動員を通して行われた。村落をまたがって集会が開かれ、男女や年齢を問わず、村民は集会への参加を呼びかけられた。かつて「悪覇」に虐められた村民は、大衆大会で「訴苦」（苦しみを訴えること）をし、涙を流しながら、地主から受けた不公平な扱いや理不尽を訴えた。「訴苦」は大抵、工作隊の指導のもとに行われたが、完全なるパフォーマンスでもなかった。前述したように、社会の内部に対立や矛盾が高まっていた状況に鑑みれば、「悪覇」の吊し上げは、農民からの「要請」または「支持」を基盤としていたと考えられる。ただこれも地域的差異が存在し、すべての村落には「悪覇」があったわけではない。「悪覇」がない村落には、「訴苦」は形式的に行われていた可能性が高い。「悪覇」の処刑を通して、共産党は自らの組織力と軍事力の強さを民衆に示すことができた。一方で、共産党は、秘密結社や匪賊集団の鎮圧においては、その首領のみを対象とし、一般の成員は対象外とした。なぜなら前述したように、農民が秘密結社に参加したり、自ら結社を組織したりすることが普遍的現象となっていた状況下で、農民と「反革命分子」との境界はきわめて曖昧だったからである。「反革命分子」を疎外するためには、「人民」という「政治的連帯」をつくらなければならないが、いわゆる「人民」が、血縁・地縁的関係をはじめとするさまざまな連帯関係のなかで生活していた以上、その連帯関係を洗い出すことは不可能であった。

階級闘争は、農民協会が主体となって地主階級と闘うことを意味するが、そもそも大地主が少なかった状況下において、階級区分さえ困難を極めた。中兼和津次の研究によれば、毛沢東の階級区分は便宜的、恣意的に行われたため、「誰が敵で、誰が味方か」を決める革命のための実用的手段であった(30)。三品英憲の研究によれば、自作農が多い華北農村においては、革命の理念と社会の現実との間にギャップがあった(31)。また、もう一つ問題としてあげられるのは、工作隊だけに頼って村落内部の経済状況や土地所有関係などを調べるのはほぼ不可能であり、階級区分も土地の分配も農民たち自身の手に委ねざるを得なかったということである。そこでは、「上」から進められてきた政策執行は、血縁・地縁的関係を中心にさまざまな私的な関係から影響を受けていたのである。

土地改革によってもたらされたもう一つの変化は、階級秩序の成立であった。ここで階級秩序とは、階級区分政策を通じ、地主、富農、中農、貧農などのレッテルが一種の「身分」として各世代に貼り付けられたことによって形成された階層関係を意味する。(32) 身分制の欠如や階層間の流動という中国「伝統社会」の特質からみれば、これは大きな変化であろう。

## 4　連帯関係からみた社会主義の成立

最後に農業集団化を中心に、農村社会の連帯関係が社会主義体制の成立にどのように絡んでいったのかに触れておきたい。紙幅の制限により、これについては私見を述べるにとどめ、詳論は別稿に委ねることとする。

河野正は、華北における村の再編を考察するうえで「旧来の華北における人々の結びつきは複層的であり、村や近隣、血縁など一つのレベルに集約できるものではなかった」が、「一九五〇年代を通して村という結びつきに収斂されていくようになった」と指摘する。(33) 筆者もこの見解に賛同し、村レベルでの変化こそ、農業集団化の中核であると思う。

まず、社会内部に保持されていた相互扶助の活動や仲間意識などは、農業集団化や人民公社化の初期に、政策の推進に一定程度寄与した。初期の互助組がおもに「換工」の慣習に基づいて結成されたことはよく知られているが、そのほか、村落内部の親密な関係は、ある程度集団労働の実施を容易にさせたと考えられる。

しかし、だからといって、農業集団化は決して順調に展開されたとはいえない。農業集団化は、党中央、とりわけ毛沢東の意思によって上から推し進められた運動であり、中央の認識と社会の現実との間には乖離があった(34)。そして農民は、完全に受動的な存在であったのではなく、時に強い抵抗も見せた(35)。実際に、高級生産合作社(36)がほぼ全国的につくられた一九五六年以降も、集団労働の実施方法や合作社の管理に関しては、現場で混乱した状況が続いた(37)。中央は当初、村を超えた範囲で高級合作社をつくり、またの収益の分配を行っていたが、農民からの抵抗を受け、最終的には生産隊を収益分配の単位とせざるを得なくなった。

生産隊は、一般に村落内部に設置されていた。すなわち農業集団化の展開およびそれ以降の人民公社体制の成立は、結局は村落を基盤に行われたといってよい。そして集団化の過程では、生産隊ごとに集団所有の土地と労働力を管理する体制を整えるため、生産隊間の土地区画の整理と確定が行われ、村と村、郷と郷の境界をまたいで散在していた土地も、多くの場合において、生産隊または村落を単位に再編された。ほぼすべての村落が、集団所有の土地をもち、土地の管理や農業税の徴収などの機能をもつようになったという意味において、これは「地縁的な村落」の全国的誕生を意味する。

人民公社体制のもと、村民は生産隊を単位に集団労働に組織されたため、農民の日常生活も、以前に増して村落に収斂されるようになった。ただし、農民の日常活動は、地縁的境界に縛られたものでもなかった。また、農民の生活世界においては、血縁関係における世代認識（世代ランクに対する認識）が、階級秩序とは全く異なる秩序として、人びとの日常的な行動を規定し続けた(38)。その意味で、いわゆる階級秩序がどこまで生活世界における農民の行動論理を変えたのかは、別途検討しなければならない。

宗族はどうだったのだろうか。共同財産が没収され、有力者が鎮圧ないしは交代させられたことからみれば、宗族は確かに大きな打撃を受けた。しかし、宗族はそもそも柔軟に変容する親族集団であるという視点に立つならば、その打撃も限定的であろう。有力者が交代させられたとしても、新たな有力者が育成されたし、また農業集団化は、宗族に、はじめて固定化された集団土地をもたせることができたという側面もある。陳一新（Yixin Chen）の研究が示すように、大飢饉が発生した時、宗族の血縁関係は、その成員を保護する役割を果たした。[39] また人民公社体制のもとでの集団労働は、村落内部の生産隊を単位に行われたため、結果として宗族意識を強めたこともある。[40] その意味では、改革開放以降の宗族の「復活」は、厳密にいえば、「復活」ではなく、「活性化」であったとも捉えられるだろう。

## おわりに

中国社会の連帯関係は、大きく①血縁・地縁的関係、②相互扶助の連帯、③武装化・組織化された連帯の三つに分けられる。一九四九年以前の共産党による農村革命も、国民党政権の国家建設も、こうした連帯を破壊せず、むしろそれを包摂する形で進められた。とりわけ一九三〇年代以降、国民党政権は、地方の有力者に依存して戦時徴発を進めたため、有力者の私的勢力を制御することができず、逆に私的勢力によって包摂されてしまった。

武装化・組織化された連帯は、一九四九年以降の土地改革および反革命鎮圧運動のなかで解体した。しかし、地縁・血縁的関係、相互扶助の連帯は生き残り、農村の秩序を規定し続けた。共産党政権は、土地改革以降も、「粛反」（反革命粛清運動）や四清運動、そして文化大革命を通じて、こうした伝統的な連帯関係を排除しようとしたが、排除することはできなかった。そもそもこれらの連帯関係は、組織化されたものではなかったため、排除しようにも、排除すべき対象すら明確ではなかった。

境界という視点からみれば、二〇世紀の中国社会は大きく変容した。対外的に地縁的な境界に基づく主権国家を創出したのはもちろんのこと、国内でも地縁的な境界に基づいて行政区画を整備し、行政組織を通して「単位」体制をつくりあげた。村と村の間の境界も定められ、村は革命によって集団土地の管理や農業税の徴収を行う地縁的な団体に変身した。このように、都市・農村に再編された地縁的な団体に基づいて、国家は社会の資源を動員し、重工業を中心とする工業化を推し進めたのであった。

しかし、「敵」や「友」という観念上の境界を定めるのは恣意的なものであり、それに基づく階級闘争も社会に大きな混乱を及ぼした。階級区分に基づいた階級秩序は社会統制の面で機能を果たしたが、どこまで生活世界における農民の行動規範に浸透したのかは、別途検討すべき問題である。改革開放以降、階級闘争が党中央に否定され、代わって経済建設の方針が成立すると、かつての階級秩序はまるで存在しなかったもののように消失し、誰もがそれに戻ろうとはしなかった。また、宗族の活動や「械闘」が再び姿を表し、活発化した地域もある。血縁・地縁的関係や相互扶助の論理に基づく結社のあり方も、社会主義革命によって消失することはなく、強い生命力を示している。こうした結社が組織化された連帯に転化されないよう政権は依然として警戒し、社会安定性の維持に力を入れている。

農村の連帯関係が大きく変容したのは、改革開放、とりわけ市場経済が農村に全面的に押し寄せた一九九〇年以降のことであろう。都市化の進展に伴って、農村人口が総人口に占める比重は一九七八年の八二・〇八%から二〇二〇年の三六・一一%に下落した(41)。少子化と高齢化が急速に進んだ結果、今日、中国の農村地域は一様に過疎化の問題を抱えるようになった。さらに、インタネットやソーシャルメディアの普及により、人びとの認識や行動様式は大きく変容した。人びとは、宗族・村落の血縁・地縁的関係を超えて、共通の関心や目的のもとに集い、活動するようになった。こうした新たな社会的連帯がどのように発展し、権力支配のあり方にいかなる影響を及ぼしていくのかが、今後注目すべき課題となる。

(1) Benedict Anderson, *Imagined Communities: Reflections on the Origin and Spread of Nationalism*, London: Verso, 2006.
(2) 福武直『中国農村社会の構造』大雅堂、一九四六年、旗田巍『中国村落と共同体理論』岩波書店、一九七三年、足立啓二『専制国家史論――中国史から世界史へ』柏書房、一九九八年。
(3) 松本善海『中国村落制度の史的研究』岩波書店、一九七七年、一三―二二頁。
(4) 山本英史『清代中国の地域支配』慶應義塾大学出版会、二〇〇七年。
(5) 明清時代の郷紳については、次の文献に詳しい。岸本美緒「明清時代の郷紳」柴田三千雄ほか編『権威と権力』岩波書店、一九九〇年、四一―六六頁。
(6) Dwight H. Perkins, *Agricultural Development in China 1368-1968*, Chicago: Aldine Publishing Company, 1969, p.16.
(7) Philip A. Kuhn, *Rebellion and Its Enemies in Late Imperial China: Militarization and Social Structure, 1796-1864*, Cambridge: Harvard University Press, 1980.
(8) Robert B. Marks, *China: Its Environment and History*, Lanham: Rowman & Littlefield Publishers, 2012, pp.240-241.
(9) 小農経済の詳細については次の文献に詳しい。Philip C. C. Huang, *The Peasant Economy and Social Change in North China*, Stanford: Stanford University Press, 1988.
(10) 天野元之助『支那農業経済論（上）』改造社、一九四〇年、一九四―一九五頁。
(11) 潘楚基『中国土地政策』台北：黎明書局、一九三〇年、『中国歴代土地資源資料彙編』第九巻所収、桂林：

広西師範大学出版社、二〇一一年、六五―六七頁。
（12）苑書義、董叢林『近代中国小農経済的変遷』北京：人民出版社、二〇〇一年、一四九―一七二頁。
（13）蒲豊彦「近代広東の民衆組織と革命――匪賊的行動様式の観点から」高橋伸夫編著『救国、動員、秩序：変革期中国の政治と社会』慶應義塾大学出版会、二〇一〇年、一一〇頁。
（14）Philip A. Kuhn, *Rebellion and Its Enemies in Late Imperial China: Militarization and Social Structure*.; 孫江『近代中国の宗教・結社と権力』汲古書院、二〇一二年、一一五―一二二頁。
（15）Elizabeth J. Perry, *Rebels and Revolutionaries in North China:1845-1945*, Stanford: Stanford University Press, 1980., Ibid.
（16）田原史起『二十世紀中国の革命と農村』山川出版社、二〇〇八年、一九―三〇頁。
（17）本章の内容は、筆者が二〇〇二年から二〇〇六年にかけて旧寧岡県の農村で実施した調査の結果に基づいたものである。詳細は拙著を参照されたい。鄭浩瀾『中国農村社会と革命――井岡山の村落の歴史的変遷』慶應義塾大学出版会、二〇〇九年。
（18）鄭浩瀾「宗族、農民と井岡山革命（１９２７～１９２９年）」『中国研究月報』第六二巻第三号二〇〇八年三月、一―一三頁；Stephen C. Averill, *Revolution in the Highlands: China's Jinggangshan Base Area*, Lanham: Rowman & Littlefield Publishers, 2006.; 藤野彰『客家と毛沢東革命――井岡山闘争に見る「民族」問題の政治学』日本評論社、二〇一二年。
（19）同右。
（20）毛沢東「井岡山前委対中央的報告」（１９２８年11月25日）『毛沢東集（２）』北望社、一九七一年。
（21）蒲豊彦『闘う村落――近代中国華南の民衆と国家』名古屋大学出版会、二〇二〇年。
（22）高橋伸夫『党と農民――中国農民革命の再検討』研文出版、二〇〇六年。
（23）日中戦争の影響については、次の文献を参照されたい。笹川裕史・奥村哲『銃後の中国社会――日中戦争下の総動員と農村』岩波書店、二〇〇七年。

（24）陳翰笙は、一九三〇年代の中国には官僚、商人、政治家が地主を務める「劣紳化」現象が発生したと指摘した。毛沢東が一九二七年に書いた「湖南農民運動考察報告」のなかにも「土豪劣紳」の悪徳行為が描写されている。陳翰笙、孟慶延編『現代中国的土地問題』上海：商務印書館、二〇二一年、七一―八九頁、毛沢東「湖南農民運動考察報告」『毛沢東選集』北京：人民出版社、一九九一年。

（25）「上海教工譚茀菁参加皖北土改工作隊筆記本」一九五一年、ハーバード大学燕京図書館所蔵。

（26）毛沢東の認識によれば、「族田」は地主の手に握られていたため、没収・再分配の対象であった。「尋烏調査」『毛沢東農村調査文集』北京：人民出版社、一九八二年、四一―一八一頁。

（27）秦暉「封建社会的〝関中模式〟：土改前関中農村経済研析」二八四―三〇八。

（28）楊奎松『中華人民共和国建国史研究１』南昌：江西人民出版社、二〇〇九年、第二章。

（29）田中恭子『土地と権力――中国の農村革命』名古屋大学出版会、一九九六年、Matthew Noellert, *Power over Poverty: the Political Economy of Communist Land Reform in China*, Michigan: University of Michigan Press, 2020; 三品英憲『中国革命の方法――共産党はいかにして権力を樹立したか』名古屋大学出版会、二〇二四年。

（30）中兼和津次『毛沢東論――真理は天から降ってくる』名古屋大学出版会、二〇二一年、第三章。

（31）三品英憲『中国革命の方法』。

（32）奥村哲『文化大革命への道――毛沢東主義と東アジアの冷戦』有志舎、二〇二〇年、二三五―二三七頁。

（33）河野正『村と権力――中華人民共和国初期、華北農村の村落再編』晃洋書房、二〇二三年、二二四頁。

（34）小林弘二『二〇世紀の農民革命と共産主義運動――中国における農業集団化政策の生成と瓦解』勁草書房、一九九七年。

（35）Huaiyin Li, *Village China under Socialism and Reform: A Micro-History, 1948–2008*, Stanford: Stanford University Press, 2009.

（36）中国の農業集団化は、互助組、初級生産合作社と高級生産合作社という三つの段階に分けて推進された。互助組はおもに労働力や生産道具の交換活動を中心とする互助活動を行う農家の集まりを意味する。初級合作社は土地の私有制を基本としつつ行う集団労働の組織を指すのに対し、高級生産合作社は、土地を集団所有化させるうえで行う集団労働の組織である。農業集団化は高級生産合作社の成立をもって実現されたといわれる。

（37）河野正「高級農業生産合作社の成立と瓦解」『史学雑誌』第一二四巻第四号、二〇一五年、一—三七頁。鄭浩瀾『中国農村社会と革命』。

（38）世代ランクに基づく秩序については次の文献を参照。中生勝美『中国農村の生活世界』風響社、二〇二三年。

（39）Yixin Chen, *When Food Became Scarce: How Chinese Peasants Survived the Great Leap Forward Famine*, Ithaca and London: Cornell University Press, 2024.

（40）Michael Szonyi, "Lineages and the Making of Contemporary China", in Vincent Goossaert, Jan Kiely, John Lagerwey eds., *Modern Chinese Religion II: 1850 - 2015*, Boston: Brill, 2016, pp.433-487.

（41）中華人民共和国国家統計局編『中国統計年鑑　二〇二一年』北京：中国統計出版社、二〇二一年。http://www.stats.gov.cn/sj/ndsj/2021/indexch.htm（最終閲覧：二〇二五年二月一三日）。

# 第8章　現代中国におけるフェミニズムの連帯の系譜
## ――セクシュアリティの自由をめぐって

大橋史恵

## はじめに

それから財運の神様の前で　あたし　跪《ひざまず》いて起き上がれない
それから愛がなくてもいいけど　お金がないのはダメ
それから仕事と進歩で選ぶなら　あたしは寝そべりを選ぶ
それから体系（システム）と関係で選ぶなら　あたし　ホトケ系を選ぶ(1)
それから財運の神様の前で　あたし　跪いて起き上がれない
それから　縁結びの神様に　あたし　見向きもしない

それから右目がピクピクしたら災いなんてのは迷信だけど
左目がピクピクしたらお金持ちになれるってのは信じて疑わない
生児（息子を産む）か生女（娘を産む）で選ぶなら生ビールでいい？
車を買うか家を買うかで選ぶなら酔っぱらっていていい？
ママはあたしの様子をみて　ほんと病んでるという
あたしシーっという　くだらないこと言うとホトケ様が怒る

李二萌「我在财神殿里长跪不起」

上記はインディーズの女性アーティスト李二萌による「財運の神様の前で跪いて起き上がれない」の抜粋である。(2) 二〇二三年秋、この曲は抖音（中国版 TikTok）でひそかに流行した。ＭＶは農家の屋上のように見受けられる場所を映し出す。部屋着風のＴシャツ姿でスマートフォンを片手にした李は、あくせく働いたり向上心をもって努力したりするより「寝そべり」（躺平）を選ぶとさらりと歌う。

「寝そべり」は、二〇二一年の春頃から中国のＳＮＳ上で話題になったキーワードである。現代中国では「九九六」（朝九時から夜九時までかつ週六日の過酷な勤務体制）と呼ばれる働き方が横行している。決して望ましい働き方ではないと誰もが認識しているが、受け入れざるを得ないと感じる者は多い。無理な競争であっても参入し、勝ち残りを目指し続ける態度も「内巻」という流行語にもなった。そのような趨勢《すうせい》において「寝そべり」主義者たちは、堂々と「住宅を買わない、車を買わない、恋愛しない、結婚しない、子どもをつくらない、消費は低水準でよい」と語り、不条理な競争社会に背を向ける。とりわけ「不婚不育」（結婚しない、子どもをつくらない）のスタンスが強調される傾向にあるようだ。「寝そべり」という語は、二〇一一年にオンラインプラットフォーム「百度貼吧」内の「反婚吧」（反結婚スレッド）に登場したのが最初だったともいわれている。

若者たちの「寝そべり」に眉をひそめる人びとは多く、主流メディアや知識人のなかではこれを批判する声が目立っている。中国政府もこの動きを牽制する姿勢をとってきた。二〇二一年八月の中央財経委員会第一〇回会議において習近平は、中国社会が目指すべき方針は「共同富裕」であると強調し、「内巻」と「寝そべり」の双方を回避するべきだと語った。だが李二萌の曲が流行することからもわかるように、若者たちのあいだに「寝そべり」は、確実にリアリティをもって受け止められている。

「寝そべり」がここまで話題になるのは、これが単なるインターネットスラングに留まらず、社会批判の思潮を生み出しているからだろう。二〇二二年六月一日には匿名による「寝そべり主義者宣言」（躺平主義者宣言、以下「宣言」）が発表され、メディア規制を逃れるようにして広がった[3]。「宣言」は左派知識人的なトーンにおいて、「寝そべり」こそ「立ち上がること」であり「ストライキ」であると主張するとともに、その意思において労働者と失業者、市民、農民、遊牧民、浮浪者、学生と知識人といったさまざまな層との連帯を謳う。とりわけ盟友の筆頭として女性やセクシュアル・マイノリティを挙げ、「家父長制存続のための出産を拒絶する」と言明する。家父長制とは男性優位の権力秩序のことを指す。明らかにフェミニズムを意識したマニフェストである。

「宣言」を目にしたとき、筆者は二〇一〇年代の「女権主義行動派」（フェミニズム行動派、以下「行動派」）が掲げていた「反逼婚」（強制的結婚に反対する）を思い起こさずにはいられなかった。行動派は一六年の春節の時期に北京の地下鉄構内に「反逼婚」の広告を出すためのクラウドファンディングを行い、三万八千元の支援を集めた。女性たちの連帯において東直門駅構内に掲示された広告には「親愛なる父さん母さん、心配しないで。世界はこんなに大きい。人生はこんなに多様。シングルでもとっても幸福」「シングルも良い若者だ、シングルの正能量（筆者注：ポジティブなエネルギー）を伝えよう」という文字が躍った。家父長制的な結婚圧力に抵抗すると同時に、習近平体制のスローガン「正能量を伝えよう」へのカリカチュアを示したのである。このキャンペーンは賛否両論を呼んだが、メッセージを肯定的に捉え、婚姻の自由の重要性を強調したメディアもあった。局所的とはいえ、一定の社会的インパクトをもつ活動だったとみてよいだろう。

近年の中国社会では、若者たちのムーブメントが社会的正当性をもつ主張として捉えられることが少なくなっているようだ。先に述べたように「寝そべり」も、身勝手で自堕落な態度として否定的に捉えられる傾向にある。SNS上にさまざまなかたちで広がる「不婚不育」の意思も、社会批判の声として受け止められることは決して多くないという[4]。それは中国政府によるメディア規制の効果かもしれないし、情報の氾濫において脱政治化されてしまったということもあるのかもしれない。だが、どれだけ社会批判が見えにくくなってもなお、「結婚しない」「子どもをつくらない」という若者たちの声自体が立ち消えているわけではなく、そして実際に結婚登記件数や出生率も低下傾向にある。

今日の中国の若者たちはセクシュアリティの自由をめぐる闘争のなかにあると捉えられるのではないだろうか。より具体的にいえば「結婚しない」「子どもをつくらない」という声において、意識的であるか否かを問わず、セクシュアル・リプロダクティブ・ヘルス／ライツ（Sexual Reproductive Health/Rights：性と生殖の健康と権利、以下ＳＲＨＲ）の権利主体となっているといえるのではないか。ＳＲＨＲとは、家族関係や国家政策においてセックス、避妊、妊娠の継続あるいは停止等をめぐって決定権を奪われたり、個人としての自由や尊厳を無視されたりすることなく、そのライフサイクルにわたって性と生殖の健康を獲得できるということを意味する。この理念の端緒は一九七〇年代頃のフェミニズムの運動にあったが、今日ではその重要性が広く国際的に共有されている。中国をホストとして一九九五年に開催された第四回世界女性会議（以下、九五年女性会議）における「北京宣言」および「北京行動綱領」でも、これが女性の人権問題であるということは強調されてきた。

このような国際社会のビジョンが、現実に各国の社会制度や人びとの意識において主流化してきたわけではない。中国社会でも国家の計画生育政策や男性優位的な文化秩序において、セクシュアリティをひとりひとりの自由や尊厳の問題とする視点は後景に押しやられてきた。だがこのビジョンの重要性に気づき、声を上げる女性たちは中国社会につねに存在してきた。またそうした声は決して単独の小さな声ではなかった。行動派の「反逼婚」広告がクラウドファンディングによって実現したという事実は、女性たちの連帯の強さを示している。

本章はまず、ＳＲＨＲの歴史をその基盤としてのフェミニズムの歴史とともに振り返り、次に中国社会における具体的な課題状況を概説する。そのうえで、中国国内の女性運動がどのようにネットワークを形成し、問題提起を行ってきたのか、そこにいかなる成果や挫折があったのかを明らかにする。このような議論を行うことで、二〇二〇年代の若者たちが置かれている状況を、セクシュアリティの自由をめぐる現在進行形の闘争のなかに位置付けることを試みたい。

## 1　フェミニズムとSRHRの歴史

フェミニズムは欧米由来の思想であり、中国や日本の社会には適していないといわれることがしばしばある。だが近代化の過程でフェミニズムをまったく経験していない社会はないといってよい[5]。イギリスやアメリカ合衆国の参政権運動に始まる第一波フェミニズムは、同時代の東アジア社会にも大きな影響をもたらした。清朝末期から民国期の中国では、列強による植民地化の危機に抗する知識人たちが、近代化を推進するためには女性の教育や政治的権利の拡大が不可欠だと訴えた。中国語でフェミニズムを意味する「女権主義」は、この思潮に由来する用語である。このような闘争の時代を経て一九四九年に成立した中華人民共和国は、「男女平等」をその国是としてきた。

一方で一九六〇年代に生起した第二波フェミニズムは、たしかに社会主義中国の「男女平等」とは大きく異なっている。この時期、アメリカではベティ・フリーダン（Betty Friedan）の『女らしさの神話』（一九六三年）が、都市郊外に暮らす中産階級の主婦らがかかえる孤独や抑うつ感を「名前のない問題」として論じた[6]。ベストセラーとなったこの本をきっかけに、多くの女性たちが自己実現を求める声を上げ、女性解放運動が大きなうねりを成した。

これに対して同時代の中国共産党指導者らは、女性の従属や抑圧は階級社会のなかで生じる問題と考えていた。階級闘争が女性の解放をもたらすという認識のもと、社会主義社会は必然的に男女平等社会であると想定された。文化大革命期には階級問題の外に女性たちの悩みや葛藤を捉えることは「ブルジョワ思想」とされ批判の対象となっていった。この期間には中国共産党の女性組織である中華全国婦女連合会（以下、婦女連）も活動停止を強いられている。冷戦期という時代背景において、アメリカの中産階級の女性たちの思潮が中国社会に受け入れられる余地はまったくなかったといってよいだろう。

だがその実、フリーダンに代表されるリベラル・フェミニズムの主張と、中国における社会主義女性解放思想は、その主旨において矛盾していない。リベラル・フェミニストらは、雇用や賃金における差別を問題視し、あらゆる領域における男女平等を求めるうえで、女性と男性のあいだにはほとんど差異がないとする立場をとった。彼女たちは生理休暇や妊娠・出産に関わる特別保護のような措置は男女差別を生み出すとして否定的に捉え、女性は軍隊にも積極的に参加していくべきだとした。中国が、「女性は天の半分を支える」というスローガンのもとで女性と男性が同じように生産労働に参加することを推奨し、重工業の労働現場でも人民解放軍においても性差を否定していたことを考えれば、両者の視点には相違点よりも類似性が大きい。

第二波フェミニズムのなかで社会主義中国の「男女平等」レジームと対極的であったのは、白人中産階級の女性たちを中心としたリベラル・フェミニズムではなく、女性と男性の「平等」よりも「差異」に重きを置くラディカル・フェミニズムと捉えてよいだろう。この時期のアメリカでは、公民権運動、反戦運動、学生運動に参加する女性たちが、こうした社会運動が男性優位性の上に成り立っていることや、内部で女性に対する差別や暴力が横行していることに批判の声を上げ、人種差別や階級問題だけでなく性差別を解決していく必要を訴えていった。ラディカル・フェミニストたちは、家族、恋人との関係、学校や職場、街頭などあらゆる場において「女であること」をめぐって差別的・抑圧的な価値意識や慣行が根深くはたらいていると主張し、それらを根源から突き崩していくためのムーブメントを起こしていった。

こうしたムーブメントを通じて、女性たちは自らの身体や健康についても意識的に考えていった。ボストンでは、月経、セックス、妊娠、出産、中絶、避妊といったトピックをめぐって、自らの経験を話し合うワークショップが重ねられた。お互いの経験に学びあうなかで、女性たちは医療や公衆衛生のありかたが男性専門家の視点に偏ったものであるということにも気づいていった。ワークショップの内容はのちに「私たちのからだ、私たち自身」というブックレットになり、やがて商業出版され、アメリカ国内だけでなく世界のさまざまな国で翻訳され、多くの女性たちに読まれていった(7)。

「差異」に目を向けることは、女性というカテゴリーが一枚岩ではないということへの気づきも生み出してきた。女性の身体＝「妊娠する身体」と捉えられるわけではないということ、性的欲望のありかたは多様であるということ、だれもが医療にアクセスできるわけではないということ——そうしたさまざまな「差異」を認識するなかで、フェミニズムの関心は、白人と非白人、異性愛者とセクシュアル・マイノリティ、植民者と非植民者、中産階級と労働者階級、健常者と障害者といった不均等な権力関係の交差において問われなければならないという考えも広がった。このように第二波フェミニズムは、欧米中産階級の女性たちの思潮に出自をもちつつ、やがて異なる背景をもつ女性たちがそれぞれの状況における切実な差別や抑圧の実態を語り始める契機を生み出してきた。異なって状況づけられてきた人びとの経験に学ぶことで、女性たちは既存の社会運動や学術界においてマイノリティの声が見過ごされてきたということを問題視するとともに、新たな知の構想を追求していった。第二波フェミニズムにおける「差異」への関心は、分断や対立に向き合いながら、多様性のもとでのしなやかな連帯のありかたを志向する姿勢を生み出してきたといえる。

フェミニズムのこのような展開は、「西側」社会に閉じた動きではない。第二次世界大戦における連合国を中心とした国際連合は、一九四五年の国連憲章の前文において男女同権を謳うとともに、経済社会理事会のもとにある女性の地位委員会において、各国における男女平等の推進を支援してきた。この姿勢において、国連は一九七二年とその三年後の七五年を「国際婦人年」として指定し、七五年にはメキシコ・シティにおいて第一回世界女性会議を開催した。このとき採択された世界行動計画では、一九七六年から八五年（国連女性の一〇年）のあいだに、各国が女性の地位向上を図るための国内行動計画を立てることになった。報告のための第二回世界女性会議（一九八〇年）がコペンハーゲンで、第三回会議（一九八五年）がナイロビで開催された。

こうした展開に呼応するようにして、第二波フェミニズムの関心は国際社会に共有されていった。ナイロビ会議では、当時のフェミニズムの議論が欧米先進国女性を中心としたものであったことが厳しく追及され、開発援助の枠組みにおいて途上国の女性たちの労働力収奪や健康の侵害がむしろ悪化していることをめぐって批判の声が上がった。これを経て、国際社会は第三世界や社会主義国の女性たちの経験や関心に目を向けるようになり、ジェンダー公正において開発の問題を見直す「ジェンダーと開発」（Gender and Development：GAD）アプローチを導入していった。一九九四年の国際人口開発会議（エジプト・カイロ）や、九五年女性会議では、こうした視座において議論が進められている。

SRHRは、以上のような国際社会の変化のなかで育まれてきたビジョンである。ただしカイロ行動計画や北京宣言・北京行動綱領のアジェンダでの用語は、「リプロダクティブ・ヘルス／ライツ」であった。

カイロ行動計画の草案にはＳＲＨＲが明記されていたが、「セクシュアル」の語を入れることやその内容に人工妊娠中絶の権利を含めることについて参加国のあいだで異議が大きく、最終的に「リプロダクティブ・ヘルス／ライツ」で合意されたためである。(8) とはいえ性の健康や権利の問題を取り上げることの重要性は当時から共有されており、北京行動綱領では「戦略目標及び行動」の「女性と健康」の項に具体的に盛り込まれている。今日の国際社会では、二〇一五年に国連で採択された「持続可能な開発のための２０３０アジェンダ」（Sustainable Development Goals：ＳＤＧｓ）にもＳＲＨＲが明記されており、「セクシュアル」を含めた用語として定着している。

それでもなおＳＲＨＲにおいて捉えられる課題のなかには、大きな論争となるトピックも含まれている。人工妊娠中絶の権利は宗教的観点から多くの国で否定されており、周知のようにアメリカ社会でも大きな分断を生んでいる。またトランスジェンダーあるいは性別違和を生きる人びとや、セックスワーカーに対する差別や抑圧が、女性の権利を主張する運動において正当化されるような状況も後を絶たない。ＳＲＨＲは「正しい」視点というよりは、よりよい状況をめざして討議を重ねながら共有されてきた視点といえるだろう。

以上を念頭に入れたうえで、次節では九五年女性会議のホスト国としての中国が、ＳＲＨＲについてどのような課題をかかえてきたのかを概説する。

## ２　中国におけるＳＲＨＲの課題

この三〇年余りの中国は、沿海都市部を中心に驚異的なスピードで経済発展を遂げた。だがこの果実は人びとに公正に分配されてきたわけではない。ジェンダーの視点からみれば中国の経済発展は、とりわけ農村女性や農民工女性たちに大きな負荷をかけてきたことが指摘されている(9)。本節でもＳＲＨＲに関わる課題を、とくに農村と都市の格差に焦点を当てながら整理したい。

市場経済システムが導入された一九九〇年代以降、中国内陸部の農村では出稼ぎが増加し、男性を中心に働きざかりの層が不在となった。村に残った女性たちは子どもたちや高齢者の暮らしをケアするとともに、かつては男性が中心になって担っていた農作業、水資源や山林の整備、コミュニティ維持のためのこまごまとした営みを一手に引き受けることになった。また村を出た男性たちは建設や土木工事の現場仕事などで高収入を得られるのに対して、女性たちは、就労できる領域が限られる傾向にある。こうした状況において、農民工女性たちのなかには、有償家事労働、病院や高齢者施設における介助、路上やオフィスや娯楽施設における清掃などのほか、ホステス業やセックスワークで収入を得る者が少なくない。いずれも、身体への負荷や感情労働による摩耗が大きく、社会的差別やハラスメントに晒されやすい仕事である。とりわけセックスワークは犯罪として取り締まられることでアンダーグラウンド化しやすく、働く側の交渉力が奪われる、顧客からの暴力が不可視化される、望まない妊娠や性感染症、ＨＩＶ／エイズのリスクが高まるといった問題が深刻である(10)。

ＳＲＨＲについて考えるとき、中国では女性の身体が、国家による計画生育政策の影響を強く受けてきたということに目を向けないわけにはいかない。改革・開放と同時期に人口抑制を目指して始まったいわゆる「一人っ子政策」は、農村社会により大きな影響をもたらした。なぜならこの政策は、農村における男児選好を鮮烈なものにしていったからである。背景には、経済体制の変革において農業の集団化の時代が終焉し、生産請負制のもとで家族人数に応じて農地が配分されるようになったこと、また都市のような年金や医療保険制度が整えられなかったことが影響している。息子がいれば将来にわたって家が継承され、嫁や子の分まで農地を確保でき、老後の安寧を得られるという認識が強まった。農村では第一子が女児であった場合は第二子まで出産が認められたが、女性が自らの意思と関係なく何度も出産を求められたり、息子を産まなかったことを理由に離縁を迫られたりするケースは後を絶たなかったようだ。

男児選好による人口の偏りは多くの地域で「嫁不足」を引き起こし、人身取引の横行をもたらしてきた。二〇二二年には江蘇省徐州市豊県の農村で、真冬にもかかわらず首に鎖をつけられ小屋に放置された女性の動画がＳＮＳで拡散され、国際社会を震撼させた。この女性は誘拐と人身取引の被害者であり、発覚するまでの間に「夫」から八人の子どもを産ませられていた。

近年、中国政府は出産の抑制から出産の奨励に舵を切った。急激な少子化が引き起こす問題が強く意識されるようになるなかで、二〇一三年には親の片方が一人っ子であれば第二子の出産が認められる措置がとられ、一六年には二人までの出産が認められる「二人っ子政策」が開始された。中国政府はこの方針転換によって合計特殊出生率（一人の女性が生涯で産む子どもの数）が上昇すると期待していたようだが、実際には翌年に一・八〇（国連経済社会局による推計）にまで回復した後は下降し続けている。二一年には三人までの出産が可能になったが、二三年の合計特殊出生率は過去最低の一・〇〇（同上）にまで落ち込んだ。(11) ここに挙げた合計特殊出生率は全国傾向を推計したものであり、地域差は不明である。だが都市部における数値はさらに低く農村部ではやや高いと想定されているようだ。これを意識してか、中国共産党と国務院は二〇二四年の第一号文件（毎年のはじめに発表される最重要政策課題についての文書）において「農村における生育の支援」を盛り込んでいる。

だが実際には、農村部でもかつてほど多産は志向されなくなっている。その理由としては、男児選好の帰結として結婚相手を見つけられない男性が増えていること、親が望んでも結婚を受け入れない若者が増えていること、教育をはじめとした子育てコストの高さが社会問題となっていることなど、さまざまな事情が推察できる。またコミュニティの維持が困難になってしまった地域では、農村に留まろうにも留まれない若者たちがいるだろう。習近平政権は「新型城鎮化」の方針において農村に近接する県城などの小都市を発展させ、若い世代の就職や家族形成を推進しようとしているが、そうした働きかけにすべての若者たちが応じるわけではない。

「はじめに」で示したように、筆者は中国の若者たちの「寝そべり」や「不婚不育」の声をセクシュアリティの自由をめぐる闘争のなかに捉えている。こうした声のすべてが意識的な社会批判のかたちをとっているわけではない。だが少なくとも「宣言」は、「寝そべり」が話題になる数年前まで続いていた行動派のムーブメントとの共振において書かれているように思われる。このことを手掛かりに、次節では行動派のなかに九五年女性会議以降の中国フェミニズムの思潮の系譜を読み解き、三〇年間の歩みにおける女性たちの連帯とその困難について考察していきたい。

## 3　中国フェミニズムの歩みにおける連帯と困難

### （1）行動派のムーブメント――二〇一〇年代の連帯を振り返る

まず行動派とはどのようなムーブメントであったのかを概説しておきたい。

行動派は二〇一二年に始まった若い女性たちによるフェミニストのネットワークである。彼女たちは路上、公園、地下鉄、大学のキャンパスなど公共空間においてジェンダーの問題を視覚的に提起するパフォーマンスアートを実践し、メディアやSNSを駆使してそのメッセージを拡散した。代表的なキャンペーンには、二〇一二年二月一四日（バレンタインデー）に北京前門で行われた「傷ついた花嫁」（ドメスティック・バイオレンスをめぐる問題提起）、同年二月下旬に複数の都市（広州、北京、杭州、南寧、南京、福建、武漢、西安、成都、蘭州、鄭州）で行われた「男子トイレを占拠せよ」（公衆トイレにおける女子トイレの割合を改善するとともに、ジェンダーレストイレの増設を訴える行動）などがある。とくに後者は、トイレの利用頻度や使用スペースが男女で等しいわけではないという「差異」の問題に踏み込みつつ女性の健康や安全の問題を訴える、SRHRに根ざした実践であった。行動派はこうしたキャンペーンのたびにプレスリリースを行い、パフォーマンスアートの写真やそこに込められたメッセージの解説を広く共有した。インターネットメディアや地方紙は多くの場合、このプレスリリースに基づき、キャンペーンの主旨や意義を肯定的に報道していた。

ところが二〇一五年の国際女性デーの二日前に起きた「女権五姐妹」（フェミニスト・ファイブ）事件

によって、ムーブメントは大きな打撃を受ける。三月六日に五名のフェミニスト活動家（王曼、韋婷婷、鄭楚然、李婷婷、武嵘嵘）が突然公安に連行されたのである。即時釈放を求める国際的な署名活動が広がったが、五名は四月一三日まで三七日間にわたって勾留され、釈放後も監視下に置かれた。この事件の後も、行動派は数年にわたって工夫を凝らして活動を継続しようとした。[12] 一六年の「反逼婚」キャンペーンも、当局による牽制があからさまに続くなかで企画された活動である。だが一八年、行動派とつながりが深い「女権之声」のソーシャルメディアアカウントが強制的に閉鎖され、SNS投稿が厳格に取り締まられていくと、行動派の活動は目立たなくなっていった。ただし一部のアクティビストは海外に拠点を移して活動を継続しており、中国国内でもこのムーブメントに関わった女性たちが根強くネットワークを維持している。

先に述べたように中国のメディアは当初、行動派のムーブメントを肯定的に報じることが多かった。だが女権五姐妹の勾留事件が起きた二〇一五年には、行動派のパフォーマンスアートは女性たちの反倫理的な戯れであると捉える見解や、教養を欠く偽りのラディカリズムだと貶めたりする意見を論説として掲載するメディアも散見された。こうした状況を捉えたジェンダー研究者の張紅萍はインターネットメディア『澎湃新聞』への寄稿において、行動派は中国フェミニズムの正統であると主張し、論説の執筆者を手厳しく批判している。[13] 以降の節ではこの見方を踏まえつつ、筆者自身が知りえていることを併せて整理していく。[14]

### (2) 中国フェミニズムにおける連帯の模索――一九八〇年代から二〇〇〇年代まで

一九八〇年代の中国の知識人たちのあいだでは、文化大革命によって長く混迷していた学術研究や高等教育、ジャーナリズムを立て直そうとする機運が高まっていた。女性知識人たちも国外のフェミニズムの思潮に関心を向けていった。婦女連幹部のなかには社会主義女性解放の理念を堅持し、こうした女性たちの「ブルジョワ思想」への傾倒を批判する声も上がった。だが八〇年代末にはフリーダンの著作をはじめとした第二波フェミニズムの古典的文献の中国語翻訳版が出版され、女性学センターや女性学講座を創設する大学も出現した。婦女連以外の民間の女性組織を立ち上げる動きも始まった。若い世代の女性たちのなかには早い段階で欧米に留学してフェミニズムと出会い、学位を取得する者も現れた。現在ミシガン大学で教鞭をとる王政は、八九年の天安門事件における民主化の挫折のなかで志をともにする女性たちとの連帯を深め、九一年にはアメリカで中国女性学協会（Chinese Society for Women's Studies：ＣＳＷＳ）を設立している。[15]

中国研究に従事する欧米のフェミニストたちも、中国女性たちとの連携に参加していった。一九九二年には在米の研究者らが中国の女性学者たちをハーバード大学に招聘《しょうへい》し、「ジェンダーから中国を見出す」（Engendering China）国際会議を開いた。[16] 九三年には天津師範大学の杜芳琴がＣＳＷＳと連携して二週間にわたる「中国婦女与発展検討会」（中国における女性と開発ワークショップ）を開き、一〇〇人を超える参加者にジェンダーの視点の意義を共有した。以上の国際会議やワークショップは、米・フォード財団の資金援助を受けており、同財団北京事務所においてリプロダクティブ・ヘルス関連のプログラムを担当していたメアリ・アン・ボリス（Mary Ann Burris）がサポートしていた。中国の女性知識人たちは早い段階からＳＲＨＲのビジョンに接していたといえる。

こうした経緯を捉えるにあたり、アメリカでも中国でも、ポスト冷戦構造のもとでのソフトパワーとしてフェミニズムが活用されてきたということに留意しておきたい。[17] 九五年女性会議はアメリカにとって重要な外交戦略のアリーナであり、とりわけヒラリー・クリントン（Hillary Clinton）のスピーチ「女性の権利は人権である」は大きな意味をもった。また一方の中国にとっても、八九年の天安門事件をめぐって欧米諸国が中国に対して制裁を強めていたなかで、「男女平等」を掲げる会議を北京で開催することは外交上の好機だった。[18] フェミニストたちの交流は、このように米中の政治的思惑が交叉するなかで拡大したといえる。

九五年女性会議では政府間会議と併せてＮＧＯフォーラムが開かれた。中国では民間の女性組織ではない婦女連が「ＮＧＯ」としてこれを主催する方針がとられた。また政府間会議が北京市の中心地で開かれたのに対してＮＧＯフォーラムは直前になって市街地から遠く離れた懐柔県（現・懐柔区）での開催が決定された。こうした状況に国際社会は批判の目を向けた。一方で準備段階から海外での交流や視察の機会を得た中国女性たちは、ＮＧＯの活動の意味に目を開いていった。この時期から、ジャーナリストや法律家、研究者らが次々とＮＧＯを設立し、ジェンダーやセクシュアリティをめぐる課題に取り組み始めていった。

こうした変化は中国政府や中国共産党に比較的近い立場にあった女性たちのなかにも捉えることができる。一九八〇年代から全国婦女連の法律顧問を担当し、中国婦女権益保障法（九二年成立）の起草にも寄与した郭建梅は、九五年女性会議におけるヒラリー・クリントンのスピーチに触発され、九五年一二月に女性の法律支援を目的としたＮＧＯ「北京大学法学院婦女法律研究与服務中心」（以降、北大婦女法律センター）を設立した。名称に「北京大学法学院」がつくのは、当時の中国において非政府組織は何らかの上部機関による連携をとる必要があったためである。北大婦女法律センターは、さまざまなジェンダー暴力の問題についての政策提言や、女性たちへの法律支援といった実績において、国内外で高く評価されていった。

フェミニスト活動家として国際的に名を知られる馮媛は、かつて中国共産党機関紙『人民日報』の記者であった。馮は天安門事件後の事実上の停職とハーバード大学の訪問学者としての渡米を経て、一九九四年に全国婦女連の機関紙『中国婦女報』に再就職した。九五年女性会議後の馮は、本章に捉えるフェミニストたちの行動の基盤となるようなネットワークづくりに邁進《まいしん》していく。九六年には同僚の呂頻とともに、フェミニスト視点から報道に向き合う「婦女傳媒監測網絡」（女性メディアモニタリングネットワーク）を設立した。二〇〇一年にはインターネット上にさまざまなフェミニスト的課題を扱うポータルサイトを開設し、「社会性別与発展在中国」（中国におけるジェンダーと開発/GAD in China）メーリングリストを通じてオンラインの言論空間を構築した。社会性別与発展在中国は中国婦女報社の会議室を利用した毎月一回の集会も主催した。こうした実践において馮や呂は、フェミニスト視点からジャーナリズム・学術界・社会運動を架橋していった。さらに呂は、二〇〇四年に中国婦女報社を退社してフリージャーナリストとなり、ポータルサイト「女声網」や電子ジャーナル『女声』を立ち上げ、複数のソーシャルメディアに「女権之声」アカウントを設置した。馮と呂は、二〇一一年には活動スペース「一元公社」を北京市内に設置し、「女権主義学校」を主催した。こうしたオンライン・オフラインの空間にフェミニズムに関心を寄せる若者たちが集まり、そこから行動派の連帯が生まれていった[19]。

### （3）ＳＲＨＲをめぐる連帯とその「挫折」――二〇〇九年「鄧玉嬌事件」を考える

二〇〇〇年代後半の中国では、「零八憲章」の劉暁波をはじめとして人権活動家に対する政治的圧力が強まっていったが、管見の限りフェミニスト活動家に対する介入はそれほど厳しくなかった。その背景には、先述したような国際社会に対する外交戦略があったのではないかと思われる。中国政府は節目ごとに国際社会に対して九五年女性会議の意義をアピールしてきた。だが二〇一〇年代以降の中国では、女性運動にあからさまな圧力がかけられることが増えた。

前項で紹介した北大婦女法律センターは二〇一〇年三月に突然、北京大学が一方的に連携を解除したことで活動停止を余儀なくされ、関係者に大きな衝撃を与えた。郭建梅は新たに「北京衆澤婦女法律咨詢中心」を設立して活動を継続したが、一六年には再び活動を停止させられている[20]。経緯は完全には明らかにされていないが、習近平政権において市民社会と海外組織のつながりが国家安全保障の懸念材料と捉えられていることとの影響があると思われる。一六年に「境外非政府組織境内活動管理法」が成立すると、海外からの資金援助に頼っていたＮＧＯの多くは活動を停止あるいは縮小せざるを得なくなっていった。

ただし二〇一〇年の北大婦女法律センターの活動停止は、習近平体制が始まる時期に先立って起きている。当時の報道では、この事態は〇九年に起きた「鄧玉嬌事件」をめぐる北大婦女法律センターの「介入」が原因ではないかと示唆されていた。そうだとすれば「問題」とみなされたのは、フェミニスト的行動そのものであった可能性が高い。鄧玉嬌事件に関していえば、それはＳＲＨＲのビジョンに基づくフェミニストたちの連帯の動きであった。

事件の沿革は次の通りである。二〇〇九年五月一〇日、湖北省恩施州巴東県のホテルの浴場で足部マッサージの仕事をしていた鄧玉嬌に対し、地方人民政府の役人ら三名が性的サービスを強要した。鄧が拒否すると、役人らは強姦しようとした。鄧は抵抗し、現場にあった果物ナイフで一名を殺害、一名に傷を負わせた。この事件に対し、検察は正当防衛ではなく過剰防衛であると捉え、また強姦が実際に発生したわけではないことから故意の殺人であったと主張した。

事件は大きな社会的注目を集め、世論の大多数は鄧の無罪を支持した。しかしインターネット上には鄭が「貞操を守った」ことを称揚する声や、セックスワーカーであれば性暴力にあうのは自業自得であるとする声も多かった。フェミニストたちはこうした言論状況に懸念を示すとともに、SRHRの観点から広く連帯行動を起こしていった。北大婦女法律センターは、この過程で重要な役割を果たした組織の一つであった。事件発生から刑事裁判の判決までの一か月あまりのあいだ、北大婦女法律センターは、公正な捜査と裁判を求める要望書の送付、現地に弁護士を派遣してのヒアリングなど、さまざまな行動を起こした。また五月二四日には公益NGO「北京益仁平中心」とともに、女性の人権と尊厳の観点から鄧玉嬌事件を議論する法律ワークショップを開いた。

しかし六月一六日、巴東県人民法院における判決は、フェミニストたちを大いに失望させるものだった。鄧は「精神疾患のため責任能力を欠く状態にある」とされ処罰を免れたのである。捜査において鄧の所持品のなかに睡眠薬があったことが根拠とされた。判決において役人らによる性暴力そのものは問題とされず、正当防衛は認められなかった。無罪ではなく「精神疾患」を理由として放免が言い渡されたということについても、フェミニストたちのやりきれない思いは大きかったようだ。そしてそのような局面において、北大婦女法律センターは活動停止を余儀なくされている。中国社会にセクシュアリティの自由や尊厳の余地はなく、ＳＲＨＲに根ざした行動には社会的制裁が加えられるのだろうか[21]。九五年女性会議をきっかけに連帯を模索し続けてきたフェミニストたちは、大きな打撃と葛藤に直面したといえる。

だがそのような困難のなかでも、中国フェミニストたちの連帯は、確実に次世代へと、そしてさまざまに異なる社会層へと継承されていた。二〇〇九年五月二四日に開かれた法律ワークショップには、後に「女権五姐妹」として名を知られることになる武嵘嵘が参加していた。ワークショップの場で、武は友人たちとともに、北京西駅の駅前を舞台に、パフォーマンスアート「誰もが鄧玉嬌になるかもしれない」を演じた。このパフォーマンスアートは大きな反響を呼び、五日後には武漢の学生たちが「次の鄧玉嬌は誰だ」というパフォーマンスアートを実施した。興味深いことに、北京でも武漢でも、パフォーマンスアートには女性だけではなく男性たちも参加していた。また武漢では、セックスワーカーの権利擁護を求めるアクティビストの農民工女性、葉海燕がこの活動を支援した。

九五年女性会議から一五年を経ようとする当時の中国社会において、フェミニズムは、異なって生きる者同士がお互いに「差異」を認識し、連帯のもとで差別を乗り越えていくということの可能性をたしかに照らし出していたといえる。

## おわりに

最後に、武嵘嵘らが演じたパフォーマンスアートについて簡潔に解説しておきたい。

白い布に巻かれ白いマスクで口を塞がれた女が三人の男によって路上に置き去られる。女は逃れようともがくが、布が幾重にもからまって動けず、声も出せない。白い布は、女をとりまくあらゆる状況である。身体を力づくで抑え込まれる恐怖、権力者に対比したときの自分の非力さ、どうしても稼ぎを得なければならない事情、愛想よく振る舞うことで褒められてきた経験、自分の感情を殺せという暗黙の了解。それでもなお、さまざまな声が責めたてる――「隙があったせいだ」「気を引くような恰好をしていたのではないか」「そんな場所で働く以上、何をされてもしょうがない」「うまくかわせばよかったのに」「おとなしく農村にいるべきだ」……。「誰もが鄧玉嬌になるかもしれない」というメッセージにおいて、武らのパフォーマンスアートは、セクシュアリティをめぐる複層的な規範や差別が社会に遍在する問題であることを、見る者に突きつけた。白い布にからめとられて発話を制約され、自由を奪われ、孤立のもとにおかれ続けることに、二〇〇九年の若者たちは抵抗の意思を示したのである。

鄧玉嬌事件の帰結は、中国フェミニズムにとって苦しいものだった。それでもなおパフォーマンスアートに光を見出した若者たちは、異なって生きる人びとと協働し、「女権之声」や一元公社を介してムーブメントの連鎖を起こしていった。張紅萍が「女権五姐妹」の正統性を主張したのも、そのような観点からだったのではないか。

今日、中国フェミニズムはふたたび困難の時代にあるようにみえる。しかしたとえ言論や結社の自由に制約があっても、家族や国家から結婚や出産を求められても、二〇二〇年代を生きる若者たちはそれにやすやすとは応じていない。「寝そべり」や「不婚不育」の声に新たな連帯の可能性がこだましているように感じるのは、筆者の空耳ではないと信じたい。

（1）「ホトケ系」（佛系）とは欲望や執着をもたず、心の平和を求めて生きる人のことを意味するインターネットスラングである。

（2）李二萌は、抖音上で活躍する女性アーティストであり、インディーズとはいえ九一・二万人を超えるファンがいる。「財運の神様の前で跪いて起き上がれない」を含め、多くの曲はYouTubeなど他のメディアにも転載されている。

（3）「寝そべり主義」は中国国内だけでなく海外でも注目を集めた。日本では若者世代の社会運動を牽引してきた松本哉らが、いち早く「寝そべり主義者宣言」に注目し、半年後には日本語版を刊行している。ＲＹＵ・細谷悠生訳『寝そべり主義者宣言・日本語版』素人の乱五号店、二〇二二年一月一六日発行。ただし本章の記述ではこの日本語訳を使用していない。

（4）詳細は中澤穣『中国共産党vsフェミニズム』筑摩書房、二〇二四年。

（5）中国を含めた非欧米諸国における近代化とフェミニズムの関係の歴史を網羅している文献で、日本語で読むことができるものとしては以下がある。クマーリ・ジャヤワルダネ（中村平治監修）『近代アジアのフェミニズムとナショナリズム』新水社、二〇〇六年。

（6）日本では一九六五年に抄訳が『新しい女性の創造』というタイトルで刊行された（三浦冨美子訳、大和書房）。完全翻訳版である『女らしさの神話』は二〇二四年九月に上下巻で刊行されている（荻野美穂訳、岩波書店)。

(7) こうした経緯については荻野美穂『女のからだ――フェミニズム以後』岩波書店、二〇一四年に詳しい。

(8) 朝日新聞「『まるで中絶会議だった』カイロ会議から三〇年、問題山積の日本の今」、連載「私のからだは誰のもの？「リプロ」をめぐる三〇年」第五回、二〇二四年一二月一二日付。

(9) シャオユエン・ドン（董暁媛）・フィオナ・マクファィル「改革・開放以降の中国における女性労働」日本フェミニスト経済学会編『ハンドブック・フェミニスト経済学（仮題）』法政大学出版局、二〇二五年出版予定。

(10) このようなセックスワークの問題を理解するうえでは以下の文献を参照されたい。SWASH編『セックスワーク・スタディーズ――当事者視点で考える性と労働』日本評論社、二〇一八年。

(11) United Nations Department of Economic and Social Affairs Population Division「World Population Prospects 2024」https://population.un.org/wpp/（最終閲覧：二〇二四年一二月一〇日）。

(12) こうした経緯については中澤の前掲書に詳しい。また女権五姐妹の活動について日本語で読めるものに以下がある。金順姫『ルポ　隠された中国――習近平「一強体制」の足元』平凡社、二〇一七年。レタ・ホング・フィンチャー（宮崎真紀訳）『フェミニスト・ファイブ――中国フェミニズムのはじまり』左右社、二〇二四年。

(13) 張紅萍「不要汚名化"女権行動派"：她們代表着中国女権的方向」『澎湃新聞』二〇一五年一〇月二一日付。https://www.thepaper.cn/newsDetail_forward_1387027（最終閲覧：二〇二四年一二月一〇日）。

(14) 筆者は二〇〇〇年代半ばから二〇一〇年代初頭にかけて北京のフェミニスト研究者や女性組織の集会や活動に参与し、その後も一部の研究者や活動家らと交流を継続してきた。本節の議論は、そうした経緯において筆者が認識していることに基づいている。また以下の文献を併せて参照した。JOLLY, Susie "Gender and Sexuality Activism in China", in Pereira, C. ed., *Changing Narratives of Sexuality: Contestations, Compliance and Women's Empowerment*, London: Zed Books, 2014.；王丹凝・王政・徐午「グローバルとローカルを架橋すること――ディアスポラの中国フェミニスト」『ジェンダー史学』第一〇号、二〇一四年、四五―五六頁。

（15）　王政は二〇一五年に「女権五姐妹」の解放を求めて国際署名活動を展開し、その後も行動派の海外での活動をサポートし続けている。

（16）　この成果は以下の書籍に収録されている。GILMARTIN, Christina K. et al. eds., *Engendering China: Women, Culture and State*, Cambridge: Harvad University Press, 1994.

（17）　フェミニスト中国研究者らはこの状況に鋭い批判のまなざしを向けていた。タニ・E.・バーロウ（伊藤るり・小林英里訳）『国際フェミニズムと中国』御茶の水書房、二〇〇三年。

（18）　「１９９５世婦会：聯合国史上規模空前、人数最多的盛会在京挙行」『北京日報』二〇二三年九月一九日付。

（19）　「女権五姐妹」勾留事件は、馮と呂がともに国連の国際女性デーの会議参加に向けてニューヨークに滞在していたタイミングで発生した。馮は彼女らの釈放を求めるために中国に戻ったが、「女権之声」を通じて行動派を直接的に支援していた呂は、帰国すれば逮捕されるリスクのためにその後も米国に留まる判断をしている。

（20）　その後、郭は民営の法律事務所「北京市千千律師事務所」を開設し、現在に至る。

（21）　鄧玉嬌事件をめぐる行動を起こしたＮＧＯのなかで、圧力を受けたのは北大婦女法律センターだけではない。益仁平は〇九年中に複数回、公安の強制捜査を受けており、「女権五姐妹」勾留事件の起きた一五年にもスタッフ二名が逮捕されている。「女権五姐妹」は五名がそれぞれ益仁平と関わる人物であり、勾留はそもそも益仁平に対する取り締まりが目的だったともみられている。

# 第9章　中国経済は、国家主導か民間主導か

梶谷　懐

## はじめに

本章では、「中国経済は国家主導か民間主導か」というテーマをめぐって、国有企業改革と産業政策、そしてイノベーションなど中国の市場経済化、そして経済成長を支えてきた要素を、「国家と民間」という観点から捉え直す。そのうえで、国家主導と民間主導のどちらともいえない中国経済の実態を改めて考察する。第一節「国有企業改革のゆくえ」では、中国のこれまでの国有企業改革の歩みを振り返ったうえで、特に近年進められてきた国有企業のグループ化の推進と「党国家資本」の強化によって、次第に国有企業と民間企業との境界があいまいになっていることをみていく。第二節「新エネルギー車（ＮＥＶ）産

業」では、中国の自動車産業、特に近年のEVシフトの背景にある中国の産業政策について、世界的な産業政策再評価の流れのなかで、それがどのような意味をもつものなのかを考察する。第三節「台頭する民間企業とイノベーションのゆくえ」では、広東省深圳《しんせん》市における電子産業を中心に、継続的なイノベーションを生み出すメカニズムと、伝統中国から受け継がれてきた中国社会の商慣行がどのようなつながりをもつのか、という観点から考察を行う。

## 1　国有企業改革のゆくえ

### (1) これまでの国有企業改革の歩み

中国経済を「国家主導」という考えは西側諸国を中心に根強く存在する。例えば、二〇〇八年のリーマン・ショック後、後述するように中国経済に対する「国進民退」という批判の声が高まるなか、中国の政治経済体制を欧米社会とは異なった「国家資本主義」だ、とする議論が盛んになされるようになった。一般的にもよく知られているのが、『自由市場の終焉』という著書で「市場と国家」の対立の構図について改めて問題提起を行ったユーラシアグループのイアン・ブレマー（Ian Bremmer）だ(1)。ブレマーは、政治面において権威主義的であり、経済面では国有企業のプレゼンテーションが大きい中国の経済を国家資本主義による発展モデルの典型的なケースだとみなした。そして、それは「大規模な経済政策の決定を迅速に、そしてかなり効果的に行える」という点で欧米の自由主義的な経済体制よりも優れているかもしれないが、統治メカニズムにおけるチェック・アンド・バランス（抑制均衡）が働かないため、誤った政策が採用される可能性が排除できない、という弱みも抱えている。その結果、現在の成長優先の経済運営が行き詰まる可能性は低くない、ともブレマーは指摘した。彼の議論の枠組みは、後述するアセモグル＝ロビンソンによる、中国におけるイノベーションの持続性に関する懐疑的な見解にもそのまま引き継がれているといってよいだろう。

しかし、このような見解をそのままストレートに受け入れるのは危険だろう。西側諸国に比べて、中国経済において国有企業のプレゼンスがかなり大きいのは事実だとしても、それは決して非国有企業、特に民間企業が経済成長やイノベーションにおいて重要な役割を果たしていない、ということを意味するものではないからだ。

民間企業と国有企業の関係、ならびに前者のイノベーションへの貢献については第二節以降で詳しく論じることにして、ここでは、これまで中国ではどのように国有企業改革が行われてきたか、その流れをおさらいしておこう。一九八〇年代半ばから始まった当初の国有企業改革は、「痛みを伴う」所有制改革には手をつけず、経営自主権とインセンティヴの拡大によって生産の拡大を図るものだった。大中型企業を中心に経営請負制度が実施され、経営者の権限が大幅に拡大した。同時に、労働者のインセンティヴを高めるために、企業利潤のかなりの部分が従業員にボーナスや現物支給などの形で支払われた。

しかし、こうしたインサイダー・コントロールを誘発しがちな企業改革では、国有企業の経営パフォーマンスの改善に結びつかず、国有企業の赤字はその後も累積的に増加した。こうした現状を受けて、一九九〇年代半ばに入ると、それまで不可侵の聖域とされてきた所有制改革が始まった。国有企業の戦略的調整が提起され、大企業については、政府が資金援助を含めた政策的なてこ入れを行う一方、小型国有企業は企業経営者など民間に払い下げられた。

その後二〇〇三年に政府（国務院）傘下に国有資産監督管理委員会（国資委）が設立されると、国有企業を株式会社化したうえで、国資委を持ち株会社とする企業グループに再編する改革が進められた。ただし、株式会社化といってもその株式の多くは国資委が管理する「国家株」などの非流通株であり、その資産を個人や民間企業が自由に売買できるわけではなかった[2]。国資委は経営者を任免したり、業績上の目標達成に向けて経営者に責任を持たせたり、一般的な企業で大株主が行うような役割を期待されたのである。この企業グループ化に関する問題は、中国経済における「国家と民間」の関係を考えるうえで特に重要なので、以下、詳しくみていくことにしよう。

## (2) 企業グループ化がもたらしたもの

国有企業のグループ化を進めることで、政府は国有企業を完全に民営化するのではなく、持ち株会社は国が管理し、子会社レベルでは外資や民間資本を自由に取り入れることができるようになった。こうして外国企業や民営企業からの出資が過半数を占めるグループ内の子会社は、民間企業と同じようなガバナンスを受けることが可能になり、経営の効率化を図ることができる。中国政府はこのような国有企業のグループ化を通じ、グループ内で多様な出資形態をもつ企業が共存する状態のことを「混合所有制」と呼び、その拡大を推進してきた。

表1は、白重恩らの研究に基づいて、近年における中国企業のグループ化の進展の状況を示したものである。表では、企業の形態および出資比率などを問わず、共通の所有者をもつ企業を一つのグループとし

てカウントし、所有制改革が行われる以前の一九九五年と改革後の二〇一五年における、企業グループ当たりに含まれる平均の企業数を示している。上位一〇〇の企業グループの所属する平均企業数は一九九五年から二〇一五年までに五〇〇社から一万五〇〇〇社以上と急速に拡大していることがわかる。

このような企業グループの拡大に伴い、企業を取り巻く所有・出資の構造は複雑化している。表2は各企業グループに含まれる子会社（グループの中核企業以外のすべての企業）のうち、他の企業グループとの合弁事業を行っている企業の比率を示したものである。上位一〇〇〇グループの場合、二〇一五年には複数の企業グループにまたがって出資が行われている企業のシェアは八〇%を超えており、企業グループを通じて複雑な所有構造が広がっていることがわかる。すなわち、現代の中国ではほとんどの企業が、国有／非国有を問わず、複数の大きなグループから出資を受けている。このことは、後述するように、国有企業と民間企業が互いに資本を持ち合い、両者の境界が次第に曖昧になりつつあることを意味している。

**表1　企業グループに所属する企業数の推移**[3]

| | 1995 | 2015 |
|---|---|---|
| 上位100グループ | 509 | 15,322 |
| 上位500グループ | 115 | 5,979 |
| 上位1000グループ | 61 | 3,120 |

**表2　企業グループの共通子会社の比率**[3]

| | 1995 | 2015 |
|---|---|---|
| 上位100グループ | 39% | 82% |
| 上位500グループ | 25% | 85% |
| 上位1000グループ | 30% | 81% |

### （3）「国進民退」現象をどうみるか

さて、国有企業の株式化や企業グループ化が進められるのとほぼ並行して、一連の改革を通じて資本を増強し、より強大になった国有企業が、民営企業の成長を圧迫しているのではないか、という懸念から、「国進民退」という用語が広く使われるようになった。背

**図１　工業企業における国有のシェア**(4)

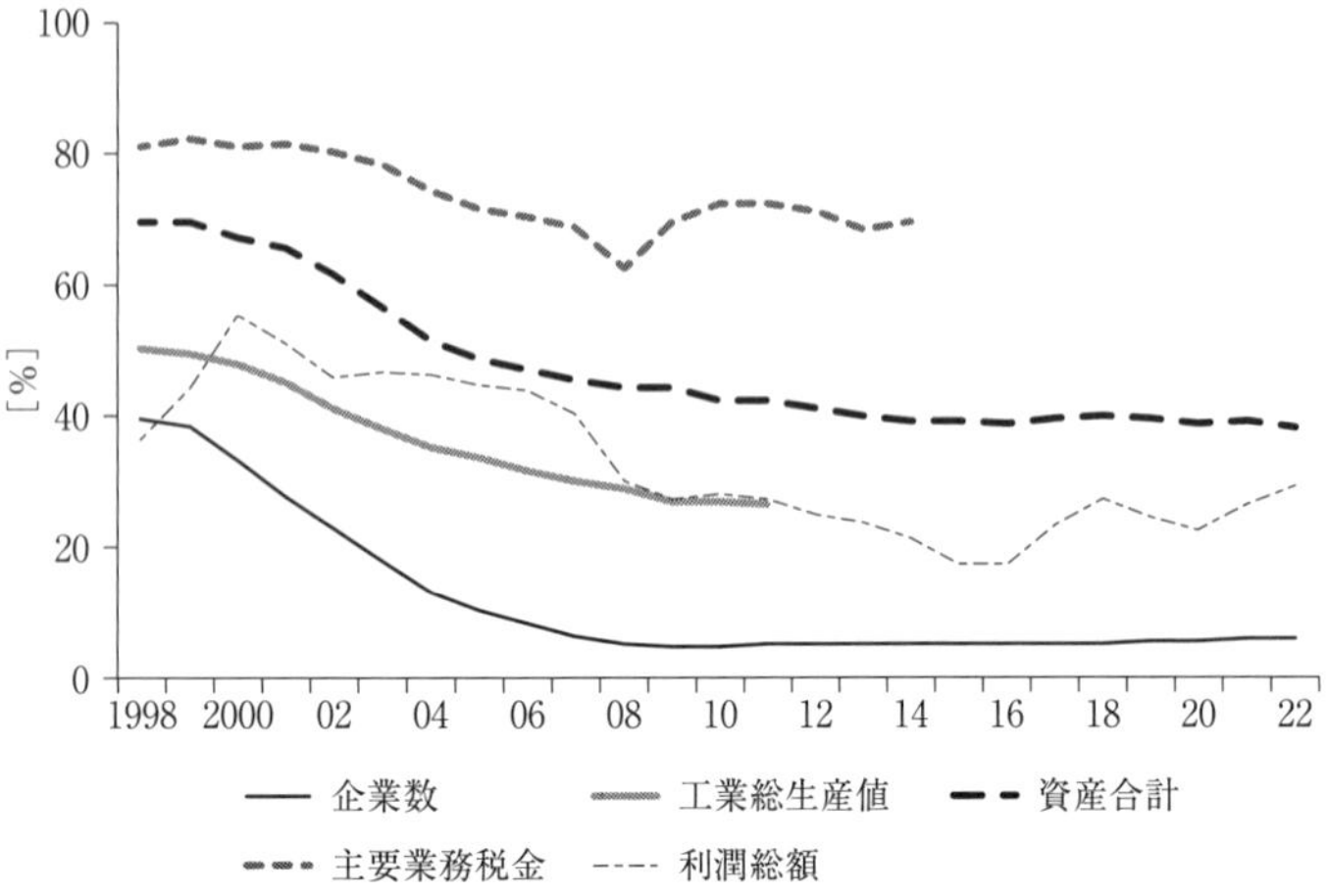


景には、二〇〇六年に軍事工業、送配電・電力、石油石化など、国有経済が絶対的な支配権をもつ七業種、さらには自動車、電子・情報、建築、鉄鋼など、相対的な支配権をもつ九業種が選定されるなど、国有企業への政策的重視が鮮明となったことがある。並行して、二〇〇六年に発表された第一一次国家年計画において、自主イノベーション能力の向上が強調され、二〇一〇年における国務院による「戦略的新興産業（ＳＥＩ）の発展を加速するための決定」および二〇一五年の「中国製造二〇二五」につながる、「戦略的新興産業」の発展を目指す産業政策への道筋が明らかになっている。すなわち、「国進民退」が問題とされた背景には、政府の産業政策への傾倒が明確になったこと、そしてその中心的な役割を担う存在として、一連のグループ化を通じて経営基盤を強化とした国有企業が想定されていたことなどがあると考えられる。(5)

　一方で、図１が示すように、二〇〇〇年代に入って国有企業の株式会社化が本格化すると、工業部門にお

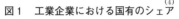

ける国有企業の数は大きく低下した。ただ、企業数に占める国有企業の割合が数%になったとしても、それをもって国有企業が無視してもよい存在になったことを意味するわけではない。企業数のうえでは数%にしか過ぎない国有企業も、利潤総額でみると依然として二〇%以上、総資産全体では四〇%前後の比率を占めているからである。このことから、一部の国有企業が市場における寡占・独占あるいは融資における優遇によって利益を享受し、その結果非国有企業との労働賃金、あるいは待遇格差が拡大したという批判がでてくることになる(6)。この点は、投資主導の経済成長が続くなかで生産手段の効率的な分配が損なわれた、という議論と密接に関わっている。すなわち、国有企業はもともと生産性が低いにもかかわらず、私営企業などに比べて労働者一人当たりの資本額が非常に高くなる傾向があり、このため資源配分上の非効率が生じていると考えられるからである。

### （4）「党国家資本」により支配される企業

国有企業のグループ化がもたらしたもう一つの影響として、中国経済における国有企業および「(党)国家資本」の影響力の強化が挙げられる。中屋信彦は近著『中国国有企業の政治経済学』のなかで、一九八〇年代より中国で進められてきた「国有企業改革」を、社会主義計画経済から市場経済への移行を経験してきたロシア東欧諸国、あるいはサッチャー政権下のイギリスで行われたような公有企業の「民営化」とはまったく異なるものであったと述べている(7)。それは株式市場をはじめとした「要素市場」の創設を通じて、社会の遊休資本を活用し、「瞰制高地《かんせいこうち》」ともいうべき基幹産業への国家のグリップを強化すると同時に、従来の国有企業を国家目標と市場メカニズムに基づく効率性の双方を追求する、「党国家資本」によって支配される企業へと、いわば「魔改造」していくプロセスであった。

中屋も指摘するように国有企業の株式会社化およびそのグループ化は、以下のような二つの変化をもたらすものであった。一つは、グループのなかの企業を上場させることによって、「党国家資本」への、民間資本や外国資本の参画が可能になったことである。もう一つは、国有企業自体が傘下に投資ファンドを設立するか、あるいは企業自体がファンド化することによって、民間企業に対する「党国家資本」の持ち分が少しずつ増えていったことである。これがすなわち政府が掲げる「混合所有制」の推進にほかならないが、このことは「党国家資本」に支配される国有企業と、民間企業との境界が次第に曖昧になっていく、ということを意味している。

確かに、政府の公式な定義によれば、株式会社や有限会社の形態をとった「国有出資支配企業」、すなわち国有企業は、「党国家資本」による出資比率が五〇％を超える企業に限られる。しかし、何らかの形で党国家資本の影響下にある企業は、そのような国有出資支配企業に限られない。例えば前述の白重恩らは、中国における全企業の出資者に関する行政登記記録を用いて、民間・国有それぞれの企業間の出資関係を明らかにする研究を進めている。その結果、近年に私営企業の比率が急速に増加する一方で、それらの私営企業のオーナーと国有資本とのつながりも、ますます強まりつつあることを指摘している。(8)

彼らによれば、政府に登記された企業の資本総額に占める個人オーナーによる出資金額の割合は二〇〇〇年から一九年にかけて二二ポイント増加した（表3）。しかしその一方で、同じく資本総額に占める国有資本から直接・間接に出資を受けている個人オーナーによる出資金額の割合も、一九・四ポイント増加しているのである。白らによれば、このような現象は、国有資本が大規模な民間企業への投資を増加させ

**表3　登記企業の資本総額に占める民間資本の比率**[9]

| 年 | 全体 | 国有資本から直接出資を受けたもの | 国有資本から間接的に出資を受けたもの |
|---|---|---|---|
| 2000 | 54.70% | 9.90% | 4.20% |
| 2010 | 64.60% | 13.90% | 10.10% |
| 2019 | 76.70% | 15.30% | 18.20% |

る一方、大規模な民間企業がより小規模な民間企業への出資を行い、大きな企業グループを形成することを通じて生じたものである。すなわち逆説的ではあるが、現在の中国において民間企業ならびに民間企業家の影響力が強まれば強まるほど、「党国家資本」の影響力も強まってきているのだ。このことから彼らは、現在の中国経済の中心が完全な国有企業でも完全な民有企業でもなく、むしろ所有権が混在するグレーゾーンにあると指摘している。

二〇二三年の一月、国有企業グループ傘下の投資企業などが、上海に本社のある動画プラットフォームのYouku（優酷）など、アリババ・グループの傘下にある国内二社の特別権付き株式、いわゆる「黄金株」を取得したことが報じられた。この黄金株は企業の約一%にしか過ぎないものだが、取得すると取締役会の代表権や重要なビジネス上の決定に対する拒否権を得ることができる。これも党国家資本による民間企業への出資を通じた影響力の強化、という一連の流れのなかで理解すべき動きだと考えられる。

もっとも、国有資本が民間企業への出資を積極的に行うようになったからといって、それが市場原理に基づいた外部資金として、企業経営を規律づける役割を果たすのであれば問題はないだろう。しかし、現状はそうではないようだ。例えば三浦有史は、国有資本から出資を受けた企業は、その出資比率にかかわらず、債務状況が著しく悪化した後でも銀行からの融資を継続して受けられること指摘している。[10]

三浦によれば、何らかの形で政府出資を受けている企業は、出資比率の多寡にかかわらず、資金調達の難易度が大きく低下するという。例えば、負債総額から現金・預金を引いた純負債額を利払い前・税引き前損益（ＥＢＩＴ）で除したＥＢＩＴ有利子負債比率が一五倍を超える、またはマイナスとなる高リスク企業のうち、九〇％以上が国有資本からの何らかの出資を受けている企業であった。すなわち、これらの政府出資を受けている企業は「暗黙の政府保証」によって守られており、債務状況が極端に悪化してもなお銀行からの資金調達には困らない、というきわめてモラルハザードを誘発しやすい状況にあることを示している。また、このことは一度「党国家資本」の出資を受けた民間企業は、特に資金面におけるリスクへの感覚が麻痺し、いわば国有企業と似た振る舞いをするようになることを示唆していよう。

中屋も、「党国家資本」化による国有企業の影響力の延命が、余剰労働者の大量解雇、経営幹部の独断専行や汚職の背景、営利性と公益性のバランスの混乱などのさまざまな社会矛盾をもたらす原因になってきたことを指摘している。上述の三浦の指摘は、その矛盾の解消は現実には容易ではないばかりか、むしろ、「党国家資本」による民間企業への旺盛な投資行動により、「党国家資本」が本来抱えていた矛盾が、民間企業に拡散しつつあるということを示している。

## 2　中国の新エネルギー車（ＮＥＶ）産業と産業政策

### （1）復活する産業政策

二〇二三年九月一三日、ＥＵ（欧州連合）の政策執行機関である欧州委員会は近年急速に海外輸出を伸ばしている中国製ＥＶ（電気自動車）への中国政府による補助金の調査に着手することを明らかにした。これに対して中国商務省は、証拠が不十分でＷＴＯ（世界貿易機関）のルールに合致していない、と激しく反発していた。このようなＥＶをめぐる摩擦の背景には、近年の中国によるＥＶを含む新エネルギー車（ＮＥＶ）生産の急速な拡大、ならびにその供給能力を背景とした旺盛な輸出攻勢がある。中国自動車工業協会（ＣＡＡＭ）によれば、二〇二三年上半期の同国輸出台数は二一四万台で、前年同期比七五・七％増となり、このうちＮＥＶの輸出台数は五三・四万台と対前年比で一六〇％の伸びをみせたという。[11]このような中国におけるＮＥＶの供給能力の拡大が、新エネ車の本格的な普及に向けた政策によって後押しされたことは明らかである。

一方で、近年世界レベルで産業政策、すなわち産業に対するミクロ的な介入政策に対する関心が高まっている。例えば、欧州の学術誌 *Journal of Industry, Competition and Trade* は二〇二〇年、これまでも産業政策の再評価を唱えてきたカール・アイギンガー（Karl Aiginger）とダニ・ロドリック（Dani Rodrik）という二名の研究者をゲストエディターに迎えて産業政策に関する特集号を組んでいる。彼らは同特集のなかで、近年の産業政策に対する経済学者の関心が高まっている背景について、発展途上国での産業構造変化の要請、先進国での長期的な労働市場悪化・金融危機、大きな技術変化があると指摘している。[12]注目すべき点は、彼らが、上記の論点すべてに関わる事情として中国の存在を挙げていることである。

そもそも、標準的な経済理論では、市場の失敗がなければ投資の決定は民間に任せるほうがよいと考えられていた。しかし、二一世紀に入ってからの技術進歩の停滞と研究開発費の伸び悩みによって、「知識のスピルオーバー」を根拠に多様な産業政策が実施され、効果が検討されるようになった。

実際のところ、多くの国々において産業政策が復活して実践されている。そのことを端的に示しているのが、二〇一〇年から二〇二二年までの産業政策の総数の推移および地域別にみた産業政策の件数を推計したレカ・ユハス（Réka Juhás）らの研究である(13)。これは、「グローバル・トレードアラート（ＧＴＡ）・データベース」から得られた政策文書に関する情報から、自然言語処理を用いて産業政策に分類されるものを選び出してその件数をカウントしたものである。同論文によれば、産業政策の件数は二〇一〇年には年間三四件に過ぎなかったが、二〇一三年頃から徐々に増え始め、二〇二二年には一五六八件を数えるまでになった。さらに地域別にみると、最も多いのは西ヨーロッパおよびＯＥＣＤ諸国で二〇一〇年から二〇二二年までの総数は一三五一四件だった。一方、中国を含む東アジア・太平洋諸国における産業政策の件数は六七六件とこれに比べて非常に少ない。つまり、実行されている政策の数だけに注目すると、産業政策が盛んに行われているのはむしろ西側先進国のほうであることが示唆される。

ただし、量的な側面においては、中国の産業政策が圧倒的なプレゼンスを示しているのも事実である。例えば、ＣＳＩＳ（戦略国際問題研究所）のリポートは、中国における産業政策の総支出の規模を定量化し、他の経済圏の国々（ブラジル、フランス、ドイツ、日本、韓国、台湾、米国）と比較している(14)。表4に示すように、彼らによれば、市場金利を下回る信用供与、政府引導基金を通じた融資、国有企業の純債務拡大といった、中国固有の要因を除いた保守的な推計においても、自国産業の支援にかける費用は、この調査における他のどの経済圏と比べてもはるかに高い水準で、その合計額は二〇一九年にはＧＤＰ比一・七四％に達している。特に他の経済圏に比べて補助金支出が多いほか、国有銀行部門による信用供与を通じた企業への支援の比率が高いのが特徴である。

表４　主要国における各種補助金の対 GDP 比［%］（2019年）[15]

| | ブラジル | 中国 | フランス | ドイツ | 日本 | 韓国 | 台湾 | 米国 |
|---|---|---|---|---|---|---|---|---|
| 直接補助金 | 0.07 | 0.38 | 0.01 | 0.05 | 0.10 | 0.05 | 0.00 | 0.01 |
| R&D 税控除 | 0.05 | 0.07 | 0.28 | 0.00 | 0.10 | 0.12 | 0.20 | 0.12 |
| R&D 補助金 | 0.01 | 0.07 | 0.19 | 0.10 | 0.07 | 0.18 | 0.02 | 0.15 |
| その他税優遇 | 0.13 | 0.38 | 0.02 | 0.12 | 0.00 | 0.16 | 0.07 | 0.11 |
| 低金利貸付 | 0.07 | 0.52 | 0.04 | 0.13 | 0.22 | 0.12 | 0.01 | 0.00 |
| 政府系投資基金 | 0.00 | 0.07 | 0.00 | 0.00 | 0.02 | 0.04 | 0.10 | 0.00 |
| 中国固有の政策 | 0.00 | 0.25 | 0.00 | 0.00 | 0.00 | 0.00 | 0.00 | 0.00 |

## （２）ＥＶへの産業政策と「殺到する経済」

さて、再び中国の新エネルギー車（ＮＥＶ）に話を戻そう。二〇一三年から二〇二二年まで中国政府が行ってきたＮＥＶ普及のための補助金の特徴は、企業に対して支払われるものの、目的はあくまでも消費者への販売への補助となっており、補助金は販売されたＮＥＶの台数に応じて支払われるという点にある。[16]このような補助金供与の仕組みは、特定の企業を優遇するものではないし、これまで中国の地方政府が地元の自動車企業に対して行ってきた、域内保護主義的なものとも大きく異なっている。

さらに、地方政府主体で充電スタンドをインフラとして各都市に建設する政策もある。これは価格補助金と組み合わせて、ＮＥＶを支える政策となった。国家発展改革委員会の発表では、二〇二三年五月末時点で中国の充電インフラ累積台数は六三六万台設置になるという。[17]重要な点は、これらのＮＥＶ産業に対して政府が行ってきた産業政策が、特定のメーカーに対して補助を与えるというものではなく、まずはＮＥＶの消費＝需要を広げるという政策を打ち出しているという点にある。世界的なバッテリーのメーカーであるＣＡＴＬ（寧徳時代新能源科技股份有限公司）をはじめとした車載電池メーカーの躍進も、まず最終需要が拡大したことによる分業の高度化として理解すべきである(18)。

二〇一九年には、すでにＮＥＶの生産が過剰になっているという批判を受けて、政府によるＮＥＶ購入の補助金は大きく削減された。そのことは、ＮＥＶメーカーがその市場を海外に求めて輸出攻勢をかけるという現象をもたらした。このような現象は次節で述べるような、二〇〇〇年代初頭に深圳を中心に生産されたいわゆる山寨《さんさい》携帯が中国国内でブームになり、やがてアジアやアフリカなど海外に輸出されるようになるという状況との類似性が指摘できよう。いずれにせよ、ここまでの生産規模拡大と価格の低下を、政府による補助金や産業政策だけで説明できるとは思えない。消費者に対する購入補助金は二二年末に終了しており、メーカーに義務付けた新エネルギー車の生産比率規制も、現状ではほとんどのメーカーによってクリアされているため、実質的には機能していない。まさに「ブームに殺到する民間企業」の多さこそが生産過剰と価格の低下を招いているのであり、直近の輸出急拡大の背景でもあるといってよいだろう。またこのことは、中国におけるＮＥＶに代表される新興産業の躍進の背景に産業政策の存在があることは間違いないにしても、それを単純に「国家主導」と位置付けられるものではないということを示している。

## 3　台頭する民間企業とイノベーションのゆくえ

### （1）包括的な制度と収奪的な制度

二〇一八年六月一五日、米トランプ政権は年五〇〇億ドルの対中輸入品目に二五％の追加関税を課すとして、対象となる中国製品一二〇二品目の最終リストを発表、米中間の関税引き上げ合戦が激化した。その後、二〇二〇年一月に米中両政府は貿易協議をめぐる「第一段階」と呼ばれる部分合意の文書に署名した。しかし、両国間の対立の背景は単に貿易不均衡ではなく、国際特許出願数で米国に迫る勢いをみせているなど中国における著しいイノベーションの現状、さらには中国政府が二〇一五年に打ち出したインターネットとハイテク産業に関する産業政策「中国製造二〇二五」への警戒があるとみられていた。

米国が警戒してやまない「中国発のイノベーション」は果たして今後も持続可能なのだろうか。また、その担い手は「国家」なのか、それとも「民間」なのか。英語圏における主流派の経済学者の一般的見解は、脆弱な財産権保護、貫徹しない法の支配、説明責任を持たない政府の経済への介入といった中国経済の「制度」的特徴が変わらない限り、イノベーションが持続的な成長のエンジンとなることはない、というものだろう。このような持続的な経済成長を阻害し、一部の特権階級を利するように設計された制度を、ダロン・アセモグル（Kamer Daron Acemoğlu）とジェイムズ・A・ロビンソン（James A. Robinson）は『国家はなぜ衰退するのか』のなかで「収奪的（extractive）な制度」と呼んでいる[19]。同書では、王朝時代から毛沢東時代にかけての中国は、絶対主義的な権力のもとで、「包括的な制度」の形成が阻害され、うまく近代化＝経済発展できなかった典型例として、一貫して否定的に描かれている。また、現在の中国の急速な経済成長についても、それは収奪的な政治制度のもとで、部分的に包括的な経済制度が導入されたために生じている一時的な現象である、というのが彼らの基本的なスタンスである。資本主義のもとで産業社会が高度に発達を遂げた現代においては、財産権と自由な市場競争を保証する「包括的な経済制度」と、それを政治の側から安定的に保証する「包括的な政治制度」の組み合わせが持続的な成長にとって不可欠だ、という彼らのテーゼは、確かに強い説得力をもつ。

## (2) 深圳におけるイノベーションの特徴

一方では、電子産業の集積する広東省深圳市では、一貫して民間の起業家による活発な競争がイノベーションの母体となってきた。深圳には、一九八〇年代の対外開放政策でいち早く経済特区が設けられ、労働集約的な産業の加工貿易などで急成長した。その後、賃金上昇や外資優遇政策の転換により多くの労働集約的な産業が撤退した。その一方、電子部品を供給するための「専業市場」（卸売業者や製造業者がブースを並べる雑居ビル）が急速に整備されるなど、電子産業の集積地としての顔をもつようになった。なかでも一・四五平方キロメートルの敷地に電子専業市場が立ち並び、三万件以上の業者が出店する華強北地区は、世界最大規模の電子製品や部品の市場として注目を集めるようになる[20]。

深圳市の電子産業などによるイノベーションの特徴は、それが（知的）財産権の保護が十分ではない状態のもとで生じている点である。では、中国経済を支える活発なイノベーションが、「明確に定義された（知的）財産権」「法の支配の貫徹」といった、欧米社会で普遍的とされる「包括的な制度」を欠いた状況で生まれている状況をどのように考えればよいのだろうか。

## (3) 技術が伝播する仕組み

ここでは、知的財産権保護の制度を、「いかにして技術を広く伝播させるか」という目的を実現するための仕組みとして捉え直してみよう。深圳のスタートアップ事情に詳しいアンドリュー〝バニー〟ファン

(Andrew“bunnie”Huang) は、深圳の製造業でかなり前からみられる電子基板や金型などを零細な製造業者の間で事実上「共有」し (「公板・公模」) 新製品の開発にかかるコストを大幅に節約する、という開発の仕組みに注目し、それを「公开《コンカイ》」と名付けている。そして彼は、それが欧米で主流だったパテント取得を中心とする知的財産権を通じた「イノベーションの考え方、およびそのアンチテーゼとして生まれたオープンソース (中国語では「開源」) という概念とどのように異なるのかを議論している。(21)

ファンによれば、「公开」は、著作権で保護されているはずの知的財産権が、公然と一般に共有されているものの、そこには特に法的な裏付けがない状態を指す。だが「公开」は、音楽や映画の海賊版のように、コピーする側が一方的に利益を得るものではない。例えば、あるメーカーが著作権をもっているＩＣチップを使って携帯電話をつくろうとする際、製造に必要な知識やソフトウェアをインターネット上で公開する行為に近い。企業によるこうした知識の共有は、むしろ企業の生産するチップの販売を促進するために行われる。このように「公开」は、最終的には著作権をもつ者とコピーする者との間に持ちつ持たれつの関係を生じさせるものだ、とファンはいう。(22)

彼によれば、これらの仕組みはイノベーションや新しいテクノロジーを広く社会で共有し、生産性を向上させるという目的で共通している。すなわち、パテントは、新しいテクノロジーやイノベーションを一定の手続きを経たうえで広く一般に公開する代わりに、その二次的な使用については法的な保護を受け、それを根拠に使用料をとったりライセンス契約を結んだりする仕組みである。ただし、それはあくまでも技術を社会に役立てるための一つの制度にすぎない。その技術が実際に広く使われるかどうかは、その技術の革新性や他の技術との代替性、あるいはコストや使いやすさといったものに依存している。そして、技術の種類によっては、一定の時間的・金銭的コストがかかるパテント保護よりも、インターネットでコードや設計図を「勝手に」公開するオープンソース、あるいはそもそも技術がコピー可能であることを前提とした「公开」などのやり方のほうが効率的な場合もある、とファンは主張する。すなわち、技術をどう広げて生産性を上げていくのかという問題へ対応として公开、パテント、オープンソースという異なる方法が生まれた、というわけだ。

ここで注目したいのは、中国、特に深圳の製造業では、「公开」「パテント」「オープンソース」という三つの「技術の伝播の仕組み」に関して、あたかもそれぞれに特化したような企業群が共存している点である。これを筆者はかつて、知的財産に関する姿勢という点で、「プレモダン層」「モダン層」「ポストモダン層」という三つの層に分けて整理した[23]。

まず、「プレモダン層」は技術を伝える手段として「公开」に依存した企業群のことである。この層を象徴するキーワードが「山寨」である。これはもともと山の砦、山賊の住処を意味する。二〇〇〇年代の初頭に、発展途上国を中心に世界を席巻したのが、深圳で大量に造られていたノキアやエリクソンといったブランド物の外見だけをコピーした山寨携帯だった。これらの知的財産権をまったく無視する企業群を、近代的な法律遵守の観念をそもそももっていないという意味で「プレモダン層」に位置付けておきたい。

二つ目が、Huawei（華為技術有限公司）やＺＴＥ（中興通訊）のような、独自の技術を特許（パテント）に代表される近代的な知的財産権によってガッチリ囲い込むという戦略を採用している「モダン層」である。さらに三つ目の層として、独自の技術を開発するものの、それを特許で囲い込むのではなく、むしろオープンソース（開源）の技術として積極的に開放し、さまざまな人が関わることでイノベーションを促進していこうとする層がある。これは近代的な知的所有権のあり方を改めて問い直すものとして筆者はこれを「ポストモダン層」と名付けた。

筆者は、これら三つの層が渾然一体となっているのが、深圳のエコシステム（産業生態系）の一つの特徴であると考えている。それは決して「上から」の設計では生まれてこないものであり、この多様性がイノベーションを生み出す一つの源泉となっている可能性がある。高口康太も、ファーウェイなど「モダン層」に位置する中国の大企業であっても、ローエンド製品を開発する際には、特許による著作権保護を重視せず、一般に入手可能な技術や部品を集めて製品を開発していることを指摘している(24)。つまり「公开」方式の技術の共有は、プレモダン層の専売特許ではなく、モダン層・ポストモダン層企業でもしばしば利用されているのである。むしろ、このような柔軟性こそが、深圳のエコシステムの大きな特徴だと考えられる。このような多様性が、中国のイノベーションを支えているのであり、それは決して「国家主導」だけでは生まれないものである。

例えば、半導体大手のクアルコム社と提携してハイエンドのスマートフォンを製造・販売している企業の代表として、シャオミ（小米集団、Xiaomi）を例にとってみよう。いうまでもなく、このようなハイエンド品を製造する際には、シャオミはクアルコムの協力を受けながら自社でその開発を行い、関連する技術のパテントを取得している。しかし、一方でシャオミは、自社が生産するスマートフォンの出荷台数の約八割程度については、自社で開発を行わず、ＩＤＨ（インディビジュアル・デザイン・ハウス）と呼ばれる設計専門企業に設計・開発を委託している（表５）。また、シャオミほどではないにせよ、ＯＰＰＯ（広東欧珀移動通信有限公司）、Huawei などといったハイエンド品の市場でも大きなシェアを占める大手

### 表5　大手スマートフォンメーカーとIDH[25]

| | IDH 等に設計・生産を委託した製品比率 (2020年) | (2021年) | 世界市場シェア (2021年) |
|---|---|---|---|
| Xiaomi | 79% | 78% | 29% |
| Oppo | 64% | 43% | 18% |
| Samsung | 32% | 23% | 12% |
| Motorola, lenovo | 99% | 86% | 9% |
| Honor | 26% | 48% | 4% |
| Transsion | 10% | 17% | 3% |
| Huawei | 12% | 41% | 3% |
| HMD Nokia | 96% | 100% | 2% |
| Vivo | 0% | 3% | 1% |
| その他 | 59% | 82% | 9% |

（注1）数字は、当該メーカーが生産したスマートフォンの全出荷台数のうち、IDH などに設計・生産を委託した製品の比率。
（注2）「世界市場シェア」は、2021年の全世界における、IDH などが設計・生産を受託したスマートフォンの出荷台数に占める当該メーカーの製品の比率。

メーカーも、かなりの比率の製品の開発をＩＤＨに「丸投げ」していると考えられる。

高口によれば、このような大手メーカーがＩＤＨに設計を委託するローエンドの製品は、機能面で「似たり寄ったり」であり、資金や人材などのリソースを開発に注ぎ込んでも大して差別化はできない。そうであるなら、限られたリソースはハイエンド品の開発に集中させ、ローエンド品の開発はＩＤＨに任せるという戦略をとっているのだという。ただし、そのデメリットとして、ＩＤＨに生産を委託したこれらメーカーの製品の仕様や設計情報は他社に筒抜けになる、すなわち「公开」されてしまうことになる[26]。というのも、大手のＩＤＨは、有力スマートフォンメーカー各社から、開発を同時に請け負う傾向があるからだ。

つまり、シャオミやファーウェイ、それにＯＰＰＯなどの中国メーカー、さらにはサムスン（Samsung）などの韓国企業も、中国で生産するスマートフォンについては、その生産ラインナップによって「自主開発＋技術のパテント保護」というやり方と、深圳で広くみられる成熟した技術を「公开」して共有する、というやり方を使い分けているのだといえよう。このように中国のスマートフォンメーカーがハイエンド製品とローエンド製品とで、サプライヤーとの取引関係を柔軟に変えるという戦略をとることは、例えば米中対立などの政治的な要因によって、メーカーがクアルコムなどの米国企業との取引に支障をきたすような事態が生じた場合でも、一定のレジリエンスを備えることを意味していよう。同時に、このようなメーカーの戦略は「明確に定義された（知的）財産権」「法の支配の貫徹」といった、欧米社会で普遍的とされる「包括的な制度」を欠いた状況でこそ可能になっている、という点にも注意が必要だろう。このような、必ずしも「国家主導」ではないものの、西側諸国で一般に考えられている「知的財産」保護の仕組みとも異なった制度が、今後どのような深化を遂げていくのか。これから中国のイノベーションがどのようになっていくのかを考えるうえで、引き続き注目していく必要があるだろう。

## おわりに

本章では、「中国経済は国家主導か、民間主導か」をテーマに、国有企業改革、産業政策、そしてイノベーションという三つの視点からこの問題を考察してきた。そこで浮かび上がってきたのは、「国家主導」と「民間主導」のどちらともいえない、むしろ「国家」と「民間」が一種の持ちつ持たれつの関係にあることで経済を支えてきた、という中国の現実であった。

まだ記憶に新しい、二〇二一年に行われた、プラットフォーム企業への締め付けと「共同富裕」の提起は、そのような国家と民間との間の「持ちつ持たれつの関係」を考えるうえでもきわめて象徴的な事例だといえるだろう。よく知られているように二〇二〇年一一月に、中国アリババ集団傘下の金融会社、アント・グループの新規株式公開（ＩＰＯ）が突如延期になり、その後ＩＴ企業への締め付けが相次いで行われることになった。

その後アリババは、Ｅコマースへの出店にあたってライバル企業への出店を禁じる措置（「二選一」）が公正な取引を阻害しているとして、二〇二一年四月に一八二億二八〇〇万元の罰金を命じられた。また同年七月には、ライドシェア大手のディディ（滴滴出行）がニューヨーク証券取引所に上場したものの、数日後に当局に国家安全保障上の理由から、データ管理とスパイ行為についての審査を受け、最終的に上場廃止に追い込まれた。さらに、八月一七日における中央財経委員会会議では、「共同富裕」を実現する際の再分配の手段として企業や個人による自発的な寄附行為などに依存する「第三次分配」が強調された。これを受けて九月二日にアリババ集団は「共同富裕」政策を実施するための資金として、二〇二五年までに一〇〇〇億元（約一五五億ドル）を拠出することを公約し、テンセントなど他のＩＴ大手もこれに続いた。

この一連の措置をもって、ＩＴ企業のイノベーションの命脈は断たれ、中国は「新しい文革」の時代に入った、という見解もちらほら聞かれるようになった。しかし、片山ゆきによれば、「第三次分配」の実態は以下のようなものであった[27]。二〇二二年一一月に広州市では、広州市慈善会が、テンセント基金会、ウィーチャット・ペイ（微信支付）、ウェイバオ（微保、テンセント傘下の保険代理販売会社）、太平洋保険会社などと合同で、広州市が認定した生活保護受給者、低所得者向けに、医療保険を提供する慈善活動キャンペーンを開始した。その際、各社の寄付はウィーチャット・ペイを通じて行われ、二〇二二年一二月末時点で総額は六〇〇万元に達したという。これは、有力な民間企業が「第三次分配」の名目で、本来政府が提供すべき公共サービスを請負うという構図である。このことは、一見ＩＴ企業に対してイデオロギー上の理由から厳しい制裁が科せられているかのようにみえる状況のなかでも、政府と民間企業との共犯関係が存続していたことを示している。

一方で、そのような企業グループの「柔軟性」は、国有企業と民営企業という、そもそもその性質や機能、目的を異にしているはずの企業群の区別を次第にあいまいなものにし、両者の間のグレーゾーンを次第に拡大するという効果をもっている。このことは、中国における「国家」と「民間」との関係を一筋縄では理解しにくいものにしている。すなわち、一部の西側の研究者やジャーナリストの見解にみられるように、国有企業または国家資本の出資を受けたからといって必ずしもまったく市場原理や経済効率性を無視しているわけではない。その一方で、民間企業であっても、直接もしくは間接的に国有企業からの出資を受けている限り、その資本の運用については何らかの形での国家からの介入を受ける可能性がつねに存在している。

中国経済の今後を考えるうえでは、このような「国家」と「民間」の一筋縄ではいかない、相互依存関係があるということをつねに念頭に置いておく必要があるのではないだろうか。

（1）イアン・ブレマー（有賀裕子訳）『自由市場の終焉――国家資本主義とどう闘うか』日本経済新聞出版社、二〇一一年。

（2）二〇〇五年から二〇〇六年にかけて、既存の株主に対して補償を行い、損失を避ける仕組みを導入することで、国家株や国家持ち株会社が所有する非流通株の市場流通を促進する改革が行われた。

（3）Bai,Chong-En, Chang-Tai Hsieh, and Zheng Michael Song., "Special Deals with Chinese Characteristics," *NBER Working Paper Series*, No. 25839, 2019.

（4）中華人民共和国国家統計局編『中国統計年鑑　二〇二三年版』北京：中国統計出版社、二〇二三年。

（5）また、「国進民退」批判が高まったマクロ経済的な背景として、二〇〇八年に起きたリーマン・ショックにより世界経済は大きく悪化するなか、中国が大規模な景気対策を行い、経済を回復させたということも見流せない。この際、多くの地方政府が「融資平台」と呼ばれるダミー会社を利用して資金を調達し、設備投資を促進したが、その際の融資先として国有企業が優先されることが多かったためである。特に鉄鋼、石炭、セメントなどの資源産業分野では、非効率的な国有企業が政府の支援や低金利の銀行融資を受けて成長し、いわゆる「ゾンビ企業」化しているのではないか、という批判が広がった。

（6）梶谷懐『中国経済講義――統計の信頼性から成長のゆくえまで』中央公論新社、二〇一八年。

（7）中屋信彦『中国国有企業の政治経済学――改革と持続』名古屋大学出版会、二〇二二年。

（8）Bai, Chong-En, HSIEH, Chang-Tai, SONG, Zheng Michael and Xin Wang., "The Rise of State-Connected Private Owners in CHINA." *NBER Working Paper Series*, No.28170, 2020.

（9）同右。

（10）三浦有史『脱「中国依存」は可能か――中国経済の虚実』中央公論新社、二〇二三年。

（11）井下浩良「中国新エネルギー車（NEV）市場の現状と展望（二〇二二～二〇二三年）」『エネルギー・金属鉱物資源機構　金属資源情報』二〇二三年九月一三日。https://mric.jogmec.go.jp/reports/current/20230913/179023/

（最終閲覧：二〇二五年二月一三日）。

（12） Aiginger, Karl and Dani Rodrik, "Rebirth of Industrial Policy and an Agenda for the Twenty-First Century," *Journal of Industry, Competition and Trade*, Vol. 20, 2020, pp. 189–207.

（13） Juhász, Réka, Lane, Nathan J. And Dani Rodrik. "The New Economics of Industrial Policy," *NBER Working Paper Series*, No.31538, 2023.

（14） DiPippo, Gerard, Mazzocco, Ilaria and Scott Kennedy. "Red Ink; Estimating Chinese Industrial Policy Spending in Comparative Perspective," *Center for Strategic and International Studies*, 2022.

（15） 同右。

（16） 湯進『中国のＣＡＳＥ革命——二〇三五年のモビリティ未来図』日本経済新聞出版社、二〇二一年。

（17） 井下浩良「中国新エネルギー車（ＮＥＶ）市場の現状と展望（二〇二二～二〇二三年）」『エネルギー・金属鉱物資源機構　金属資源情報』二〇二三年九月一三日。https://mric.jogmec.go.jp/reports/current/20230913/179023/（最終閲覧：二〇二五年二月一三日）。

（18） もっとも、車載電池に代表される基幹部品産業の育成には、従来型の国内産業保護のロジックも働いていた。例えば、中国の自動車産業に詳しい湯進によれば、車載電池には外資系企業の参入が厳しく制限されてきた（注（16）参照）。また工業情報化部は、二〇一五年に「汽車動力蓄電池行業規範条件」を発表し、政府認定メーカーの電池搭載を、ＮＥＶの販売補助金の支給条件に指定している。

（19） ダロン・アセモグル、ジェイムズ・Ａ・ロビンソン（鬼澤忍訳）『国家はなぜ衰退するのか——権力・繁栄・貧困の起源（上・下）』早川書房、二〇一三年。

（20） 深圳市福田区委区政府編『解碼深圳・華強北』広州：広東科技出版社、二〇一五年。

（21） アンドリュー〝バニー〟ファン（高須正和訳、山形浩生監訳）『ハードウェアハッカー——新しいモノをつくる破壊と創造の冒険』技術評論社、二〇一八年。

（22）アンドリュー〝バニー〟ファン『ハードウェアハッカー』一六〇頁。
（23）梶谷懐『中国経済講義』。
（24）高須正和・高口康太編『プロトタイプシティ——深圳と世界的イノベーション』ＫＡＤＯＫＡＷＡ、二〇二〇年、一四五—一四七頁。
（25）Counterpoint『全球智能硬件ＯＤＭ産業白皮書』、Counterpoint Technology Market Research、二〇二一年五月。
（26）高須正和・高口康太編『プロトタイプシティ』一四五頁。
（27）片山ゆき「三次分配と保険」『ニッセイ基礎研究所』二〇二二年。https://www.nli-research.co.jp/report/detail/id=73630?pno=2&site=nli#anka1（最終閲覧：二〇二五年二月一三日）。

# 第3部

## 流動する信仰・アイデンティティ

# 第10章　改革開放期中国の民俗宗教
## ――「神、祖先、鬼《キ》」とその霊験

志賀　市子

### はじめに

近現代の中国において、宗教や信仰は長らく、科学的、合理的思考の対極にある非合理的な封建迷信とみなされ、近代化を阻むやっかいな存在として扱われてきた。宗教・信仰に対する国家の抑圧的政策は、早くは光緒二四年（一八九八年）の廟産興学《びょうさんこうがく》運動に始まり、中華民国期以降も、寺廟や宗教職能者を標的とする迷信打破運動が各地で展開された。一九四九年の中華人民共和国の成立後、共産党による宗教・信仰に対する統制や弾圧はさらにエスカレートした。その結果、文化大革命が終結した一九七七年までに、宗教施設や宗教的シンボルはことごとく破壊され、人的資源も奪われ、中国の宗教は、キリスト教、仏教、道教、イスラームといった制度化宗教だけでなく、制度化されていない民俗宗教も含めて、ほとんど壊滅的な状況に陥っていた。

ところが一九八〇年代の改革開放期以降、国家の宗教政策が緩和されると、中国の宗教施設や宗教活動は驚くべき早さと回復力で復興を遂げていった。ちょうどこの時期から、中国大陸での現地調査が実施可能になったこともあって、現代中国における宗教の現状に関する関心は一気に高まった。筆者もまさにこうした動きに触発されて中国宗教研究にはまりこんでいった研究者の一人である。筆者は、一九九〇年代初頭に香港の道教団体の調査を行って以来、その後も香港や広東省の地方都市と農村をフィールドとして調査研究を行ってきた。

現代中国をフィールドとする宗教研究は、全体的な傾向として、人びとが信じ、実践している信仰や儀礼そのものを理解しようとするミクロな視点よりも、宗教をとりまく国家、社会、経済といった外部環境との関わりを通して理解しようとするマクロな視点が主流であった。奈良雅史も指摘しているように、一九八〇年代以降の宗教的領域を対象とする人類学的研究は、国家―社会関係の枠組みを中心に議論が展開されてきた。奈良のいう国家―社会関係の枠組みとは、国家側の抑圧に抵抗して宗教側がいかなる生存戦略を駆使してきたか、異なる意図をもった複数のアクターによって生成されるポリティクスやグローバルなネットワークのなかで、宗教的領域がいかに構築されてきたのかといった問題群を指す(1)。

筆者もまた、国家―社会的な枠組みから中国漢民族の道教や民俗宗教を調査研究してきた研究者の一人であり、もちろんそうした研究の重要性を軽視するものではない。だが、筆者の心にずっとひっかかっていたのは、自分がいま研究し、理解しようとしているのは宗教ではなく、国家や社会のほうなのではないだろうか。人びとが実践している信仰や儀礼のことを、自分は本当に理解しているのだろうか、という疑問だった。

これまで訪れたいずれの調査地でも、筆者をつねに驚嘆させてきたのは、人びとが宗教活動に傾けるひたむきな情熱と集団的なパフォーマンスにみなぎるすさまじい熱気だった。宗教信仰とは、個人的な信念や実践であると同時に、村落や地域社会や宗教コミュニティによる集合的な実践でもあることは古今東西共通しているとはいえ、中国の民俗宗教における集合的な信仰の発露は、並べられる供物の量といい、鳴らされる爆竹の大音響といい、林立する紙製の神像の巨大さといい、その過剰さはしばしばみるものを圧倒する。

筆者がそうした場でつねに思い抱いていたのは、彼らはいったいなぜこれほどまでに篤く信仰できるのだろうか。彼らはなぜこれほどまでに「宗教的」(religious)なのかという問いだった。いや、この問いは次のように言い直されるべきだろう。彼らはどのように「宗教的」なのか。中国の人びとの「宗教性」(religiosity)とはいかなるものなのだろうか。

台湾系アメリカ人の人類学者メイフェア・ヤン(Mayfair Mei-hui Yang)は自ら編集した『中国人の宗教性』(Chinese religiosity)というタイトルの論文集の序章において、なぜreligionではなくreligiosityという言葉を使うのかについて、旧来のreligionが暗に含む二つの有害な区別——すなわち宗教と迷信を区別すること、内面的(個人的)信仰と集合的な宗教的慣習を区別すること——を避けたいからだと説明している。なぜなら、このような分け方は、キリスト教の心と身体を切り離す考え方からきており、中国人の宗教性にはあてはまらないからであると楊は指摘している(2)。

楊のいう通り、中国の人びとが「宗教的である」というとき、そこに含まれるニュアンスは、英語の religious（「信心深い」「敬虔」）のもつ、近代西洋のキリスト教を背景とした個人の内面的かつ精神的な意味での信仰心とは明らかに異なっている。だが、近代キリスト教的な religiosity と対比されると、中国人の「宗教性」は、しばしば「呪術的」「現実的」で、甚だしい場合は「非合理的」「迷信深い」「頑迷固陋」といったネガティブな意味に捉えられてしまいがちである。

本章は、現代中国における人びとの「宗教性」(3)を、道教や仏教などの制度化された宗教ではなく、神や祖先や鬼《キ》の祭祀といった日常の民俗宗教を通して、その実践の根底を支えている「霊験」という観念に焦点を当てて、考察しようとする一つの試みである。改革開放期以降宗教活動が活況を呈していくなかで、人びとは聖なるものをいかに理解し、いかにそれと関わってきたのだろうか。次節ではまず、筆者が三〇年以上にわたって続けてきた広東省のフィールド調査のなかで印象に残っているいくつかのシーンを取り上げながら、中国の政治や社会の変遷とともに振り返ってみることにしたい。

## 1　改革開放期広東省のフィールドから(4)

筆者が香港をおもなフィールドとし、その後背地である広東省を訪れるようになったのは一九九二年以降のことである。この年の初めに、鄧小平が華南地域を視察して改革開放を促す「南巡講話」が行われた。これがきっかけとなって、広東省では外資の積極的な導入が進み、香港と広東省全域とを結ぶ交通網や輸送システムなどのインフラが急速に整備されていった。その変化は経済や産業面にとどまらず、人びとの社会生活に大きな影響をもたらした。宗教の領域にもその変化は及び、この頃から広東省各地では宗教の復興が進み、とみに活性化していった。

　宗教の復興は、地方の無名の廟や祠にも及んだ。広東省の地方の農村や漁村に点在する大小さまざまな祠廟の多くは、仏教、道教といった制度宗教に属しているわけでもなく、宗教活動場所として認可を受けているわけでもない。また文物保護単位や観光名所に指定されているところもごく少数である。多くの祠廟は、地方政府のゆるやかなコントロールを受けながらも、[5]村や社や郷といった基層の地域コミュニティを基盤とし、村民が自主的に組織する地縁や血縁を媒介とした祭祀組織によって自律的に営まれている。

　二〇〇三年から、筆者は広東省東部沿海の海陸豊《かいりくほう》[6]地域を毎年訪れ、民俗宗教のフィールドワークを行うようになった。ある年の夏、海豊県大湖鎮《だいこちん》の湖仔七社《こしななしゃ》という漁村を訪れたとき、海に近い砂地に「顕聖人公媽之墓」と刻まれた墓があった。墓の前には多くの村人が集まり、道士たちが中元普度《ちゅうげんふと》の儀礼を行っていた。中元普度とは、地獄の門が開いてこの世に湧き出てくる孤魂野鬼《ここんやき》（祀り手のいない死者の魂）を祀る盆行事の道教バージョンだが、湖仔七社では「聖人公媽《せいじんこうま》」の祭祀という意味も併せ持っている。祭祀行事を主催するのは、毎年七社の各戸主から選ばれた理事と、そのなかからポエ（筶）[7]を投げて選ばれた三人の総理である。中元普度は一九五〇年代以降「封建迷信活動」として禁止されたが、文化大革命の影響が下火になった一九七五年頃には早くも復活し、一九八〇年には理事会が再結成された。

　祭祀の費用は「丁口銭」、すなわち七社の各村の世帯ごとに、家族成員一人（一丁）につき少額の会費を家族人数分徴収する形式で集められる。二〇〇〇年代の丁口銭は一人当たりわずか一〇元だった。戸主の名前が「中元建醮人丁福榜」と書かれた紅い紙に記載され、丁口銭を払うと名前の右横に「福」の字のハンコが押される。「人丁福榜」の紙は普度の期間中、会所の壁に貼り出される。このほか、「頭屋」（「会首」ともいう）という役職もあり、頭屋に選ばれた人は三五元寄付する。頭屋は、聖人公媽の前でポエを投げ、よろしいという答えが出ればだれでもなることができるが、頭屋は一戸につき一人と決められている。

中元普度の最終日の儀礼は夜を徹して行われる。地面に十数枚のむしろを並べて敷き、その上に浮遊する水陸の孤魂野鬼のための施しの供物を並べ、その間に一列にランタンを並べる。道士たちは非常死の死者を「超度」（供養）する道教の経文を、節回しをつけながら読み上げ、時折、銅鑼や太鼓を打ち鳴らす。ある年、ランタンの光の向こうに浮かび上がる一群の家族に気がついた。地面に敷いたむしろの上に一人の小柄な老女と五、六人の子どもたちが坐っている。老女は、夜中を通して行われる儀礼の間まったく横になることなく、道士の唱える経文を、手を合わせながら一心に聞き入っていた。

同時期、広東省のなかでも最も早く豊かになった珠江デルタ地域では、宗教活動の過熱ぶりを頻繁に目撃することとなった。二〇〇三年から何度か訪れた順徳区龍江鎮《りゅうこうちん》は、かつては魚の養殖や養蚕で栄え、改革開放後は家具やプラスチック製品などを生産する郷鎮企業で潤うようになった地域である。龍江鎮の郷村の一つ裏海郷には明代創建と伝えられる裏海観音堂がある。この廟は民国期まで大変賑わったが、一九四〇年代以降日本軍の侵攻や文化大革命によって荒廃してしまった。改革開放後の一九八四年、村民たちは粗末な小屋を建て、個人の家に保管されていた観音像を祀り、一九九二年に廟を再建した。二〇〇〇年にはその建物が老朽化したため、新しく鉄筋コンクリートの廟を建設した。

裏海観音堂では、旧暦二月に観音の誕生日を祝う観音誕が行われる。観音誕のクライマックスは、

「槍花炮《チョンホアパオ》」と呼ばれる催しである。大きな「鞭炮《ピエンパオ》」（爆竹）を鳴らし、破裂した鞭炮の焼け残った「炮頭《パオトウ》」を観衆が競い合って奪い取る。奪い取った人は決められた金額を観音にお布施し、景品として装飾を施した「花炮《ホアパオ》」を勝ち取る。花炮は家に持ち帰り、神棚に飾っておくと運気がよくなると信じられている。花炮の金額は村民たちにとって決して安い金額ではないが、それでも、鞭炮が破裂するとともに空高く舞い上がる炮頭をめぐって、大勢の村民が真剣に、ほとんどとっくみあいになって奪い合う。「槍花炮」は一九五〇年代から四〇年以上途絶えていたが、一九九〇年代になって復活した。半世紀近い中断期間があったにもかかわらず、花炮を獲得することによって運気がよくなるという信仰はまったく衰えず、だれもが経済的な成功を追い求める風潮のなかで、むしろ加熱しているように見受けられた。

汲喆（Ji Zhe）と宣方（Xuan Fang）によれば、一九九三年の全国統戦工作会議で、江沢民総書記をトップとする中国共産党の指導部は「宗教が社会主義社会に適応するように積極的に指導していく」という文言を盛り込んだ談話を発表し、宗教と社会主義社会の両立という方針を明確にした。その結果、この頃から宗教に関する学術的研究を認める比較的ゆるやかな思想的雰囲気がつくられ、地方においては宗教を利用した観光業やサービス業が発展していった。その後の胡錦濤政権時代には、党が掲げる和諧社会の建設という目標のなかで、宗教が社会の安定や公共の福祉において積極的な役割を期待する楽観的な雰囲気が生まれた(8)。

いま振り返ると、そうした楽観的な雰囲気は、二〇〇八年から筆者がよく訪れるようになった広東省東部の潮汕地域でも感じられた。「善堂」と呼ばれる宗教慈善結社が潮汕各地で復興し、封建迷信活動として禁止されていた「扶乩《ふけい》」(9)儀礼が復活したところもあった。旧暦正月一五日元宵節以降各地で開催される

「拝老爺《パイラオヤー》」と呼ばれる「遊神活動」が、地方政府の肝いりによって年々大規模になっていったことも記憶に新しい。この頃から各地の宗教行事は、非物質文化遺産への登録や観光資源化を目指すようになっていった。

ところが二〇一〇年代に入ってから、宗教をめぐる国家の政策に大きな変化が生じた。二〇一二年に習近平政権が発足してから、それまでの比較的寛容な宗教政策が見直され、宗教に対して指導と管理体制を強化する「宗教の中国化」政策が実行に移されたのである。

二〇一六年からは地方政府の宗教管理業務に対する審査と監督が実施され、違法な宗教活動場所の建設を取り締まったり、宗教者の布教活動に対して規制をかけたりといった、民間の宗教活動に対する規制が強化されるようになった(10)。

しかしながら、筆者が二〇一六年から二〇一九年まで調査地としていた粤西《えつせい》地域（広東省西部）において、少なくとも筆者が訪れた農村の寺廟では、そのような政策が進行中であると感じさせるような出来事に遭遇することはまったくなかった。

粤西地域では、旧暦の正月から二月にかけて、「年例」と呼ばれる大掛かりな醮祭《しょうさい》が各地で開催される。二〇一九年二月、筆者は呉川市黄坡鎮平城村の「年例」を参観する機会に恵まれた（写真1）。平城村には康皇、車元帥、趙元帥、華光大帝などの神を祀る廟があり、これらの神々を乗せた神輿が次々と村の各地区を巡り歩く。年例行事のクライマックスは、廟の前で若者たちの担ぐ複数の神輿が競い合ってみせる勇壮なパフォーマンスである。この地域では、若い世代の多くは深圳《しんせん》や珠海《じゅかい》、広州などの大都市に移住しているが、年例の期間はみな自家用車で、家族総出で帰省してくる。

写真1　呉川市黄坡鎮平城村の「年例」と神輿

（2019年2月、筆者撮影）

平城村では毎年、「年例」が行われる正月の五日から一三日までの九日間、「斎頭《さいとう》」と呼ばれる役目を果たす家をポエで九世帯選ぶ。斎頭に選ばれると、毎晩各地区の神々を家に招いてもてなさなければならない。神々に捧げるたくさんの供物や線香を用意し、毎夜社区で催す宴会の費用も負担する。それだけ出費がかさむ役目なのだが、それでも村人たちはみな斎頭になりたがる。村の世帯は三百戸以上あるので、斎頭になることはおおよそ三三年に一回程度しか回ってこない、大変喜ばしいことなのだという。

ここで改めて、人びとは何のために廟を再建し、宗教活動を復活させるのかについて考えてみたい。農村の、地元の人びと以外にはほとんど知られていない無名の廟であっても、建物や宗教行事の復興目的はさまざまである。市場経済化の進展に伴う海外華僑からの投資や観光資源化を目的とするケースもあれば、宗族や地域住民の威信や地域アイデンティティ誇示のために復興されるケースもある。さらに愛国主義を涵養《かんよう》したり、中華民族の優良伝統を発揚したりする目的で、地方政府のお墨つきを得て復興されることもある。そこには地方政府、宗教職能者、一般信者などさまざまなアクターが関与し、それぞれの思惑が交差する。

だが、研究者がその政治的意図や経済的動機を過剰に追い求めすぎると、現地の人びとにとって廟に参拝し、神々を祭祀するのはいったい何のためなのかという根本的な問いが置き去りにされてしまう。農村の廟やその祭祀行事を支えている人びとの大多数は、地方政府の役人でも富裕な商人でも観光産業に携わっているわけでもない。彼らは普通の農民だったり商売人だったり、あるいは村外に移住しているが祭りのためにわざわざ里帰りする元村民たちである。廟の再建や祭礼の復興によって、何らかの権力が行使できるわけでも、経済的利益を得られるわけでもないのだとしたら、彼らはいったい何を求めて、祭祀活動に参加しているのだろうか。彼らはなぜ必死になって炮頭を奪い取り、高額のお布施をしてまで花炮を獲得しようとするのか。出費がかさむにもかかわらず、なぜみな斎頭になりたがるのだろうか。

試しにその場で、人びとに「なぜ花炮を獲得するんですか?」とか、「なぜみんな斎頭になりたがるんですか?」と質問をしてみたならばどうだろうか? 筆者は実際に尋ねてみたことはないが、彼らの反応は大方予想がつく。彼らは一瞬「え、そんなこともわからないのか」という表情でこちらをみるか、人によっては外国人だからしかたがないというように、面倒くさそうに、こんなふうに答えるだろう。「決まっているだろう、『好霊』(とても霊である)だからだよ」。

「霊《リン》」とは、日本語に翻訳すれば、「ご利益《りやく》がある」「ご加護がある」あるいは「霊験あらたかな」といった意味をもつ。「現世利益《げんせりやく》」という言葉にも表されるように、日本語の「ご利益」には、信心の果報としてこの世で受けることのできる恩恵という意味合いをもつが、中国語の「霊」も相当に「現世利益」的なニュアンスを帯びている。だからといって、「霊」を単純に日本語の「ご利益」と置き換えてしまうと、中国宗教文化において「霊」という言葉で表される現象や概念の、その多様な意味合いや性質が見落とされてしまう。

陝西省の陝北地域をフィールドとし、民俗宗教に焦点を当てた民族誌を描き出したアダム・チャウ（Adam Yuet Chau）によれば、「霊」とは、神霊と信者の関係を理解するための最も重要な概念である。チャウは「霊」を「呪術的な効力（magical efficacy）」と英訳し、信者の抱える問題、例えば家族の病を治したり、ビジネスにおける指針を示したり、干ばつのときに雨を降らせたりするなど、「信者の問題に応答する力」と定義している。(11)

「霊《リン》」――日本語の「霊《れい》」と混同されないためにここでは「霊験《リンイエン》」と呼ぶことにしよう――は、中国の民俗宗教に内在し、その動態性を生み出す原動力ともいうべきものであり、中国人の宗教性を理解するうえで欠かすことのできない重要な概念である。次節ではこの霊験について、宗教的世界観をかたちづくっている「神、祖先、鬼《キ》」という神霊観と併せて考えてみたい。

## 2　「神、祖先、鬼《キ》」とその霊験

漢人の神霊観には大まかに「神、祖先、鬼《キ》」という三つのカテゴリーがあるということを最初に論じたのは、アーサー・ウォルフ（Arthur P. Wolf）等、台湾でフィールドワークを行ったアメリカの人類学者である。なかでもウォルフは、一九六〇年代に台湾北部の三峡で行ったフィールドワークに基づく民族誌的モノグラフを通して、人びとが霊的な存在をどのように認識し、分類しているのかを鮮やかに描き出した[12]。人びとにとって、神とは徳の高い、慈悲深き存在である。神々の体系とは官僚組織のようなものであり、神々への供物は官僚への贈り物のようなものと考えられている。神々のなかでも、生前に高い徳を積んだ人物が神格化したとされる神々――三峡であれば、保生大帝や媽祖など――は、土地公やかまど神といった官僚組織の末端で人びとを監視している神々とは区別され、徳の高さが強調される。

祖先とは、自分が属している父系親族集団「宗族」の先人たち（男性の祖先とその妻）であり、祖先は家族や宗族の一員とみなされ、定期的な祖先祭祀を受ける。祭祀の供物として捧げられる食べ物は、家族の客人をもてなすのと同様に、調理したものが箸や杯とともにテーブルの上にきちんと並べられる。祖先は家族や宗族を守り、繁栄に導いてくれる存在である。

鬼《キ》とは、祀ってくれる子孫を持たない死者や若くして亡くなったり、非常死を遂げたりした死者の霊を指す。本来父系出自集団から婚出すべき娘が未婚で亡くなった場合も鬼《キ》とみなされることがある。鬼《キ》は供物を提供してくれる子孫がないため、乞食のように宿なしで腹を空かせており、時には賊のように人びとを脅かす存在になると考えられている。

神、祖先、鬼《キ》はみな霊力をもち、人間の適切な働きかけ――供物を捧げ、線香や紙銭を燃やして祈る――があれば応じてくれる存在であるが、その霊力はつねに善いものであるとは限らない。神は人間の道徳的に正しい振る舞いに対しては福をもたらすが、不道徳な振る舞いに対しては罰として禍いをもたらす。賊のようなものとみなされる鬼《キ》は邪悪な力を行使し、個人、家族、共同体にさまざまな災いをもたらす。だが、鬼《キ》とされる死者であっても、適切に働きかければ（墓をつくる、供養をするなど）、思いがけない

**写真２　大湖鎮 湖仔七社の聖人公媽**

（2024年９月、筆者撮影）

福がもたらされることもある。

この「神、祖先、鬼《キ》」というカテゴリーは、理念的にははっきりと三つに分かれているが、実践の場になると、それらを分ける境界線は状況によって揺れ動き、神でもあり鬼《キ》でもあり、鬼《キ》でもあり祖先でもあるような曖昧な性格をもった神霊が多数存在する。第一節、第二節で紹介した広東省海豊県大湖鎮湖仔七社の「聖人公媽」（写真２）もその一つである。

海豊県を含む海陸豊地域に多く分布する「聖人公媽」とは、いわゆる「厲鬼《れいき》」、すなわち祀ってくれる子孫を持たず、非常死や怨死した無縁の死者を祀った霊的存在である。その由来については、次のような伝説がある。

あるときこの湖仔七社の漁師が海岸に出て、網で魚を獲っていたところ、網に頭蓋骨がひっかかった。その日から大漁が続き、他の村に売りにいっても、全部さばききれないほどだった。漁師たちは、人骨の顕霊《けんれい》のおかげに違いないと感謝した。この人骨が告げたところによれば、もともと福建の富裕な家の出身で、官吏として都に赴任するため、三八人の家族全員とともに船で出航したが、途中で嵐に遇い、船は沈没し、家族全員が亡くなってしまったという。漁師たちは人骨を砂浜に丁寧に葬り、墳墓を建てて祀った。この聖人公媽は生前医者だったので、どんな病気でも治す力をもっているという言い伝えもある。

この地域では社や村の一角に必ずといってよいほど、このような、聖人公媽と呼ばれる神格を祀った墓や祠がある。その多くが、海から引き揚げられた溺死体や畑を耕していたときにみつかった無祀《むし》枯骨《ここつ》を埋葬したものである。いずれも大変霊験あらたかであるとして、村、社、宗族といった基層の共同体の守護神的存在となっている。

道教の祭祀職能者である道士からみると、旧暦七月の中元普度は孤魂野鬼を供養する儀礼であるが、村人たちにとっては聖人公媽に感謝を捧げる祭祀でもある。聖人公媽は、つねに腹を空かせて漂い、人びとに悪さをする孤魂野鬼を慰撫《いぶ》し、統御する鬼《キ》の王である。聖人公媽は、自身の出自は無縁の骨という「鬼《キ》」でありながら、福をもたらし、村を守護する「神」でもあるという、神と鬼《キ》の境界に位置する両義的な霊的存在なのである。

聖人公媽の「公媽」とは、「阿公」（お爺さん）と「阿媽」（お婆さん）、つまり自身の祖父母や祖先を指す呼称である。この地域ではまた、無縁死者を集合的に埋葬した「義塚」の墓碑に、「古先人之墓」「縁遇古老人墓」「福縁公媽」などと刻まれているのをよくみかける。こうした墓碑銘からは、この地の人びとが、浜辺に流れ着いた遺骸や畑から掘り出された枯骨を、たとえそれらがどこからやってきたかもわからない見ず知らずの死者であっても、かつてこの地に辿りついた自分たちの先人として遇してきたことがうかがえる。

聖人公媽信仰は、香港に移住した海陸豊人コミュニティにも受け継がれている。香港の地に祀られた聖人公媽は現在もなお近隣の海陸豊系住民に信仰され、旧暦七月になると盛大な祭祀が行われている。新しい土地に住み着いたとき、新しい土地での無事と繁栄を願ってその土地の先住者を聖人公媽として祀ることは、海陸豊の人びとが古くから連綿と営んできた習わしであると同時に、海陸豊人というエスニック・アイデンティティのよりどころともなっているのである。

では、無縁死者という最も危険で忌み嫌われる「鬼《キ》」が、なぜ、どのようにして福をもたらす「神」へと変化しうるのか。濱島敦俊は、元代から明代の江南地域において盛行した「総管信仰」――「大尉」「烈士」といった称号を有し、特定の姓をもつ人格神の信仰――を事例とし、鬼《キ》から神になる要件として①生前の義行、②顕霊、③勅封の三つを挙げている。濱島によれば、「生前の義行」とは霊力を含めて常人以上の資質に支えられるものであるが、人が神になるには「生前の義行」だけでは不十分である。生前に義行を積んだ人間は無数に存在するが、そのすべてが死後に神となるわけではないからである。圧倒的多数は無名の鬼《キ》となる。鬼《キ》から神を聖別するのは、死後にその人間が顕す霊異である。つまり、第二の要件として、死後の奇跡や神の顕現といった「顕霊」が必須となる。第一、第二の要件で、実質的に神は成立するが、神の権威を高めるために、第三の要件として、民衆は王朝による「勅封」という要件を必要とする。(13)

ただ、地方志（省や県単位でその地域の地理、歴史、産業、人物などの情報をまとめた地誌のこと）にも出てこないような無名の神明の場合、濱島のいう三つの要件のうち、実質的に満たしているのは第二の

「顕霊」のみであることが多い。第一、第二の要件は多くの場合、後に語り伝えられる伝説や神が自らシャーマンに降りて語る自分語りによって、後から創られていくものだからだ。湖仔七社の聖人公媽の伝説のなかにも「この人骨が告げたところによれば」というくだりがあったが、おそらく乩童《ケイトン》などのシャーマンに降りて、自らの経歴（官僚や医者）を語ったのだろうと考えられる。

海陸豊地域を含む広東省東部には、聖人公媽とよく似た「聖人公《シアナンコン》」と呼ばれる幽霊にまつわる伝説が各地にある。聖人公は、国共内戦で多くの戦死者を出した戦場や一九四三年の大飢饉で全滅した村など大量死の記憶が残る地域で、何万人もの戦死者や餓死者のなかからたまたま地域住民にその姿を目撃され、霊験を顕した死者の霊であることが多い。

陸豊市の海沿いの村に祀られた「王吉山連長公」も、そうした「聖人公」の一人である。王吉山は国共内戦で戦死した人民解放軍の兵士で、一九五〇年にわずかな遺品とともに遺体が発見され、埋葬された。その後たびたび村人にその姿が目撃される（顕身）ようになり、一九七〇年代に復活した扶鸞《ふらん》儀礼《ぎれい》に降臨し、無縁死者を埋葬した義塚「百姓公媽《ひゃくせいこうま》」の守護神として祀られるようになった。村人の話によれば、王吉山連長公は非常に霊験あらたかなので、近隣住民だけでなく、深圳や広州からも多くの商売人が参拝に訪れるという。村では、王吉山が国共内戦で戦死した兵士であることを重視し、二〇〇二年より義塚の隣に王吉山連長公紀念堂を建設するための資金集めを開始した。二〇一一年三月に筆者が訪れたとき、紀念堂には王吉山を想定して描かれた肖像画が飾られていた。

福建省や広東省潮州地域などで話されている閩系《びんけい》方言では、聖人公媽や聖人公の「聖《シア》」（sia）は、標準語の「霊《リン》」（ling）に相当する「顯《ヒアン》」（hieng）と結びついた言葉である(14)。海陸豊の方言でも、聖人公媽が

「好霊《ハオリン》」であることを、「好嚮《ホウヒアン》」と表現する。つまり、聖人公媽や聖人公はただの死者ではなく、何らかの聖性を帯びていると信じられている、いうなれば「聖なる死者」なのである。

中国の民俗宗教における「神、祖先、鬼《キ》」のカテゴリーは固定化されたものではなく動態的なものである。厲鬼という最も忌み嫌われる霊的存在が、霊験を顕すことで聖性が付与され、人びとから尊崇される神の範疇《はんちゅう》に移行する。霊験の力は、その変化をもたらす原動力となる。

台湾の人類学者丁仁傑によれば、霊魂は不滅であることを前提とする漢人の宗教文化では、「経験的領域」（現実世界）と「超経験的領域」（死後の世界）は互いに関連しあっており、霊験とは、二つの領域の相互作用を通して、「超経験的領域」から「経験的領域」にもたらされる影響である。

漢人社会では、経験的領域の社会は父系出自原則によって構造化されており、人は「構造化された」者と「構造化されない」者に区別され、その区別は超経験的領域の世界にも反映される。この世の父系社会で構造化された死者は祖先となり、構造化されない者（例えば未婚の娘）は死後の世界において鬼《キ》となる。だが、生きている間にうまく構造化されなかったからといって、死後の世界に入った後も永久に構造化されないわけではなく、一部の鬼《キ》は神となる。丁によれば、霊験が顕われるのは、霊的存在が「排除された」（エクスクルーシヴ）存在から「包摂された」（インクルーシヴ）存在へ、「構造化されない」存在から「構造化された」存在へと移行するときである。霊的存在がそのようにしてある種の神格に変化していくとき、経験的領域の集団や地域と「同盟関係」を結ぶことがある(15)。

丁の理論に沿って解釈すると、聖人公媽信仰とは、無縁死者という父系社会において構造化されず排除される死者を、最も安定的で包摂された存在である神へと移行させ、共同体の守護神として定期的に祀る

（同盟関係を結ぶ）という一種の儀礼的操作といえるだろう。聖人公媽や聖人公の霊験とは、このような儀礼的操作によって共同体に定期的にもたらされる呪術的な効果であり、人びとはそれを共同体や家族や個人に授けられる奇跡や平安や福禄として感受してきたのである。

## ３　顕現する霊験とその物質的表象

霊験は、目にみえない、かたちを持たない奇跡や平安や福禄として感受される一方で、時には目にみえたり、耳に聞こえたり、具体的なかたちを伴った事象として顕れることがある。濱島敦俊によれば、江南デルタの「総管」「大尉」「烈士」といった称号をもつ地方神の説話が伝える「顕霊」の事象とは、多くの場合、神そのものの具象・可視的な出現である。神は夢枕に立つ場合もあれば、嵐のさなかに空中に出現して、転覆しかかっている船の乗組員に目撃される場合もある(16)。

清代の档案《とうあん》（公文書）資料から、地方官僚によって上奏された神々の「顕霊」の報告の内容を分析した荘徳仁によれば、顕霊とは、神の姿が夢に顕れたり、目撃されたりするだけではない。突然紅い光が輝いたり、声が聞こえたり、さらには異様な匂いが漂ったりすることさえある(17)。中国宗教における聖なる存在や霊的な力との接触や一体化には、必ずといってよいほど、視覚や嗅覚や触覚といった五感を通して体験される身体的感覚を伴う。

近年は霊験の物質性について論じる研究もある。台湾の人類学者林瑋嬪は、その著書『霊力具現』のなかで、神を表象するモノは神像、祖先を表象するモノは位牌だが、一般に孤魂野鬼は無形で、屋外を漂っていると述べている。[18]

「金身」と呼ばれる神像には、それ自体に霊力が宿っているとされる。神像を神輿に乗せて運ぶとき、神輿の動きは台座に座っている神像の意志を現わすものとなる。神輿の動きに身体をゆだねることは、神と意志疎通を図ることを意味している。[19]

台湾苗栗《びょうりつ》県白沙屯《はくさとん》の媽祖廟「拱天宮」では、毎年祖廟である雲林県の北港朝天宮を目指して徒歩での進香（巡礼）を行っているが、そのルートを決定するのは神轎《しんきょう》（神輿の一種）の動きである。白沙屯の進香に使われる轎は、藤の木でつくられた、よくしなる軽いもので、四人の轎夫が前後二人に分かれて担ぎ、銅鑼をもった鑼手《らしゅ》が銅鑼を鳴らしてその動きをコントロールする。神轎がどこで道を曲がり、どこで休憩し、どこで寝泊まりするかは予測がつかない。白沙屯媽祖の徒歩進香が「媽祖帯路」（媽祖が道案内役をする）といわれるのはこのためである。

台湾の人類学者呂玫鍰は、神轎の動きを「パフォーマンス志向的な儀礼」と呼び、その動きは媽祖が示す神諭（神託、oracle）であると指摘している。神轎がみせる予期しないパフォーマンスは、信徒たちに媽祖の降臨を実感させ、新たな媽祖の霊験譚を創り出す機会を提供しているのである。[20]

このほかにも、霊験がさまざまなモノに表象されて可視化されている例は、枚挙にいとまがない。例えば霊験のエネルギーや量は、神前の香炉で焚かれる「香灰」（線香の灰）の熱さや量に表象されている。霊力のエネルギーが香灰の熱量と同一視されていることは、強い霊力をもった廟の香灰を持ち帰り、自宅の香炉に加えて霊力（エネルギー）を補充するという行為に端的に現れている。香灰の霊力は、時間が経つにつれて弱くなっていくので、分廟であればその母廟や祖廟へ、あるいは有名で霊験あらたかとされる廟に行き、香炉の灰を分けてもらう。これを「取火」、または「進火」「刈火」という。台湾各地の媽祖廟の進香団が、台湾媽祖廟の総本山ともいわれる北港朝天宮に定期的に進香するのは、この「進火」のためである。

筆者が白沙屯の媽祖進香に同行したとき、北港朝天宮のなかで「進火」の儀礼が滞りなく終わり、進香団の代表が香灰を収めた箱をもって廟を出ると、残った香灰をもらおうと待ち構えていた大勢の信徒たちが一気に香炉に殺到した。殺気だった雰囲気のなかで、筆者も記念のために香灰を紙に包んで持ち帰ろうとしたが、灰がまだ熱く、紙が焦げそうになる。ぶすぶすと燃える紙をもてあましていると、傍にいた女性が真っ黒になった紙を指さしていった。「それが一番「霊」なんだから、それを持って帰らないとだめよ！」。

霊験の量は無限ではなく、その霊力も時間が経てば弱まってしまう。だからこそ、人びとは争って、できるだけ多くの、できるだけ強いエネルギーをもった霊験を奪い取ろうとするのである。ときには、より多くの世俗的富を「花炮」などの呪物に惜しげもなく投資し、確実に、人よりも多くの霊験を獲得しようとする。

だが一方で、霊験は多くの財富を積めば必ず獲得できるというものではないことも多くの事例が示すところである。湖仔七社の聖人公媽の祭祀には、村人全員が均等に丁口銭を負担し、福（霊験）を公平に分配するという平等原理が働いている。多くの福が得られる会首は、一戸につき一人と限定されており、ポエによる神の承認が必要である。順徳の観音誕で行われる「槍花炮」で、どこに飛んでいくかわからない炮頭を奪い取るには、財力だけでなく、体力や運も必要となる。こうしたルールからは、財力をもった一人の人間が福を独占してはならないという平等主義的な原則が共有されていることが読み取れる。神の霊験はまた倫理主義的でもある。湖仔七社では、道士は儀礼の最後に必ず寄付者の名前と金額を読み上げ、人名や人丁数が間違っていないことを天に報告する。ここには天や神を普遍的な道義とみなし、不正行為には天が感応し、天罰を下すという倫理意識が生きているのである。

## おわりに

本章では、改革開放期の広東省農村地域における民俗宗教の様相を、筆者の一九九〇年代から今日までのフィールドワークを踏まえて振り返ってきた。この三〇年間とは、建国以来ずっと宗教を敵対視してきた中国共産党が、初めて宗教と社会主義社会の共存という方針を明確に打ち出し、宗教をコントロールしつつも、積極的に利用しようとする方向へと模索を重ねてきた時代であったともいえる。

とりわけ中国広東省では、宗教をとりまく寛容で楽観的な雰囲気のなかで、民俗宗教活動が急速な勢いで活性化した。そうしたなかで、人びとの聖なるものへの理解とそれとの関わり方は、二〇世紀の前半七〇年の執拗な啓蒙や弾圧をものともせず、前近代から連綿と伝えられてきたそのままに、いや、以前にもまして増幅しつつあるかのような様相を呈している。

人びとは聖なる存在を「神、祖先、鬼《キ》」というカテゴリーに大まかに分類し、祭祀のしかた――例えば供物の形態、線香の本数、紙銭の種類――を細かく区別したり、異なる表象を賦与することで、それぞれを区別して認識してきた。だが実際のところ、聖なる存在は三つのカテゴリーにすっきりと分類できるものではなく、神でもあり鬼《キ》でもあり、鬼《キ》でもあり祖先でもあるような曖昧な存在が多数存在し、その性格は状況に応じてつねに揺れ動いている。その動態性を利用するかのように、父系社会構造からみれば見ず知らずの、よそ者である鬼《キ》を、社会を脅かすものとして単純に排除するのではなく、先住者、または広義の祖先としてとして遇し、定期的に祭祀を行うことによって、その霊力をプラスに変え、共同体に福をもたらす神へと包摂していくような儀礼的な操作が、民俗宗教には内在している。

中国民俗宗教の宗教性は、物質的な表象を多く伴い、身体的な感覚と強く結びついている。それは無意識レベルにまで習慣化された行動様式、すなわち「ハビトゥス」ともいえるものである。このような信念と実践はそう易々と変化したり、消失したりせず、さまざまなメディアを通して集合的な記憶として共有され、次世代に引き継がれていく。

基層の地域コミュニティが毎年行う神誕の祭祀や正月の醮祭は、子どもから大人まで、コミュニティのすべての成員に、霊験の圧倒的な力を身体に刻み込んでいく格好の機会である。媽祖信仰の発祥の地である福建省甫田地区をフィールドして道教や民間信仰の研究を行ってきたケネス・ディーン（Kenneth Dean）は、神誕を祝う儀礼を中心とした祭礼を挙げ、その様子を次のように描写している。

とてつもない数のさまざまなお供えの食べ物、線香とあらゆる種類のにおい、煙、色、そして音が、儀礼の充塡された空間にほとばしる水の流れのようにあふれている。こうした流れは、物質的な力のように、参加者の身体にインパクトを与え、変容させ、化学反応を引き起こす。延々と続く文化的に特有な身体的なジェスチャーと、激しさを具現化する記憶回路が、競い合いのなかで即興的に演じられる。その子どもは大きくなって霊媒になるかもしれないし、村の代表者や俳優、あるいは儀礼の所作に従って線香を焚く村人になるかもしれない。子どもはだんだんと肉体的なジェスチャーや激情が描き出す軌跡に対してどのように振舞い、反応すればよいかを理解していくだろう。こうしたプロセスは、たとえていえば儀礼的な身体の灌漑ともいうべきものであり、ジェスチャーや声、リズムの激しさやそれらが描き出す軌跡へのチャネルを創り出している(21)。

祭礼を通して儀礼的な身体へとつくり変えられた子どもたちはやがて大人になり、祭礼の主体となっていく。彼らがとりしきる祭礼に、今度は彼らの子どもたちが参加する。宗教性は儀礼を通して、次世代に受け継がれていくのである。儀礼のメディアとしての力は、現代の台湾や香港はもとより、海外の華人社会においても、また中国本土においても、決して衰退してはいない。

宗教性の持続は、辺境の貧しい農村に限られたものではない。ファン・リジュ（Lizhu Fan）とジェームズ・ホワイトヘッド（James D. Whitehead）は、経済特区深圳に居住する都市中間層のスピリチュアリティに焦点を当てた論考のなかで、中国人が伝統的に抱いてきた道徳的、宗教的信念とその実践――道徳性の源泉としての超越的な天、宇宙を活気付けるエネルギー（気）、祖先崇拝、応報思想を中心的な要素として含む――は、現代の都市住民にも依然として引き継がれていると指摘している。またこうした長い伝統をもったスピリチュアルな遺産は、将来的にも、道徳的な資本として存続していくであろうと結論付けている(22)。

習近平政権の「宗教の中国化」政策、すなわち、いかなる宗教も共産党の指導のもとに管理されなければ

写真3　王吉山烈士紀年堂の祭壇に飾られた王吉山の写真

（2024年9月、筆者撮影）

ばならないとする政策は、党の面子をかけて、今後も推し進められていくだろう。ただ、その管理政策を以て宗教性の領域にまで踏み込んでいくことができるかといえば、それはかなり難しいといわざるを得ない。

二〇二四年の夏、筆者は一三年ぶりに陸豊の王吉山連長公を祀った義塚を訪れた。二〇二〇年、元村民や地方史辨公室の尽力により、王吉山が一九五〇年の南澳島《なんおうじま》の戦役で戦死した山東出身の連長であったことが証明され、国家民政部によって正式に「革命烈士」として認定された。義塚の隣の王吉山烈士紀念堂は改修され、中央には以前の肖像画に代わって、カーキ色の軍服を着た若い男性――すなわち王吉山の彩色写真が飾られていた（写真3）。

紀念堂内の展示は、南澳島の戦役や他の革命烈士の紹介など、以前よりも充実していたが、参観者はなく閑散としていた。だが義塚のまわりには、線香や供物を手向ける人びとが相変わらず多く集まっていた。筆者が義塚の写真を撮っていると、初老の女性がどこからきたのかと筆者に尋ねてきた。筆者が日本からきたと答えると、女性は「そんな遠いところから」と驚き、「いいから持っていきなさい」とミネラルウォーターをくれた。筆者が「ここにはよく来るんですか?」と尋ねると、「彼（王吉山）は本当に霊《リン》だからね」と強くいい、次のように付け加えた。「まあ、いってみれば、我々の領導（指導者）である習近平みたいなもんだよ」。

王吉山が革命烈士に認定されようが、紀念堂が愛国教育基地になろうが、そんなことは「老百姓」（庶民）にとってはどうでもよいことなのだ。重要なことは、王吉山が「霊」であるということであり、その霊験に対する信頼は習近平政権への熱い支持にも通底する。このように、人びとが連綿と営んできた「聖なるもの」への理解とそれとの関わり方」やその根底にある「霊験」への期待は、おそらく今後も長く続いていくことだろう。

（1）　奈良雅史「宗教――制度宗教をめぐるポリティクスとグローバルな連関」河合洋尚・奈良雅史・韓敏編『中国民族誌学――一〇〇年の軌跡と展望』風響社、二〇二四年、一九六頁。

（2）　Mayfair Mei-hui Yang, "Introduction," Mayfair Mei-hui Yang ed., *Chinese Religiosities: Afflictions of Modernity and State Formation*. California: University of California Press, 2008, pp. 18–19.

（3）　本章でいうところの「宗教性」とは、宗教的な要素をもった日常的な実践や世界観を含む領域を指すものとする。長谷千代子が「宗教性」の学術的用法として挙げた三種類のうち、三つ目の『宗教っぽさ』のような意味合いで、「形容詞としての性質を強調した用法」とも近い。長谷千代子「いま、宗教をめぐる何が問題なのか」長谷千代子・別所裕介・川口幸大・藤本透子編『宗教性の人類学――近代の果てに、人は何を願うのか』法蔵館、二〇二一年、一六―一七頁。

（4）本節における筆者のフィールド体験に関する記述は、未発表のフィールドノートと既発表の単行本や論文、報告書に基づく。既発表の論考のうち主要なものは次の通り。①志賀市子『〈神〉と〈鬼〉の間――中国東南部における埋葬と祭祀』風響社、二〇一二年、②志賀市子「広東省農村における祭祀組織の復興と現状」（平成一五―一八年度科学研究費補助金（基盤研究（B））研究成果報告書『中国東南部における宗教の市場経済化に関する調査研究：コンテクスト分析による』（研究代表者：佐々木伸一、課題番号15401036）、二〇〇七年、八三―一〇五頁、③志賀市子「道教と現代中国――広東省における地方道教空間の再生と拡大」川口幸大・瀬川昌久編『現代中国の宗教――信仰と社会をめぐる民族誌』昭和堂、二〇一三年、四六―七五頁。

（5）ここでいう社とは、自然村と同レベルか、またはそれよりも下位レベルの集落単位で、社神や土地神を祀る共同体でもある近隣集団を指す。

（6）海陸豊地域とは、広東省東部の海豊県と陸豊県にまたがる地域で、現代の行政区分である汕尾市にほぼ相当する。

（7）「杯珓《はいこう》」ともいい、一対の木片や竹片を投げ、落ちたときの表裏の組み合わせによって占う道具のこと。

（8）Ji Zhe and Xuan Fang, "The 'Sinicization' of Religion: Culture as Political Rhetoric," *Review of Religion and Chinese Society*, 10, 2023, p. 86.

（9）扶乩《ふけい》（扶鸞《ふらん》、扶箕《ふき》ともいう）とは、一人ないし二人の乩手がT字型やY字型の乩筆《けいひつ》を支え、神から降りた啓示を書き記していくシャーマニスティックな技法の一種。

（10）Ji Zhe and Xuan Fang, "The 'Sinicization' of Religion," p. 95.

（11）Adam Yuet Chau, *Miraculous Response: Doing Popular Religion in Contemporary China*, Stanford: Stanford University Press, 2006, pp. 64–65.

（12）Arthur P. Wolf, "Gods, Ghosts, and Ancestors," Arthur P. Wolf ed., *Religion and Ritual in Chinese Society*, Stanford:

Stanford University Press, 1974, pp. 131-182.

(13) 濱島敦俊『総管信仰――近世江南農村社会と民間信仰』研文出版、二〇〇一年、八九―一〇四頁。

(14) Steven Harrell, "When a Ghost Becomes a God," Arthur P. Wolf ed., *Religion and Ritual in Chinese Society*, Stanford: Stanford University Press, 1974, p. 204.

(15) 丁仁傑「霊験的顕現：由象徴結合到社会連盟、一個関於漢人民間信仰邏輯的理論性初探」『台湾社会学刊』第四九期、二〇一二年、四一―一〇一頁。

(16) 濱島敦俊『総管信仰』九一―九二頁。

(17) 莊徳仁『顕霊：清代霊異文化之研究―以档案資料為中心』国立台湾師範大学歴史研究所、二〇〇四年、九四―一〇九頁。

(18) 林瑋嬪『霊力具現――郷村與都市中的民間宗教』台北：国立台湾大学出版中心、二〇二〇年、四〇―四一頁。

(19) 林瑋嬪『霊力具現』六四頁。

(20) 呂玫鍰「伝統的再製與創新：白沙屯媽祖進香的「行轎」儀式與徒歩体験之分析」『民俗曲芸』第一五八期、二〇〇七年、六一、六九―七〇頁。

(21) Kenneth Dean, *Lord of the Three in One: The Spread of a Cult in Southeast China*. Princeton: Princeton University Press, 1998, p. 31.

(22) Lizhu Fan and James D. Whitehead, "Spirituality in a Modern Chinese Metropolis," David A.Palmer, Glenn Shive, and Philip L. Wickeri eds. *Chinese Religious Life*, New York: Oxford University Press, 2011, p.16, 28.

# 第11章　宗族とは何か？
## ――客家地域のフィールドから考え直す

河合　洋尚

### はじめに

本章は、宗族《そうぞく》とは何かについて考えることを目的とする。宗族は、日本では聞き慣れない言葉であるが、中国の歴史学、人類学、社会学などでは、長いこと主要な研究テーマの一つとなってきた。ここでは宗族をめぐる理念モデルに触れつつも、筆者が長年フィールドワークをしてきた客家《ハッカ》地域の事例から、その実態を描き出すとしよう。

宗族は一般的に父系の親族集団であると定義される。具体的にいうと、はるか昔に始祖となる男性祖先がおり、そこから男性の系譜を辿ってつながれる血縁者の集団が宗族と呼ばれる。宗族では共同財産は祖父→父→息子と、父系の系譜を辿って継承される。子孫はその共同財産を使って祖先を祭祀する義務がある。祭祀される対象は、原則的に男性祖先とその妻である。女性は生家ではなく嫁ぎ先の宗族に属す。だが、伝統的には、嫁ぎ先でも族譜《ぞくふ》（家系図）や位牌に名が刻まれることはなかった。

このような原理と理念に基づく宗族は、広大な中国の領土のなかでも、特に南部に分布している。中国北部に宗族がないわけではないが、その数は南部、とりわけ東南部（香港、台湾を含む）に多い。王朝時代に儒教の「礼」（人びとが従うべき社会の規範）を地方に拡げる過程で組織された家族制度が、宗族である。いわば宗族は、かつては国家イデオロギーが強く反映されて形成された親族集団であった。実際、特に明代から清代にかけて中国東南部で宗族を推進したのは、「郷紳《きょうしん》」と呼ばれる儒教を知る地方の知識エリートであった(1)。

中国東南部ではいまでも数多くの宗族があり、実際に現地で話を聞くと、宗族の管理者はほとんどの場合、彼らの親族制度が父系であると語る。現地では男性の系譜を辿る族譜、位牌や墓を容易に目にすることができる。本章がおもな対象とする広東省東部の梅県《ばいけん》も、そのような例に漏れない。そのため、筆者自身も梅県でフィールドワークを始めた初期の頃は、冒頭で挙げた一般的な宗族のイメージを疑うことはなかった。

だが、梅県でフィールドワークを始めて三～四年ほど経ったとき、筆者は宗族とは何なのかが次第にわからなくなった。筆者が専門とするのは社会人類学である(2)。社会人類学は、フィールドワークにおいて親族や共同体などといった社会関係に着目しがちである。そのため筆者は梅県の主要な親族組織である宗族の調査に着手したのだが、年月が経つにつれ、宗族の基本理念である血縁原理や父系原理に該当しない事例に多々気付くようになった。

では、中国では、父系出自集団としての宗族がどのように現地で表れているのだろうか。同時に、血縁で結ばれておらず、父系原理に必ずしもそぐわない実態とはどのようなものなのだろうか。本章は、客家地域を例にとり、従来の教科書通りの宗族モデル（理念）を単になぞるのではなく、宗族の多種多様なあり方（現実）の一端を示していくことにしたい。

## 1　血縁でつながる宗族、血縁を越える宗族

### （1）祖先の発見と非血縁者の加入

宗族は、親族である以上、基本的に血縁と婚姻で結ばれている。しかしながら、宗族のなかには非血縁者が含まれることもある。ここでいう非血縁者とは養子ではない[3]。一見して血のつながりがない「祖先」、および血縁関係にないと宗族の成員自身がみなす「親戚」のことである。ここでは客家の居住地である広東省梅県と台湾屏東県のいくつかの宗族を取り上げていくことにしよう[4]。

梅県は広東省東北部の山岳地帯に位置する。行政的には梅州市の中央部に位置する。公的な見解に基づくと、梅県の住民（外来人口を除く）は九八％以上が客家である。

客家は漢族の一系統であり、通説によれば、かつて中国北部の中原に住み、特に唐代末期以降に戦乱を逃れるため南下した。江西省、福建省、広東省の境界地帯（以下、交界区）は客家の主要な居住地である（図1）。梅県は交界区の中心の一つであり、台湾や東南アジアなど各地に多くの客家華僑を送り出した地

**図1　中国地図における交界区の位置**

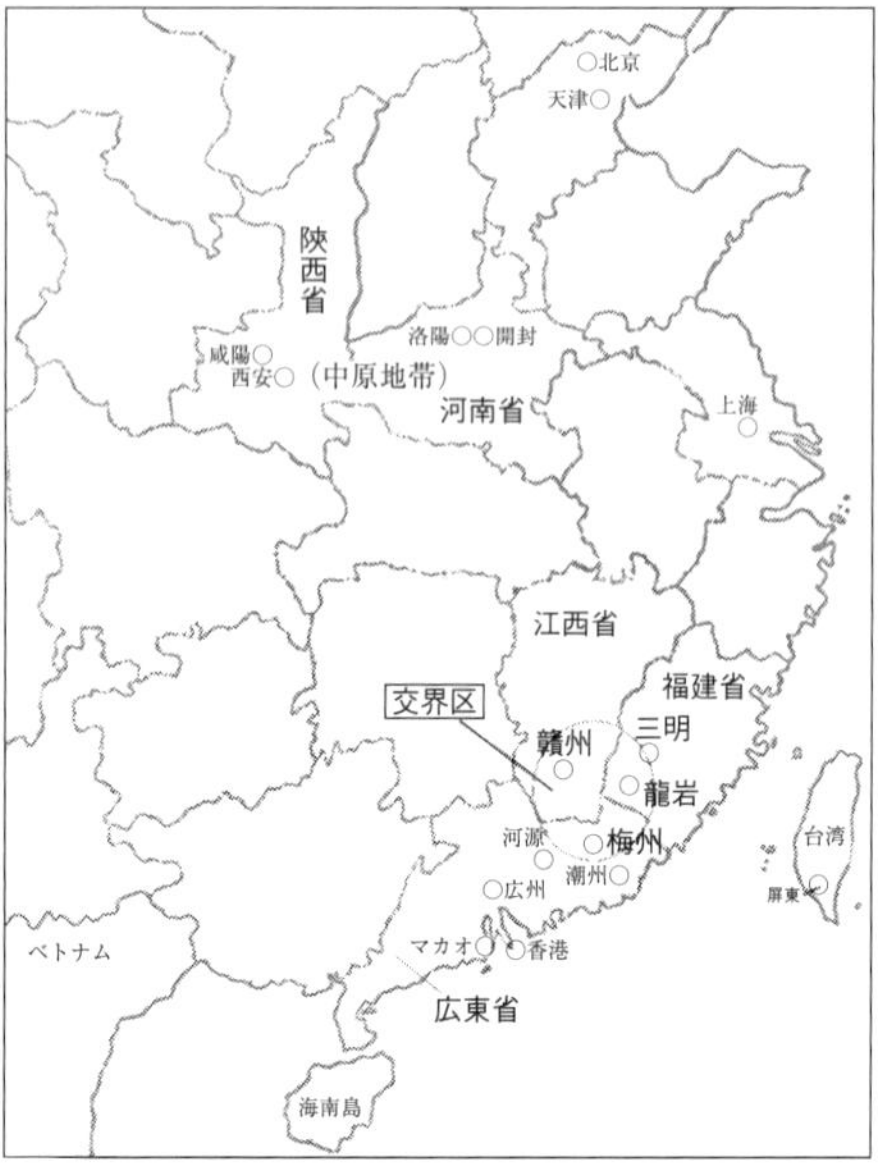


（筆者作成）

として知られる。筆者は二〇〇四年に初めて梅県を訪れ、特に二〇〇八年以降、梅県を主要な調査地としてきた。梅県のなかでも筆者が特に世話になったのが張氏宗族である。

張氏の族譜によると、この宗族の第一世とみなされるのが、黄帝の第五子である張揮である（図2）。ただし、黄帝は神話上の人物であり、漢族は大抵が黄帝・炎帝の系譜に連なる。張氏の人びとも黄帝は想像上の祖先であり、その子である張揮とも本当の血縁関係がないことは自覚している。張氏の間で始祖とみなされるのは、張揮から数えて一二九世代目にあたる張旭紹である。張氏の間では、張旭紹を「第一世祖」として世代深度を数える習慣がある。いま生きている子孫は、張旭紹から数えて第二〇世前後にあたる。明の嘉慶年間に生きた第八世祖・張策は、当時編纂した族譜で次のように著している。

我が張氏の発祥である福建・汀州を源流とし、それを敷衍《ふえん》したが、すでにかなり時が経ってしまい宗族の詳しい系譜がわからなくなっている。そのため、あえて空想して編纂しないことにした。わかる近しい者、すなわち先祖・張六四郎公（旭紹公）は、福建省（＊三明市）の寧化石壁におり、乱世により隣の（＊龍岩市）上杭県来蘇郷に移住した。（＊は筆者加筆）

張策は、張旭紹を始祖とし、それより前の系譜は信用に足りないと明記している。実際、張氏の間では始祖・張旭紹からが血族とみなされており、それより上の世代の祖先はほとんど知られることすらなかった。

**図2 梅県張氏の系譜図**

（筆者作成）

張旭紹が本当に血縁上の祖先なのかどうかは、想像に任せるしかない。だが、張旭紹とその子である二世の墓はなく、張氏の子孫が実際に墓参りするのは、隣の蕉嶺《しょうれい》県にある三世・張万三、四世祖・張伯一とそれより下の世代の墓である（したがって、三世祖や四世祖からが本当の血縁関係である可能性もある）。三世祖と四世祖の墓は、その系譜に連なる子孫によっていまでも共同で祭祀されている。日本の感覚からすると、十数世代前の祖先をともにする遠い親戚と一緒に墓参りするなどありえないだろうが、彼らはいまでも血縁関係のある親族として密に連絡を取り合っている。

長い間、張氏の一族にとって、祭祀してきた最も古い祖先は張万三であった。だが一九九〇年頃になると、さらに古い祖先が祭祀の対象となり始めた。張化孫（以下、化孫公）である。化孫公は張揮から数えて一二二代目にあたる。先述した張策が編纂した族譜で「すでに系譜関係がわからない」とした祖先の一人でもある。

化孫公は中憲大夫という当時の高い位を賜った著名な人物で、福建省龍岩市上杭県に墓がある。世界各地に住む張氏の多くの族譜に登場することもあり、一九七八年末の改革・開放政策で海外からの渡航がたやすくなると、台湾や東南アジアなどに住む華僑が彼の墓に大挙して参拝に行った。それにより、上杭県の政府は化孫公の墓を整備し、福建省上杭張化孫文化研究会を組織して、彼の系譜に連なる族譜を再編纂する事業に着手した。

その動きのなか、一九九〇年頃[5]、筆者がお世話になった梅県の張氏（この張氏の系統を梅県張氏Aと呼ぶ）は、福建省上杭張化孫文化研究会から連絡を受けた。梅県張氏Aも化孫公の子孫であるから、化孫公の墓の集団祭祀に参加するよう誘いを受けたのである。梅県張氏Aにとってこの知らせはまさに青天の霹靂であった。いままで聞いたこともない人物が、突如として自らの祖先であると宣告されたからである。だが、当時関わった一族の人びとによると、「確かに族譜に彼の名があったのでこれに応じた」のだという。その時から化孫公は新たな祖先として発見され、突如として梅県張氏Aが祭祀すべき存在となった。

梅県張氏Aは、一九九〇年代より化孫公の墓の集団祭祀に代表を派遣して参拝するようになったが、それだけではない。梅県では福建省上杭張化孫文化研究会の支部として梅県張化孫文化研究会が組織され、梅県の張姓の人びとが参加し始めた。梅県張氏Aからも宗族の代表者数名が参加し、化孫公につながる張氏の系譜について理解を深めた。そして、これらの活動を通して、それまで「赤の他人」とみなされてきた梅県の系統の異なる張氏宗族が、化孫公という大きな傘の下でまとまり始めた。

例えば、梅県張氏Aと梅県張氏Bは、姓が同じだけで別の系統であったが、いずれも化孫公の系譜につらなる「大きな宗族」の一員であるとみなすようなった。そして、系譜のうえでは同じ「宗族」の一員であると認識するようになった。人によっては、そのつながりでビジネス・パートナーとなったり、一緒に文化活動を行ったりし始めた。

しかし、梅県張氏Aと梅県張氏Bは長いこと「赤の他人」であったこともあり――化孫公の系譜につながる同じ宗族の一員である一方で――血縁者とはみなされていない。したがって、梅県張氏Aと梅県張氏Bの男女が結婚することになったとしても、何ら問題がないのだという。梅県張氏Aの間では、やはり張旭紹が第一世祖であり、少なくとも彼らの認識のうえでは、ここからが真なる血縁者となっている。時として梅県張氏Aと梅県張氏Bは互いに同じ利益を追求する「ビジネス宗族」となっている。

### （2）血縁のズレ、系譜のズレ

それまで「他人」であった者がより大きな宗族の範疇《はんちゅう》に組み込まれていく例は、張氏だけにとどまらない。梅県の楊氏の間でも——形こそ違うが——同様の現象が生じている（楊氏も梅県にいくつかの系統があるが、ここで取り上げる系統を以下、梅県楊氏と称する）。

族譜の記載によると、楊氏は宋代に梅県へと移住した。梅県楊氏の間で始祖とみなされるのは、楊雲岫という人物である。梅県には楊雲岫とその妻が眠った墓があり、毎年、春祭りと秋祭りが子孫の手により開催される。

楊雲岫を系譜上の祖先とするのは、梅県楊氏だけではない。広東省だけでなく、中国南部各地の楊氏のなかには、楊雲岫を祖先とする宗族がいくつもある。梅県楊氏は梅県にある楊雲岫の墓を長年参拝してきたが、特に一九九〇年代以降になると梅県の外の楊氏もはるばる遠くからやってきて、楊雲岫の墓地祭祀に参加するようになった。だが、そのなかには血縁関係も系譜関係も曖昧な一族が少なからず存在する。

一九九〇年代に楊雲岫の墓地祭祀に参加する楊姓の人びとが急増したのは、いくつかの要因がある。交通網が発達したことにより、以前より梅県に足を運びやすくなったのもその一因である。他方で、別の要因として注目すべきは、梅県楊氏による族譜の再編纂の動きである。これには楊雲岫の墓地とその周囲を広場として整備する事業がかかわっている。

一九九〇年代に入り、梅県では都市開発や地域開発が急速に進んだ。それにより、楊雲岫の墓が壊されるかもしれないという危機感が梅県楊氏の間で生じ始めた。梅県楊氏は始祖の墓を守るため、楊雲岫の墓地とその周囲を広場として整備し始めたが、そのためには多額の建設費用が必要であった。そのため、楊氏は族譜を再編纂し、楊雲岫の系譜につながる子孫を探し始めた。そして、楊雲岫の墓の系譜につながる楊姓の一族に墓参りの招待を呼びかけ、また同じ系譜に属する宗族の一員として寄付も募った。これを契機に、梅県楊氏は中国各地の楊氏と新たに面識をもつようになり、(6) 実際に二〇〇〇年代以降の梅県楊氏への寄付一覧(7)の変遷をみると、その寄付者の範囲は広西チワン族自治区、貴州省、雲南省などの西部へと広がっている。

筆者は、楊雲岫の系譜を追って、梅県の外の楊氏をいくつか訪れた。そのうちの一つである広東省普寧市軍埠鎮の楊氏（以下、普寧楊氏）は、楊雲岫の第二〇世代子孫である楊俻道を始祖としている。この普寧楊氏と梅県楊氏は、広場建設の初期から同じ宗族としての交流がある。だが、梅県楊氏が客家であるのに対し、普寧楊氏は潮州人であるという自意識が強い。後者は客家語を話すことができず、祖先が客家であったという伝承もない。むしろ彼らは、祖先の大本のルーツが福建省の莆田（大半の潮州人はここをルーツとしている）であり、梅県はその途中で立ち寄った経由ルートの一つであると考えている。梅県楊氏の族譜によれば、楊雲岫は浙江省に生まれて梅県に赴任した官僚であり、さらに前の祖先が福建省莆田にいたという記載はない。両者は系譜のうえでもエスニック・アイデンティティのうえでも明らかなズレがある。

台湾南部の屏東県にも楊雲岫を祖先とする一族（以下、屏東楊氏）がある。台湾の宗族には「唐山祖」と呼ばれる大陸の始祖と台湾開祖がいるが、屏東楊氏が大陸始祖と仰ぐのが楊雲岫である。その後、楊徳展という人物が台湾の屏東県に移住して台湾開祖となり、その孫である楊及芹が関西堂という祖廟（宗族の位牌を祀る建物）を建てた。そして、その子の楊其潤が付近の楊氏に声をかけ、共同で土地を管理する

「嘗会」を組織し、一九一九年に楊雲岫を祀る祖廟である楊氏宗祠（写真1）を共同で建設した。

注目に値するのは、屏東楊氏は祖廟である関西堂の宗族と、楊雲岫を祀る楊氏宗祠を区別していることである。屏東楊氏にとって関西堂をともにする宗族の成員は血縁者である。この宗族に属す男女が結婚することは許されない。他方で、彼らは楊雲岫を共同で財産を管理するために設けたシンボルにすぎないと捉えている。そのため、楊氏宗祠をともにするそれぞれの系統の楊氏は、広義には同じ宗族の成員といえるが、実際には他人同士であるとみなされている。だから結婚することも可能である。

## （3）宗族は血縁なのか？

ここまで述べてきた事例を整理すると、第一に、宗族の間では遠い祖先を「系譜関係のわからない」どこか遠い存在とみなすことがある。梅県張氏の場合、それゆえ系譜上の一二九世代目の祖先を「本物の始祖」とみなし、そこからが血縁関係にあるとしている。

ただし、遠い祖先が実際の血縁者ではなくシンボル的存在であることは、歴史学や人類学では何ら新しい見解ではない。歴史学者のデビッド・フォール（David Faure）によれば、宗族は、宋代から段階的に発達し、明の嘉靖一五年（一五三六年）に国家が「臣民に祖廟を建設する詔」を発布してから民間で急速に広まった。彼はこの時期に宗族が民間で次々と形成されていった要因としてほかに、当時の急速な経済成長を挙げる。経済成長に伴い、一族の者は土地の所有や財産の管理をする必要に迫られ、父系の系譜でつながる大規模親族集団＝宗族をつくりだした。族譜や祖廟（祖先を祀る建物）はその物的証拠でもあった。宗族はいまでいう家族経営の会社法人に近い機能を兼ね備えていたが、その由緒正しさを証明するため、

写真1　屏東県の楊氏宗祠

（2016年、筆者撮影）

しばしば系譜関係が定かでない著名な同姓人物を始祖として選ぶこともあった。そのため、明朝より前の祖先は基本的には神話・伝説の類とみなしてよいと、フォールは断言する[8]。

また、社会人類学者である牧野巽[9]や瀬川昌久[10]らも、族譜に描かれる遠い祖先が血縁者であるとはかぎらないと述べており、それはもはや人類学者の間でも共通認識にもなっているように思える。

ただし、従来の研究は確かに宗族を権威付けする目的で選ばれた「遠い祖先」が神話・伝承の類であると指摘してきたが、現代社会で「想像上の祖先」が新たにつくられ、その祖先を起点とする系譜が再編成される様相をあまり描き出してこなかったように思える。その結果として、特に一九九〇年代以降、より上位の祖先でつながれるより「大きな宗族」が形成されていったのだが、この「大きな宗族」は複数の「小さな宗族」が集まってできたものであり、互いに血縁関係がなく、しかも時として経済利益を追求する目的でつながっている。また、台湾においても血縁関係のない（と現地でみなされる）「小さな宗族」が、土地をともに共有するという経済目的のために「大きな宗族」を組織している例がみられた。

台湾のこうした「大きな宗族」は、屏東楊氏だけにみられるわけではない。台湾の人類学者である荘英章らは、台湾で散見されるこの種の宗族を契約型宗族と呼んでいる(11)。また、福建省を調査した歴史学者の鄭振満もこの種の契約型宗族に言及しており、それは中国大陸では明の嘉靖年間（一六世紀）から増加したと述べる(12)。ところが、このような「大きな宗族」は存在こそ認知されていても、その実態――特に宗族内部の血縁／非血縁関係――についてはあまり言及されてこなかった。その一因としては、宗族＝血縁者という思い込みが研究者――特に人類学者――の間に強かったことがあるのかもしれない。例えば先述した牧野は、血縁関係がなくそのことをはっきり知っている同姓の人たちが集まる組織（いわゆる契約型宗族）を「聯宗組織」、彼らが建てた祖廟を「合同祠」と呼ぶが、聯宗組織は宗族ではないと断言し、合同祠についても深く探求していない(13)。

だが、先の事例にみるように、フォールがいうビジネス・モデルの宗族（もしくは鄭らのいう契約型宗族）は、過去だけでなく現代にも出現している。明らかに宗族は、親族が血縁に基づき自然に形成されるだけではなく、その時代の政治経済的な要求により形成される側面もある。むしろ時として非血縁者を抱え込み拡大していく宗族の姿にも、我々は一層注目していくべきだろう。

## 2　女性の主体的な参与、父系を越える宗族

### （1）宗族において女性は脇役か？

理念上、宗族は父系であるため、女性は表舞台には出てこない、または立場の弱い存在であると描かれることが少なくない。台湾の人類学者である陳其南は次のように述べる。

> 女性が家族と房の成員資格を取得するためには、結婚しか道がない。同姓不婚と夫方居住の婚姻原則によって、女子はその父親の家族から婚出し、異姓の夫と同居しなければならない。……（中略）……女子は生まれたその日から他人のもので、他人の家で死ななければならない[14]。

この描写はまさに宗族の理念型を反映させたものといえる。宗族は父系出自集団であるため、原理上、女性は生家の宗族ではなく、嫁ぎ先の宗族の一員となる。そして、嫁ぎ先の宗族のために子孫を残し、死後は夫の妻として崇拝される。

このような親族制度のもとで、女性は立場が弱く、苦しい人生を送ることもある。その一方で、これまで人類学者は、宗族の女性に焦点を当て、その生き生きとした姿を描き出してきた。女性の実家である姻族の影響力の強さに言及した民族誌も多い[15]。梅県でも女性は宗族制度の脇に置かれることがあるし、実際にそのように現地で語る人びともいる。だが筆者は、梅県でフィールドワークを続けていくうちに、本当

に宗族は父系原理なのかと疑うほど女性が重要な役割を担うことがあることも同時に実感するようになった。

### （2）客家地域における女性祖先崇拝

その一つの事象が女性祖先崇拝である。冒頭で述べた通り、通常、宗族では父系原理に従って男性祖先の墓をつくり、女性はその妻として――半ば補助的に――合葬される。そうした墓地は、梅県では至る所にある。しかし、フィールドワークを進めるにつれて知ったのは、実は梅県では女性祖先を単独に祀る墓も少なくないという事実である。さらに驚くことに、梅県とその近隣の客家地域では、女性祖先の墓への参拝が男性祖先以上に重視されることがある。

例えば、梅県の張氏では、第三世・張万三をはじめとする男性祖先を参拝するが、同時に七世祖の妻・丘氏の墓（写真２）と九世祖の妻・葉氏の墓も参拝する。その規模は、夫である七世祖や九世祖をはるかに超えている。丘氏と葉氏はともに多くの子どもを産み、長生きをしたというので、生命力に溢れているとみなされているからである。

ほかにも同じ梅県の黄氏は、男性始祖の墓でなく、その妻である女性の墓を参拝してきた。男性始祖の墓は、どこにあるかわからない状態になっているのだという。

梅州市蕉嶺県の徐氏宗族でも女性祖先への参拝が重視されている。族譜のうえで徐氏の始祖は男性の徐探玄であるが、彼の墓の横には妻の田氏とその母・劉氏の墓も個別にある。写真３で示すと、徐探玄の墓が左手、妻・田氏の墓が中央、その母・劉氏が右手である。女性の祖先が、儒教原理で高位にあたる中央

写真2　梅県張氏七世祖の妻の墓

(2016年、筆者撮影)

写真3　蕉嶺徐氏の墓地

(2016年、筆者撮影)

に座しているのも興味深い。子孫は清明節の墓参りのときに、劉氏→田氏→徐探玄の順に祭祀し、女性祖先への参拝のほうがむしろ盛大に行われる[16]。

女性祖先を単独に祀る例は、広州市沙湾鎮の何氏など、客家地域以外の事例でも散見される。こうした事象は、広東省だけにとどまらず台湾でもみられる。台湾中部の事例をいくつか挙げていくとしよう。台中市の客家居住地である石岡区には、土牛館という観光化された集合住居・三合院がある。ここでも女性の祖先が単独で祀られている。また、石岡区に隣接する東勢区の林氏には五つの墓があるが、そのうち三つが女性祖先の墓である。多くの男性祖先の墓はどこにいったかわからなくなっており、伝統的には女性祖先の墓を丁重に参拝してきた。こうした例は台湾の客家地域では枚挙に暇がない。

台湾・雲林県の客家居住地では別の話を聞いた。ここには福建省南部の詔安県から移住した廖氏宗族がある。ここの始祖とみなされているのは張姓の男性であるが、妻が早くに亡くなったので、娘しかいなかった廖氏に婿入りした。前妻との間にできた息子たちも呼び寄せ、彼の死後は張姓を名乗ることにしたが、結局は廖姓を名乗り続けている。この宗族は現地では「張廖」とも呼ばれ、張姓を名乗ることも許されている。祖廟では、張氏の始祖の妻方の位牌も参拝されており、そのなかには女性祖先の名前もある[17]。

### (3) 生家における女性の祖先祭祀

次に、祭祀される側の女性ではなく、祭祀する側の女性に注目してみよう。

繰り返すと、父系を理念とする宗族において、女性は生家ではなく、嫁ぎ先の宗族の成員となる。嫁ぎ先の宗族では子孫を残し、祖先祭祀のときには嫁が「補助役」として儀礼や食事の準備を甲斐甲斐しく行う。このような姿は、梅県でもよくみかける光景である。さらに、梅県では嫁が線香をもって夫方の祖先を祭祀する姿も普通にみられる。宗族の人びとの話によれば、嫁が祖先を祭祀する行為は、民国期（一九一二—四九年）にも頻繁にみられた。夫が外に出稼ぎに行くことが多かったため、夫方の祖先を守るのはむしろ嫁の義務であったのだという。

宗族の原理において嫁が祖先祭祀で陰に陽に重要な役割を果たすのは、それほど不思議なことではないかもしれない。それ以上に筆者がフィールドで驚かされたのは、婚出した女性が生家に戻り、祖先祭祀をするパターンが珍しくなかったことである。宗族の理念によれば、女性は嫁ぎ先の宗族の一員となるはずである。だが、彼女たちはすでに出たはずの生家に戻り、祖先をお参りしたり、寄付をしたりする。こうした事象は台湾の客家地域でもみられるが、ここでは再び梅県の張氏と楊氏に戻るとしよう。

張氏と楊氏にはいずれも宗族の基金会があり、実質的に宗族の活動を運営している。近年、族譜や位牌に女子の名を刻もうとする動きが出現しているが、それだけなく張氏と楊氏では一族の女性が基金会の理事に着任している。張氏の理事を務める女性は、すでに婚出しているが、知識人であるということで生家の宗族の運営の一翼を担うようになった。楊氏の理事を務めるのは香港在住のいわば遠い「親戚」で、婚出もしているが、彼女とその兄が多額の寄付をしたというので理事に収まった。

結婚しても生家に戻り、生家の祖先を参拝する姿は、梅県では何ら珍しくない光景である。彼女たちは生家に戻り、寄付をすることもある。中国の宗族の祖廟では祖先崇拝の時になると赤い紙に寄付者一覧を貼る。そこで記載される氏名には女性の名が少なくない。この寄付者一覧で書かれる女性の名前には、婚出した女性が含まれている。梅県では、世帯で寄付する場合は夫の名義を使うことが多い。そのため、筆者は寄付した女性が誰なのか逐一調査をしたことがあるが、宗族原理ではすでに「よそ者」となっているはずの多くの娘たちが生家に寄付をしていた。生家の宗族もそれを拒むことなく、「彼女たちは我々家族の一員なのだから当然だ」と語る。

一九九七年一〇月、梅県張氏では先述した七世祖の妻と九世祖の妻の墓を修築したことがあった。その時、国内外の子孫から約二万一八〇元（当時のレートで三〇万円相当）の寄付金が集まったが、寄付者のなかには嫁や娘など女性が少なくなった。一般的にイメージされる宗族の祖先祭祀とは、男性子孫が中心となって男性祖先を祀るといったものである。しかし梅県では、女性の子孫が積極的に参与して女性祖先を祀る光景もみられるのである。

## おわりに

本章は、筆者が長年フィールドワークを行っている客家地域の事例から、宗族のさまざまなあり方を示した。繰り返すと、本書で挙げた諸事例に筆者が自覚的になっていったのは、フィールドワークを始めてしばらく経ってからのことである。

梅県やその周辺地域では、これまでイメージされてきた父系原理の宗族の姿が当然のことながら目に止まる。どの宗族を訪れても系譜や財産継承は祖父→父→息子と男性の系譜を辿っており、娘たちは婚出して嫁ぎ先の宗族に属すと語られていた。宗族の基金会はほとんどが高齢の男性で占められており、墓や位牌の「主人公」は男性祖先であった。

しかしながら、フィールドワークを続けていくうちに、筆者は、必ずしも従来の宗族の概念枠組みに当てはまらない事象に気付くようになった。本章で取り上げたのはその一部である。宗族は、ある角度からみると父系理念で支えられる血族集団なのであるが、別の角度からみると血族でもなければ完全に父系といってよいのか疑わしい部分もある。

理念と現実とは分けて考える必要がある。これは社会人類学の基礎であるが、実際には既存の枠組みから外れる事象を捉えるのはそれほどたやすいことではない。宗族は「血族であり」「父系原理である」という前提（理念型）でもって現地をみると、どうしてもその枠組みに合うものばかりが目に入り、そうではない事象を見落としてしまう。筆者がフィールドワークを始めて三年以上も非血縁者の加入、女性祖先崇拝の盛行、婚出した娘たちの貢献に気付かなかったのは、既存の宗族モデルに拘泥していたからである。

筆者は本章で取り上げた宗族実践を、「例外」の一言で片付けるべきではないと考えている。冒頭で述べたように、宗族はかつて国家が儒教の「礼」を用いて親族秩序をつくりあげようとしたイデオロギーの産物である。宗族であるかぎりその制度やイデオロギーが反映されるのは当然だが、すべてがその親族秩序におさまるわけではない。だからこそ、宗族という概念境界からはみ出る実践が出てくるのだ。社会人類学はそれを捉えていく必要がある。

筆者は宗族が血縁集団ではない、父系ではないとまで断言する気はない。宗族は血縁集団であり父系理念を根幹とするという通説は、大枠としては正しいといえる。だが他方で、時として非血縁者がその範疇に入り込んだり、婚出した女性が生家に戻り支えたりする、多種多様な実践を捉えていくことも重要であろう。宗族とは何かを理解するためには、時として理念型から零れ落ちる実態を柔軟に捉えていくことも必要であると筆者は考えている。

宗族とは何であるのか。この問いを今後さらに深めるため、筆者が現在関心を抱いている二つの視点を述べることで、本章を終えることにしたい。

一つは、宗族と物質との関係を捉え直すことである。宗族は、一方で父系出自集団というイデオロギーに基づき組織される親族集団であり、それは族譜、墓、祖廟といった物質として現れる。これらの物質には父系の系譜が明確に現れる。だが他方で、女性祖先の墓に生命力を見出したり、生家の家廟に愛着や所属意識を見出すために婚出した娘たちが寄付をしたりするなど、宗族の一員がどのようにモノや〈場所〉[18]とかかわっているのかを見出すこともできる。これらを丹念に調査することで、宗族の概念境界を越えるさまざまな実践を見出していくことは、筆者の現在の関心の一つとなっている。

もう一つは、ビジネス・モデルとしての宗族が出現する社会経済的背景を歴史的に探求することである。本文中で挙げたように、血縁型ではなく目的達成型の宗族――契約型宗族――が増加したのは明の嘉靖年間であった。では、なぜ嘉靖年間なのだろうか。筆者は、そのヒントの一つが銀の流通にあるのではないかと推測している。嘉靖年間というとガレオン貿易が活性化し、南米のポトシ銀山の銀がペルーのカヤオ→メキシコのアカプルコ→フィリピンのマニラなどを経由して中国東南部に大量流入し始めた時期である。[19]この時期に宗族が増加したことはまったくの偶然なのだろうか。

筆者はなぜ宗族の分布が中国東南沿海部に偏っているのかかねてから疑問に思っている。もし儒教の「礼」のイデオロギーをもって中国周縁部の親族組織を再組織化することが宗族形成の目的ならば、中国の西部に宗族がもっと多く分布してしかるべきであろう。中国だけをみていては、宗族がなぜ中国東南沿海部で特に発達したのか説明することができない。宗族研究の次なる課題は、中国研究を越え、むしろ「海」から中国を捉え直すことなのかもしれない。詳しくはいずれ別稿で述べたいが、筆者は景観人類学の視点と方法からこの疑問に取り組むことを新たな課題としている。このような課題を通して、宗族とは何なのという問いをさらに深めていきたいと考えている。

（1）科大衛・劉志偉「宗族与地方社会的国家認同――明清華南地区宗族発展的意識形態基礎」『歴史研究』二〇〇〇年第三期、三頁。

（2）近年、社会人類学は文化人類学とほぼ同じ意味で使われることも増えてきたが、筆者は社会関係の調査を研究の根幹に置くことが社会人類学の特徴であると考えている。

（3）宗族は原則的に血縁者（甥など）から養子をとる。

（4）本章で取り上げる梅県および台湾の例のいくつかは、河合洋尚『〈客家空間の生産〉――梅県における「原郷」創出の民族誌』風響社、二〇二〇年、および河合洋尚「広東省客家地域における女性祖先崇拝と宗族の形成」『中国21』第五四号、二〇二一年、一〇三―一二五頁にも記載されている。

（5）張氏の管理委員会に話を聞いたところ、一九八九年と述べる者と一九九〇年と述べる者に分かれていた。文字資料からは一九九〇年には招待を受けていたことが確認できた。

（6）同時に、明らかに客家ではない楊姓の歴史上の人物を祖先とみなしはじめた経緯もあるが、ここでは詳細を述べない。

（7）梅県楊氏が自ら刊行している『簡報』に基づく。

（8）Faure David. "The Lineage as Cultural Invention: The Case of Perl River Delta," *Modern China*, Vol.15, No.1, 1989, pp.4-36.; 科大衛「国家与礼儀――宋至清中葉珠江三角洲地方社会的国家認同」『中山大学学報（社会科学版）』一九九九年五期、六五―七二頁。

（9）　牧野巽『牧野巽著作集五――中国の移住伝説、広東原住民考』御茶の水書房、一九八五年。
（10）　瀬川昌久『族譜――華南漢族の宗族・風水・移住』風響社、一九九六年。
（11）　荘英章・陳運棟「清代頭份宗族与社会発展史」『国立台湾師範大学歴史学報』一〇期、一九八二年、一―二二頁。
（12）　鄭振満『明清福建家族組織与社会変遷（第二版）』北京：中国人民大学出版社、二〇一二年。
（13）　牧野巽『牧野巽著作集1　中国家族研究（上）』御茶の水書房、一九七九年。
（14）　陳其南（小熊誠訳）「房と伝統的中国家族制度――西洋人類学における中国家族研究の再検討」瀬川昌久・西澤治彦編『中国文化人類学リーディングス』風響社、二〇〇六年、一九九頁。
（15）　その研究の動向については、次の二つの論文で詳細な紹介がある。佐藤若菜「中国本土・台湾の漢族に関する一九九〇年代以降の親族研究――女性に着目した新たな動き」『社会人類学年報』第四四号、一三一―一四六頁、二〇一八年／堀江未央「ジェンダー――「家父長制」の軛を越えて」河合洋尚・奈良雅史・韓敏編『中国民族誌学――一〇〇年の軌跡と展望』風響社、二〇二四年、七五―九〇頁。
（16）　広東省東部客家地域の女性祖先崇拝については、次の文献に豊富な事例が掲載されている。夏遠鳴（河合洋尚訳）「広東省客家地域における女性祖先崇拝と宗族の形成」『中国21』第五四号、二〇二一年、八三―一〇二頁。
（17）　台中市東勢区および雲林県の事例は二〇二四年六月に実施した現地調査の情報に基づく。石岡区の土牛館には二〇〇九年以降、六度訪れ参与観察を行っている。
（18）　ここでいう〈場所〉とは歴史記憶、社会関係、愛着、所属意識が付与された物理的な地点を指す。近年の人類学で用いられるこの〈場所〉の概念について、詳しくは以下の文献を参照のこと。マルク・オジェ（森山工訳）『同時代世界の人類学』藤原書店、二〇〇二年。河合洋尚『景観人類学入門』風響社、二〇二〇年、一六―一九頁。
（19）　ガレオン貿易とは一五六五年から一九世紀初頭まで存在していた太平洋を横断する貿易で、スペイン領であったフィリピンのマニラとメキシコのアカプルコを結んでいた。マニラは中国東南部、アカプルコは南米ともつながっており、中国の製品が新大陸に流通し、新大陸の銀が中国に流通する助けとなった。

# 第12章　エスニック・アイデンティティの多元性
## ――広東省珠江デルタの人びとを例に

長沼さやか

### はじめに

中国の漢族には、言語や出身地、風俗習慣が異なる地方集団（エスニック・グループ）が多数ある。中国という国家を外側からまなざす場合、私たちは「漢族」や「中国人」といった大枠でその文化やアイデンティティを理解しようとしがちである。しかし、地域社会に目を向けると、言語や出身地の異なるエスニック・グループへの帰属や、それらが互いに織り成す関係は、「漢族」や「中国人」といったナショナル・アイデンティティよりも身近で、人びとの暮らしとかかわっていることがわかる。そこで本章では、筆者が二〇〇〇年代前半からフィールドワークを行ってきた広東省珠江デルタにおいて、どのようなエスニック・グループが存在し、互いにいかなる関係を築いてきたのかについて述べる。また、それらが「漢族」や「中国人」といったナショナル・アイデンティティといかにして並存しているのか考え、人びとの集団的帰属（エスニック・アイデンティティ）の多元性について論じる。

## 1　漢族とはだれか

### （1）漢族＝漢語を話す人びと？

中国に暮らす人びとは政府が公認する五六の民族のいずれかに分類されている。これら五六民族のなかで最多を占めるのが漢族である。中国の国家統計局が毎年発表している『中国統計年鑑』には、二〇二一年版まで民族別の人口統計が掲載されている。これによれば、二〇二〇年時点で漢族の人口はおよそ一二億八四〇〇万人であった。同年時点で全人口はおよそ一四億人であったため、その九一％が漢族ということになる[(1)]。この数字から、漢族は世界最大の民族集団ともいわれる。しかし、その巨大さゆえに「漢族とはだれか」という問いに答えることは非常に難しい。

仮に、漢族とは漢語（中国語）を話す人びとと定義してみる。すると、漢語のなかの無数の「方言」に触れないわけにはいかなくなる。漢語の「方言」の違いは、漢字表記が同じでも発音は異なるというレベルに留まらない。例えば、中国南部で話される閩南語《びんなんご》[(2)]（福建語）や広東語は、発音はもとより語彙・語法も独特で、漢字表記すらできない口語の単語も多い。これらと北京語ベースの標準中国語（中国語で「普通話」）とは互いに外国語といってもよいほど異なっており、両方の話者の間では意思疎通がほとんどできない。こうした「方言」が話される地域では、人びとはたいてい家庭や生まれ育った環境では母語である「方言」を話し、学校で第二言語として標準中国語を学ぶ。他地域の出身者と出会う機会のある大学や職場などでは標準中国語で会話して意思疎通をはかるのである。

こうしてみると、漢族とは漢語を話す人びとと説明できたとしても、その漢語自体が外国語並みに異なる言語をいくつも内包していることがわかる。では、このように多種多様な言語を母語とする人たちを漢族と集合的に呼ぶようになったのは、どういった経緯からだったのだろうか。

### (2) 漢族という「想像の共同体」

中国において「漢族」、あるいは「漢民族」というカテゴリが用いられ始めたのは二〇世紀になってからである。そのきっかけは、一八九〇年代に近代ヨーロッパ由来のネーション（nation）の概念が、その日本語訳である「民族」という語句とともに中国にもたらされたことであった。その後、一九一二年に清が滅亡し、共和制国家の中華民国が誕生した。さらに、一九四九年には中国国民党との内戦に勝利した中国共産党が中華人民共和国を建国し、現在に至っている。それら二つの国家において「多民族国家」の理念が醸成されてゆくなか、政治的に生み出されたのが「漢族」というネーションである。

ネーションとは、起源、歴史、神話、宗教、言語などの文化を同じくする人びととの共同体であるとされ、これが意思決定主体となって国家を運営することを是とする思想をナショナリズムという。しかし、それらネーションの文化的同質性はメディアや教育などにより政治的に産み出されたものである。そうした文化的同質性を背景に人びとはネーションへの帰属意識を高めたり、同じネーションに属する人に親近感や仲間意識を感じたりする。

政治学者のベネディクト・アンダーソン（Benedict Anderson）はネーションを「イメージとして心に描かれた想像の政治共同体」と定義している[3]。つまり、ネーションには一度も対面したことのない他者を、同胞と承認する想像力が備わっている。そして、「漢族」もまさに「想像の共同体」である。例えば、満洲人の王朝である清を打倒して漢人の国家を興すべきとする「排満興漢《はいまんこうかん》」の風潮が高まった二〇世紀初頭から、漢族とは神話時代の皇帝・炎帝と黄帝の子孫（炎黄子孫）であるとする言説が唱えられるようになった。このような神話的言説に依拠して民族の同質性が強調される背景にも、実証不能で不確実な部分を忘却、あるいは埋め合わせてつじつまを合わせる想像力が作用している。

このように国家が漢族の統合を図る背後で、漢族というカテゴリに位置付けられる人びとは方言や出身地が異なるエスニック・グループ同士で時に排除や競合の関係を築いてきた。そのようなエスニック・グループへの帰属（エスニック・アイデンティティ）や他グループとの関係性は、漢族という統合されたネーションへの帰属といかにして並存するのだろうか。広東省珠江デルタの事例を取り上げながら考えてみたい。なお、本章では近代以降のネーションとして用いる場合には「漢族」と表記するが、ネーション以前からあり、皇帝を頂点とする王朝の担い手や儒教的規範を身に着けた知識人などを意味する言葉として用いる場合は「漢人」と表記することにする。

## 2　珠江デルタと漢人社会

## （1）広東省および珠江デルタの概要

さっそく、広東省珠江デルタの概要から説明することにしよう。広東省は中国大陸の南部に位置し、東は福建省、西は広西チワン族自治区、北は南嶺山脈（または五嶺山脈）を隔てて湖南省や江西省と隣接し、南は南シナ海に臨む。その形は東西に細長く、海岸線の長さは四〇〇〇キロメートルを超え、中国全省において最長である。また、広東省中部には広大な珠江デルタが広がっている。珠江とは、雲南省を水源として貴州省、広西チワン族自治区、広東省西部へと流れる西江、南嶺山脈を水源として広東省東部を流れる東江、同じく南嶺山脈を水源として広東省北部を流れる北江とを合わせた呼び名で、これら珠江水系の土砂が堆積してできたのが珠江デルタである。

珠江デルタでは、古くから人びとが珠江水系の川辺や川中にできた沖積低地を干拓し、耕作地などに利用してきた。産業構造が大きく変化した改革開放以降は、広州および経済特区の深圳《しんせん》、珠海などを中心に工業化が進み、干拓により生み出された広大な農地の多くが工業用地へと転換した。これら工業地帯に他地域から膨大な数の働き手が訪れるようになったことで、珠江デルタは中国有数の人口密集地帯となり現在に至る。また、珠江デルタは一九世紀半ばから外国植民地となった香港、マカオに近く、これらの地を経由して海外に渡った移民が多いことでも知られている。

ところで、広東省人民政府によれば、二〇二二年末時点で広東省に戸籍をもつ人[4]（常住人口）に占める少数民族の割合は三・四九％であったという。[5]つまり、残る九六・五一％は漢族ということになる。このように現代では住民の大多数を漢族が占める広東であるが、歴史を遡るとかつては「百越」と称されるさまざまな非漢人が暮らす「化外《けがい》の地」（文明化していない土地）であった。その理由は、中国大陸における

図１　中国大陸における珠江デルタの位置

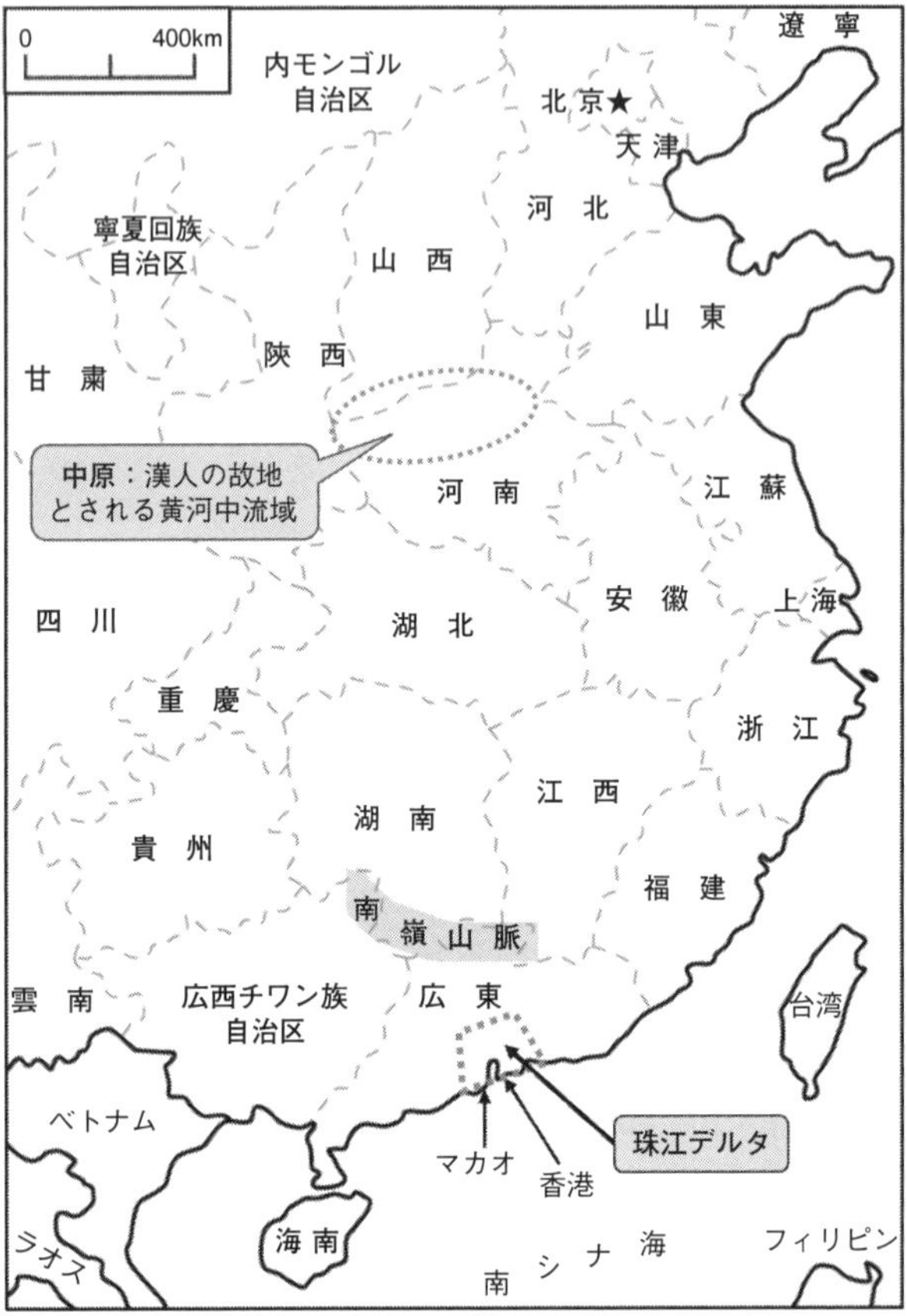


（筆者作成）

珠江デルタの位置を示した図1をみるとわかりやすい。黄河中流域の平原（現在の河南省を中心とした地域）は「中原」と呼ばれ、漢文明の発祥地であり漢人の故地であるとされている。その中原から広東省珠江デルタまではおよそ一五〇〇キロメートルの距離があり、さらに広東と広西の北側一帯には南嶺山脈が横たわっている。この南嶺山脈より南の広東と広西は「嶺南」または「嶺外」、「嶺表」（「表」は外側の意）などと称され、中原を中心に栄えた漢人王朝の支配が行き届かない辺境とみなされていた。しかし、中原における人口増加や北方異民族との抗争、戦乱等を背景に漢人の領域が南方へ拡大すると、次第に嶺南にも漢人移民が流入した。さらに、それら移民がもたらした漢文化を先住民が受容することにより、次第に広東は漢人社会へと変貌したという。

### （2）広東漢人の三大民系

広東には、祖先が中原から広東に至った経緯を示す移住伝説や、話す言語の違いから「本地《ブンディ》」[6]（または「広府」）、「客家《ハッガー》」、「潮汕《チュウサン》」という三つの漢人のグループがあるとされる。広東ではこれを「三大民系」[7]と呼ぶので本章もこれにならう。三大民系のうち、もっとも古く広東に定着したとされるのが本地人（広府人）である。本地人は、明清時代に広州府（略して広府）という行政区が設置されていた珠江デルタ周辺に住み、「白話《バッワー》」または「広州話」と呼ばれる広東話を話す。その祖先は広東省北部の南雄珠璣巷という土地を経由して、中原から珠江デルタに移住したとされる。広東の社会史研究者によれば、珠江デルタにおいて漢人意識をもつ集団として本地人が成立したのは明代（一三六八―一六四四年）の一六世紀であるという[8]。ゆえに、広東が漢人社会となったのもこの時期であるといわれている。

ところで、本地人とは「地元の人」を意味し、対して客家は「よそ者」を意味する。その名が示す通り、客家は本地人よりも後に広東に至り、すでに本地人が入植していたデルタの平地ではなく、開拓途上の山地などに定着した。客家は客家語を話し、祖先は福建省寧化県石壁を経由して広東に至ったとされる。さらに、潮汕人とは明清時代に潮州府という行政区が設置されていた広東東部に多く居住しており、「潮州話」、または「潮汕話」（潮州と汕頭《スワトウ》(9)などで話される言語）を話す。潮州語は広東東部と隣接する福建南部で話される閩南語と同系である。潮汕人の祖先は、福建省甫田を経由して広東に至ったといわれている。

三大民系の各言語は、発音や語彙が異なり互いに意思疎通が難しい。本章の事例として取り上げる珠江デルタでは本地人が大多数を占めるが、客家や潮汕の人びとが暮らす村落もある。本地人と異なる母語を話す客家や潮汕の人びとは、白話を習得して共通言語としている。なお、白話は香港にも話者が多いため、香港のテレビ番組で出演者が話す白話を聞いて学習する人も多い。

## (3) 父系出自集団と祖先祭祀

このように三大民系の人びとはそれぞれ独特の言語やルーツにまつわる伝説をもっているが、その一方で共通点もある。父系出自集団の組織や活動が顕著だということである。出自集団とは、系譜を辿ると同じ祖先に行きつく親族関係にある人たちのまとまりである。系譜とは、祖先から子孫に至る親子関係の連続であり、これをつなぐ際にどの親子関係を有効とするかを定める原理を出自という。父系の原理に則る中国では父―子関係で系譜を継ぐため、子は基本的に父方姓を名乗る。また、伝統的な結婚は妻が夫方に嫁ぐ形だが、その際に女性は改姓せず出生時からの姓を名乗り続ける。そのような中国社会において、個人にとっての同族とは同姓である父、兄弟姉妹(10)（異父兄弟姉妹は除く）、祖父、父の兄弟姉妹（父方オジ／オバ）、父の兄弟の子（父方平行イトコ）、曾祖父……などである。一方、姓の異なる母と母方親族、祖母と祖母方親族などは同族にはならない。また、父—祖父—曾祖父—高祖父……と父系の系譜を遡ると同じ祖先に行き着く関係を「同宗《どうそう》」、同宗の人たちの集団を「宗族《そうぞく》」と呼ぶ。

珠江デルタでは、歴史の古い村落はだいたい宗族を基盤として形成されている。数千人規模の村落において、男性はみな同宗、姓が異なるのは婚入した女性たちのみということも珍しくない。また、複数の宗族が混住する村落、一つの大規模な宗族が複数村落に分散しているケースなどもある。宗族を基盤とした村落に暮らす人びとは、自分と他の同姓同族の住民との間にどのような親族関係があるかを逐一覚えていなかったとしても、系譜を辿ると共通の祖先に行きつく同宗の関係にあることは知っている。四月の清明節には一族共同でその共通の祖先を祭祀する。そのため、珠江デルタでは毎年四月の週末に、山麓にある古い祖先の墓に一族総出で墓参に行く人たちをみかける。そうした古い墓の他に、自分と関係の近い数世代前の祖先の墓も村の近くにあり、それらにも数十人の親族が連れ立って墓参に出かける（写真1）。また、各宗族は「祠堂《しどう》」と呼ばれる建物をもち、そこで祖先の位牌を祀っている。村落には大小さまざまな祠堂があり、いずれも耐久性に優れた灰青色のレンガで造った壁に瓦屋根を載せ、梁には精緻な木彫や石彫を施すなど重厚かつ壮麗な造りとなっている（写真2）。祠堂は、山麓に造られた大きな墓とともに一族の歴史や財力を象徴する建造物なのである。

また、三大民系の人びとが中原から広東へ移住してきた際、特定の土地を経由したとする伝説は、一族の起源や歴史、始祖から現代に至るまでの系譜、祖先の移住の経路、墓や祠堂の所在地などを記録した

**写真１　山中の墓に参る人びと**

（2010年、中山市板芙鎮にて筆者撮影）

**写真２　村落の祠堂**

（2013年、中山市三郷鎮にて筆者撮影）

「族譜《ぞくふ》」にも記載されている。族譜を保持し数十世代、数百年前の祖先のことを把握し、それを祭祀しているということは、彼らが中原にルーツをもつ由緒正しい漢人であることの証しである。ただし、族譜の内容はすべて史実であるとは限らない。時代背景と照らし合わせると整合性に欠けるエピソードや荒唐無稽なフィクションも含まれる。しかし、そうした内容如何よりも族譜という記録を保持し続けていること、それに基づいて祖先祭祀を正しく行っていることのほうがより重要な意味をもつ。その理由は一九世紀から二〇世紀にかけて三大民系の人びとが漢人意識を高めてゆくなかで、互いに競合し他を排除してきたことにある。

### (4) 資源と権力をめぐる民系間の競合

広東の宗族を研究する文化人類学者の瀬川昌久によれば、宗族が土地などの共有財産や祠堂を基盤として、団結力の強い組織をつくりあげたのは清代（一六四四―一九一二年）に入ってからであるという。また、こうした宗族の発達は珠江デルタにおける土地不足を背景に頻発した「械闘《かいとう》」や海外移民の増加とも密接に連動していると指摘する。[11] 械闘とは、清代に中国南部の福建や広東、またそれら地域から移民が多数渡った台湾において、土地資源や権力をめぐって宗族間や村落間、または本地と客家といった異なる民系間で生じた紛争であった。

さらに、二〇世紀になり中国に近代ヨーロッパ由来の概念がもたらされると、広東の民系間の関係に変化が生じた。これについては、中国近代社会史を研究する程美宝が、知識人が記した文献資料のほかに一般大衆に流布した伝説や小説なども取り上げながら詳しく分析している。程によれば、一九世紀以前の広東において本地、客家、潮汕といった民系の違いは、言語や出身地の違いに過ぎなかったという。また、漢人か非漢人か（華夷）の区別は、儒教的な規範、道徳、礼儀、秩序を体現しているかどうかであった。そして、王朝が行政区を設置した広州府に居住する本地人は、儒教教養を身に着けた知識人や官吏を輩出してゆくなかで漢人意識を明確にする一方、言語や出身地が異なる潮汕人や客家を非漢人であると考えた。潮州府の潮汕人も同様に自らを漢人と認識する一方、他民系を非漢人とみなしていたという。やがて二〇世紀に入ると、ヨーロッパ由来の「人種」（race）や「民族」（nation）の概念の影響を受けて、中国でもルーツや血統と結びついた「種族」という概念が登場した。この時期には、それまで本地人や潮汕人から非漢人として劣位に置かれてきた客家が自らのルーツの論証を試み始め、それをもとに自分たちこそが中原につながる生粋の漢人であると主張するようになった。また、客家のこうした動向をきっかけに本地人や潮汕人も自らのルーツの論証を始めたという(12)。

このように、中原から遠く離れた広東において三大民系の人びとは、自分たちこそが漢人であると主張し競合しあってきた。現在でも族譜を保持し、祖先祭祀を正しく行うことを伝統として重視しているのは、そうした歴史背景があったからである。その一方で、三大民系のように自分たちのルーツを論証したり記録したりすることができず、珠江デルタにおいて長らく非漢人と考えられてきた人びとがいた。それが、季節性の農作業や河川での漁労、水運などに従事しながら各地を転々としていた流動民で、「水上人《ソイソンヤン》」、または「蛋家《ダンガー》」と呼ばれる人びとであった。

## 3　水上人と呼ばれる人びと

### （1）沙田と水上人

水上人または蛋家は、王朝時代の文献資料には「蛋（蜑）」「蛋民（蜑民）」、中華民国期以降の行政文書などには「水上居民」とも記されている。ただし、後者は行政用語なので口語ではあまり使われない。また、中華人民共和国成立以降、「虫」を部首に含む字には差別的含意があるとしてエスニック・グループの名称として使用することが避けられた。そのため、現地で最もよく聞かれたのは「水上人」という呼び名であった。本章でも特別な時代背景や地域性を強調する場合を除いて「水上人」と表記することにする。

ところで、蛋家といえば香港の船上生活者を思い浮かべる読者も多いのではないだろうか。珠江デルタの南端に位置し半島と大小の島々で構成される香港では、木造の帆船（ジャンク船）に一家全員で暮らし、沿岸漁業で生計を立てる人びとを蛋家と呼んでいた。また、内戦や政情不安が続く中国大陸から逃げてきたものの、香港で住宅を購入できず台風シェルターに停泊した船に住んでいた難民も少なくなかった。しかし、一九六〇年代から香港政府が陸上げ政策を実施してゆくなかでその数は激減したとされる[13]。このように海に囲まれた香港で、蛋家とはすなわち船上生活者を意味した。一方、珠江デルタの河川流域における水上人は必ずしも船上生活者ではなかった。

珠江デルタにおける水上人の生活舞台はおもに「沙田《サーティン》」と呼ばれるデルタの後開発地域であった。沙田とは、沖積地を堤防で囲み耕作に利用した土地のことである。珠江デルタにおける開発は、土砂の沖積年代が古く海抜の高い内陸部から着手され、沖積年代が新しく海抜の低い沿海部に向かって進められた。このうち、明代以前に干拓され陸地化された地域は「民田《マンティン》」と呼ばれる。民田とは、王朝が私有地として把握し課税対象としていた土地のことで、古くから宗族が村落を形成していた。その民田における人口増加と産業発展にともなう土地不足により、沿海部の沖積地が干拓され沙田が造成され始めたのが清代以降であった。河川の増水によりしばしば浸水する沙田はいわば水と陸の境界領域で、土地の価値が低く、民田と異なり課税対象にはならなかった。そうした点に目を付け、沙田開発に着手したのは民田ですでに多くの土地を所有していた有力宗族であった。

しかし、宗族の成員が自ら沙田に移住して開発を進めたわけではなかった。宗族は地主として人を雇い、沙田における築堤や農業労働などに従事させた。その労働力となったのが水上人である。水上人は雇用されたときだけ水辺に停めた小船や簡素な小屋に住みながらその土地に滞在したが、作業が終われば再び働き口を求めて別の土地へ移り住んだ。このように、どこからかやって来て、すぐにまた別の土地へと去ってしまう水上人は、村落に定住し土地や家屋を所有する宗族の人びとからみて異質な存在であった。また、水上人は移動生活により自分たちの祖先の故地や墓の所在、いつ珠江デルタに来たのかなどについてほとんど知らない。三大民系がしのぎを削って漢人意識を示してきた珠江デルタにおいて、系譜を辿り祖先を祭祀するすべを持たないということは、すなわち漢人ではないという意味になる。そうしたことから、水上人は広東の先住民で非漢人だった古代越族の末裔と考えられたのである。

やがて、一九四九年に中華人民共和国が成立すると、中国共産党は多民族国家建設のための民族政策の一環として「民族識別工作」を実施した。民族識別工作とは中国各地で社会調査を実施し、その結果に基づいて中国国内に暮らす人びとの民族の属性を決定するという作業である。それは同時に、中華人民共和国という国家にどのような民族（nation）がいくつ存在するかを公式に認定する作業でもあった。水上人（当時の資料では「蛋民」）についても一九五二年から五三年にかけて社会調査が行われた結果、「もともとは少数民族であったが、長きに渡って自然に漢族と同化し、しだいに民族としての特徴がなくなった」として漢族と認定された[14]。また、一九五〇年代からの土地改革では、国家が地主階級から没収した土地を貧農に分け与えた。水上人も土地を得たと同時に、沙田に行政主導でつくられた村落に戸籍登録され、それをきっかけに定住化が進んだ。そのため、筆者が調査を行った二〇〇〇年代前半には、船や水辺の小屋に住みながら流動生活をしている人はすでにいなかった。

であるにもかかわらず、かつての船上生活は古代越族の習俗の名残であり、これを受け継いだ水上人は古代越族の末裔であるという言説は現代でもよく耳にする。そうした言説を、水上人と呼ばれる人びとはどのように受け止めているのだろうか。また、水上人とはいったいどのような人たちなのだろうか。筆者のフィールドワーク資料をもとにみてゆきたい。

### (2) 水上人とは何か

筆者が珠江デルタの水上人を調査対象にフィールドワークを始めたのは、二〇〇三年の春節前後であった。珠江デルタのなかでも沿海部に近く沙田が多い中山市で、中華人民共和国成立後、水上人が定住したとされる行政村七か所を調査地とした。調査ではまず各村に数週間ずつ滞在して、定住化のプロセスや国家政策の影響などについて広域的に把握した。そして、その後は七か村のうちの一つである中山市北部の

M村に焦点を絞り、村落での暮らしや社会組織などについて詳しく調査を進めた(15)。

筆者が調査した七か村に住む人たちはいずれも白話を話し、本地人を自称していたが、族譜や祠堂をもってはいなかった。古代越族と関わりがあるかどうか何人かに聞いてみたことがあったが、「そんなわけないだろう」と一蹴された。なかには身分証の民族属性を記入する欄に「漢族」と書かれているのをみせてくれる人もいた。

生業によって「漁民」、「農民」、「船民」(水運をする人)と名乗る人もいた。さらに、村名や地名に「人」をつけて名乗る場合もあった。中山市在住であるから「中山人」、M村在住であれば「M人」といった具合である。「水上人」と自ら名乗ったことはないし、それらの言葉をまったく知らないという人もいた。その一方で、かつて船上生活をしていたときに「陸上人《ロクソンシャン》」(民田に暮らす宗族の人たち)に「蛋家佬《ダンガーロウ》」と呼ばれてバカにされたと話す年配の人もいた。

船に住んだ経験がない人も多かった。そういう人は、地主に雇われて農業労働をしながら「茅寮《マウリウ》」という小屋で暮らしていたという。水上人なのに陸の家に暮らしているではないか！と思われるかもしれないが、「寮」とは納屋のようなもので、宗族の村落にある石やレンガで造った家屋とはまったく違う(写真3、4)。茅寮は洪水で流されやすく火事で燃えやすい。そのため、「大事なものは船に積んですぐに逃げられるようにしていた」と笑いながら話す老人もいた。茅寮は流されたり燃えたりしても、また稲わらや竹、広葉杉、バナナの葉などがあればつくることができた。そのような流動的な住まいも宗族の人びとが水上人に自分たちとの違いを見出した理由の一つであった。

かつて、陸上に住んでいたが水上人になったという人もいた。一九三三年生まれの男性の祖先は、中山

**写真 3　川辺の茅寮**

（2007年、中山市民衆鎮にて筆者撮影）

**写真 4　民田の家屋**

（2013年、中山市沙渓鎮にて筆者撮影）

市北部に近い佛山市順徳区で米穀店を営業していたが、祖父の浪費で破産し、父の代にその店を売り払って一艘の木船を買い住み始めたという。男性自身は順徳にいたときに船上で生まれたとのことだった。また、文化人類学者のヘレン・シウ（Helen F. Siu）が、中山市北部の小欖鎮の研究で明らかにしているように、水上人がのちに大宗族となったケースもある[16]。つまり、水上と陸上の境界は踰越《ゆえつ》可能なものだったのである。さらにいえば、宗族と水上人の違いとは、漢人／非漢人（華夷）の区別がそうであったように儒教的な規範、道徳、礼儀、秩序を体現できるか否かであり、それに必要不可欠な要素が祠堂、族譜、祖先祭祀であった。水上人とは流動生活のために、それらに接続することが難しかった人びとといえる。

## 4　変わりゆく境界とエスニック・アイデンティティ

### （1）水上と陸上の境界の変化

ここまで、水上人とはどのような人たちであるかについて宗族の人びととの境界の在り方にも触れながら述べてきた。ここからは二〇〇〇年代以降、沙田と民田の差異が少しずつなくなり両者の境界が変わりつつあることに触れたい。

筆者が二〇〇三年からコロナ禍前の二〇一八年秋まで調査を行ってきたM村では、人びとが定住して半世紀が経った二〇〇〇年代から、民田に暮らす同姓の族譜のコピーを入手して保管し、自分たちの系譜を書き加える人たちが現れ始めた[17]。それまで宗族の伝統がなかった沙田において、族譜をもとうとするこのようなケースは当時まだ珍しかった。また、それ以外の人たちも定住後に村の近くに亡くなった人を埋葬するようになり、清明節にはそれらの墓を訪れて祖先祭祀を行っていた。さらに、一九五〇年代半ばから沙田の村落では茅寮を赤レンガ造りの家屋に建て替える動きが行政主導で進んだ。大規模な赤レンガ工場が造られた村落もあった。これにより、沙田の人びとの住まいは一九七〇年代までにレンガ造りの住宅となった。

一方、宗族の側も大きな変化を経験してきた。中華人民共和国成立以降、宗族は地主階級として糾弾され、一族が所有していた土地は国家に没収された。さらに、祖先祭祀は「迷信」として禁止され、族譜や位牌は廃棄された。祠堂は装飾品を破壊され、建物のみが公共施設に転用されるなどした。改革開放後は、文革期にピークに達した規制が緩和されたことにともない、宗族の人びとは位牌や祠堂を修復したり、隠しもっていた族譜をもとに新たな族譜を再編したりした。その一方で中国政府は一九九〇年代から火葬の推進、公営墓地の造営、儀礼の簡素化といった葬儀改革をより強力に推し進めた。一九五〇年代からの伝統の断絶とこれらが相まって、宗族と水上人、沙田と民田の間の儀礼的格差は以前よりも埋まりつつある。

さらに、産業構造の変化や学校教育の普及により、沙田／民田を問わず若い人たちは第一次産業以外のさまざまな職業に就くようになった。また、住宅が密集する民田とは対照的に広範な農地が広がる沙田では、工業化にともない企業に土地を貸し出したことにより、村落や住民に多くの補償金が支払われたという。このようにして、民田と沙田の間の経済的格差は少しずつ解消され、水上と陸上の差異は以前ほど意識されなくなっている。

## （２）新たな他者の到来

さらに、改革開放後に他地域から多くの労働者を受け入れるようになった珠江デルタでは、エスニック・グループの在り方や関係性により大きな変化が生じている。

改革開放後にいち早く経済発展を遂げた珠江デルタでは、物価や賃金が他地域よりも上昇したために、住民は他地域から来た労働者よりも経済的に優位に立っていた。また、珠江デルタの住民の多くは白話の話者であるが、広東省外から訪れる労働者たちの多くは白話を話せない。こうした経済格差や言語の違いを背景に、二〇〇〇年代後半以降の珠江デルタでは「広東人」と「外地人」（よそから来た人という意味。「外省人」ともいう）という境界が明確になっていった。そのような場合、三大民系の違いやそれらと水上人との境界は後景化し問題にはならない。白話を話せない外地人という他者を目の前にしたとき、珠江デルタの人びとが選び取るエスニック・アイデンティティとは白話を話す「われわれ」、すなわち「広東人」に置き換わるからである。このように、どのような他者と対面するかによって人がどこに自己を位置付けるかは変化する。

また、本章の前半で述べた三大民系同士の競合、陸上人と水上人の境界は、二〇世紀前半の珠江デルタにおいて顕著だったエスニック・グループ間関係であった。しかし、経済発展が加速した二〇〇〇年代後半から、それらよりも広東人と外地人の境界が顕在化していった。さらに、そうした状況から空間的横軸をずらして広東人が省外に出てゆくケースを考えてみよう。すると、今度は広東人自身が外地人の立場になる。しかも、その人が話す標準中国語は広東語の癖が強いといわれるなど、珠江デルタにいたときとは違う文脈で広東人であることを自覚することもあるかもしれない。さらに、少数民族地域に行けば「漢族」、海外に行けば「中国人」と、空間的横軸がずれることで同時代であっても人のエスニック・アイデンティティは変化する。国家が政治的に生み出し、人びとの内面に浸透したナショナル・アイデンティティも、このような個人がもつ多元的なエスニック・アイデンティティのなかの一つとして並存しているのである。

## おわりに

最後に、エスニック・グループ間の境界とアイデンティティの関わりについて、文化人類学の理論を参照しながら、本章の事例を振り返って再検討してみたい。ノルウェーの文化人類学者・フレドリック・バルト（Fredrik Barth）は、エスニック・グループを考えるときに重要であるのは、そのグループがもつ文化の中身ではなくグループを規定する境界であり、これが維持される場合は異なる文化をもつグループとの社会的接触をともなうと述べた。文化的他者と出会った個人は、自らのエスニック・アイデンティティにより相手と自らの間に差異を認識する。それが両者の間に境界を生み出し、エスニック・グループが実体化するという(18)。このように、バルトは行為者がもつエスニック・アイデンティティを境界生成の鍵とみなした。また、アメリカの人類学者・マイケル・モアマン（Michael Moerman）は、個人、コミュニティ、地域といったさまざまなレベルにおける他者との対比を通して人のアイデンティティは変化し、決して永続的ではないと指摘している(19)。

本章の事例が示していたのも、対面した他者がだれであるかによって現れる境界が変わると、個人がどのアイデンティティを選び取るかが変わるということであった。そして、その選び取りはつねに主体的であるとも限らない。他者のまなざしを受け止め、思いがけず新たなカテゴリに自己を位置付けざるを得ないこともあるだろう。このように、エスニック・アイデンティティは多元的で一つに固定されないばかりか、変化してゆく関係性のなかでつねに揺れ動いている。むしろ、エスニック・アイデンティティを一元的とみなすことのほうが、近代的なネーションの影響を受けた固定観念である。そうした固定観念と実際の人の生との間に生じたズレが、ときに生き辛さや窮屈さに結びつく。しかし、文化人類学の面白さは他者の営みを知ることで自分を振り返り、これまで当たり前に思っていたことを見直し、固定観念を解きほぐすことにある。読者にとって本章が、自分自身にもいくつものエスニック・アイデンティティがあり、それを多元的に使い分けていることに気付き、固定観念を解きほぐすきっかけとなればと思う。

（1）中華人民共和国国家統計局編『中国統計年鑑　二〇二一年』北京：中国統計出版社、二〇二一年。www.stats.gov.cn/sj/ndsj/2021/indexch.htm（最終閲覧：二〇二四年七月一六日）。
（2）以下、日本語にも定着しているがやや難読な中国語の用語には、ひらがなのルビで日本語の読み方を示す。
（3）Benedict Anderson, *Imagined Communities: Reflections on the Origin and Spread of Nationalism*, London: Verso Books,1983（白石さや・白石隆訳『想像の共同体——ナショナリズムの起源と流行』ＮＴＴ出版、一九九七年）.
（4）中国では「戸口」という住民登録制度があり、日本語では「戸籍」と訳すことが多いため本章もそれにならう。「戸口」は「戸」（家庭）と「口」（戸に属する人員）を住所に結びつけて管理することから、日本の住民票の要素も併せもつといえる。
（5）広東省人民政府ホームページ「民族宗教（二〇二四年三月一五日更新）」（www.gd.gov.cn/zjgd/sqgk/mzzj/

content/post_4391686.html、二〇二四年八月二七日取得）を参照。

（6）以下、現地語は初出時に「」でくくり、カタカナのルビを振る。ただし、日常語ではない文語は「」でくくるだけでルビは付さない。珠江デルタで一般に通用する「白話《バッワー》」の発音とする。

（7）「民系」とは、客家研究者の羅香林が一九三三年に著した『客家研究導論』において、「民族中の種々の支派を解釈するに用いた」とされる造語である（羅香林（有元剛訳）『客家研究導論』台北：吉村商会印刷所、一九四二年、二九頁）。現在でも漢族内部のエスニック・グループを意味する語として用いられる。

（8）David Faure, "Becoming Cantonese, the Ming Dynasty Transition," Tao Tao Liu and David Faure eds., *Unity and Diversity: Local Cultures and Identities in China*, Hong Kong: Hong Kong University Press, 1996, pp-37-50.; 片山剛「〝広東人〟誕生・成立史の謎をめぐって：言説と史実のはざまから」『大阪大学大学院文学研究科紀要』第四四巻、二〇〇四年、一―三二頁などを参照。

（9）潮州語の発音である。

（10）女性は結婚後も改姓しないため、出自や姓が同じという点では同族である。しかし、伝統的な考え方では女性に生家の財産を継ぐ権利はない。既婚女性は死後、夫とともに墓に入り夫の子孫（女性の子孫でもあるのだが父系の原理では夫の子孫である）に祭祀される。また、生前は婚家・生家のいずれの祖先祭祀にも参加できない。ゆえに、女性は男性とまったく同じ立場で同族であるとはいえない。ただし、現代中国では一人っ子政策の影響で少子化が進んだことや、男女平等の思想が定着してきたことで女性が祖先祭祀に参加するケースが増えており、出自集団における女性のポジションは変わりつつある。

（11）瀬川昌久『客家――エスニシティーの形成とその変遷』風響社、二〇二一年。

（12）程美宝『地域文化与国家認同――晩清以来〝広東文化〟観的形成』香港：三聯書店、二〇〇六年。

（13）可児弘明『香港の水上居民――中国社会史の断面』岩波書店、一九七〇年。

（14）黄光学・施聯朱『中国的民族識別』北京：民族出版社、一九九五年、二九一頁。

（15）これらの成果については拙著を参照されたい。長沼さやか『広東の水上居民――珠江デルタ漢族のエスニシティとその変容』風響社、二〇一〇年。

（16）Helen F. Siu, "Recycling Tradition: Culture, History and Political Economy in the Chrysanthemum Festivals of Xiaolan," *Comparative Studies in Society and History*, Vol.32, No.4, Cambridge: Cambridge University Press, 1990, pp.765–794.

（17）長沼さやか「祖先祭祀と現代中国――水上居民の新たな儀礼の試み」川口幸大・瀬川昌久編『現代中国の宗教――信仰と社会をめぐる民族誌』昭和堂、二〇一三年、一八五―二〇二頁。

（18）Fredrik Barth, "Introduction," Fredrik Barth ed., *Ethnic Groups and Boundaries: The Social Organization of Culture Differences*, Boston: Little Brown and Company, 1969, pp.9–38.

（19）Michael Moerman, "Ethnic Identification in a Complex Civilization: Who Are the Lue?" *American Anthropologist*, vol.67, No.5, Hoboken: Wiley, 1965, pp.1215–1230.

# 第13章　排他が生み出す連帯
## ――回族のエスニシティと宗教性をめぐる動態

奈良　雅史

### はじめに

中国には回族と呼ばれるムスリム（イスラーム教徒）の少数民族が暮らしている。その数は一〇〇〇万人以上にもなる。七世紀中葉以降に中国にやってきたアラブ人、ペルシア人、トルコ人などの外来ムスリムとイスラームに改宗した漢族を中心とする在地の人びととの通婚の繰り返しにより形成された民族集団とされる(1)。中国全土に分散して暮らし、その多くはおもに漢語を日常的に話す。二〇〇八年に回族の社会状況に関する調査を始めてばかりの頃、モスクでよく尋ねられた質問がある。それは「あなたは回族か漢族か?」というものだ。回族ではないと答えると、「ここは回族の場所だから帰れ」といわれることもしばしばだった。[2]

こうした態度は、歴史的に形成されてきた回族と、漢族を中心とした他民族との関係性や、改革開放以降の中国における宗教的な状況の変化を反映しているようにみえる。[3]回族は、中国各地でモスク周辺に集住してコミュニティを形成し、漢族と隣り合って暮らしてきた。こうした状況下、回族は漢文化の影響を強く受けながらもイスラーム実践を継続してきた。例えば、一七世紀以降の中国では、道教などの中国伝統思想の用語を用いて漢語でイスラームについて論じるムスリムの学者たちが活躍した。[4]そのため、回族は漢族にとって身近で文化的な共通性がある人びとである一方、信仰およびそれに起因する食習慣などが異なる異質な存在でもあった。言い換えれば、回族は漢族を中心とする中国社会において「見慣れた他人(familiar strangers)[5]」であった。

こうした状況下、回族と漢族とのあいだには、偏見と無知に基づくコンフリクトがしばしば生じてきた。例えば、漢族からは回族が豚肉を食べないのは豚が回族の祖先だからだといった回族に対する偏見がよく聞かれる一方で、[6]回族は漢族を道徳に欠けた拝金主義者とステレオタイプ化して語る傾向にある。[7]先行研究では、こうした日常的な相互の偏見や無知が、回族と漢族とのあいだの民族的境界を再生産してきたと論じられてきた。[8]

さらに改革開放以降の宗教的状況が、こうした回族と漢族との排他的関係を一層強化してきたとも論じられてきた。中国では文化大革命の終息後、改革開放政策がとられ、それまでの抑圧的な宗教政策が緩和された。その結果、さまざまな宗教が活発化することとなった。イスラームも例外ではなく、宗教教育やイスラーム祭礼が活発化し、イスラーム復興が進展した。[9]これは回族のあいだでより厳格なイスラーム言説が影響力を拡大することにつながった。例えば、いくつかの回族集住地域ではアルコール排斥運動が起こった[10]。先行研究では、こうしたイスラーム復興と呼びうる宗教活動の活発化に伴い、回族のなかにはトランスナショナルなイスラーム復興運動に参加する者もおり、彼／彼女らはグローバルなムスリム・コミュニティへの帰属意識を強めてきたとも論じられてきた[11]。回族のあいだでのイスラームをめぐるこうした動向は、漢族からの反発を生むことともなった[12]。その意味で、改革開放以降のイスラーム復興は回族と漢族とのあいだの民族的境界を強化してきたといえる。冒頭で紹介した回族の態度もこうした文脈に位置付けられるだろう。

ただし、改革開放以降のイスラーム復興に伴う回族のアイデンティティにおける変化は、同時にエスニシティの後景化も引き起こしてきた。それはより厳格なイスラーム実践を重視する回族のなかには、地域や民族を越えるイスラーム共同体におけるコスモポリタンな存在として自らを位置付ける者もいるためだ。例えば、そうした回族たちは、本章冒頭で取り上げた態度とは対照的に、「イスラームは回族のものではなく、全人類のものだ」とか、「ムスリムは国家や民族とは関係ない」などと語る傾向にある[13]。こうした語りは、上述のように回族という民族よりも、グローバルなムスリム・コミュニティへの帰属意識を高めてきた回族が現れてきたことを示唆する。改革開放以降のこうしたムスリム・アイデンティティの高まりは、中国におけるムスリム・コミュニティ内での民族や宗派などによる分断を抑制する傾向にあると論じられてきた[14]。

以上を踏まえると、上述した回族と漢族との民族的境界の強化は、改革開放以降のイスラーム復興に伴う宗教意識の高まりによるムスリムと非ムスリムの境界の強化という現象に含まれるともいえるだろう。

しかし、注意しなくてはならないのは、「イスラームは回族のものではなく、全人類のものだ」と語られた後、ムスリムでないことをもってモスクから立ち去るよう求められるわけでは必ずしもないことだ。イスラーム復興に伴い、より厳格なイスラーム実践が志向されることで、アルコール排斥運動が示すように、回族のあいだではイスラーム的でないものに対する排他性が高まってきた。ただし、それは同時に回族と漢族の民族的境界がムスリムと非ムスリムの宗教的境界として読み替えられることで、それまで対立的なものとして捉えられてきた民族間関係に変化をもたらしているようにもみえる。そこで本章では、雲南省昆明市における回族コミュニティをおもな事例として、改革開放以降のイスラーム復興に伴う回族のエスニシティおよび宗教性の変化に焦点を当て、排他性の高まりが意図せざる結果として新たな連帯を生成する諸相を明らかにする。(15)

## 1　改革開放以降の回族を取り巻く環境の変化

### （1）衰微するイスラーム

上述のように、回族は伝統的にモスクの周りに集住し、モスクを中心としたコミュニティを形成してきた。こうしたコミュニティは、アラビア語で「集まり」などを意味する *jama'at* に由来する「ジャマーティ（*zhemati*、哲瑪提）」や中国語で「教坊（*jiaofang*）」などと呼ばれる。こうしたコミュニティでは、イマームによってイスラーム法に基づく刑罰制度も実施されていた。(16) その意味で、伝統的な回族コミュニティは、漢族社会に対してある程度自律性を有していた。本章で取り上げる昆明市においても一九五〇年代

**写真1　回族の伝統的なモスクにおける金曜礼拝**

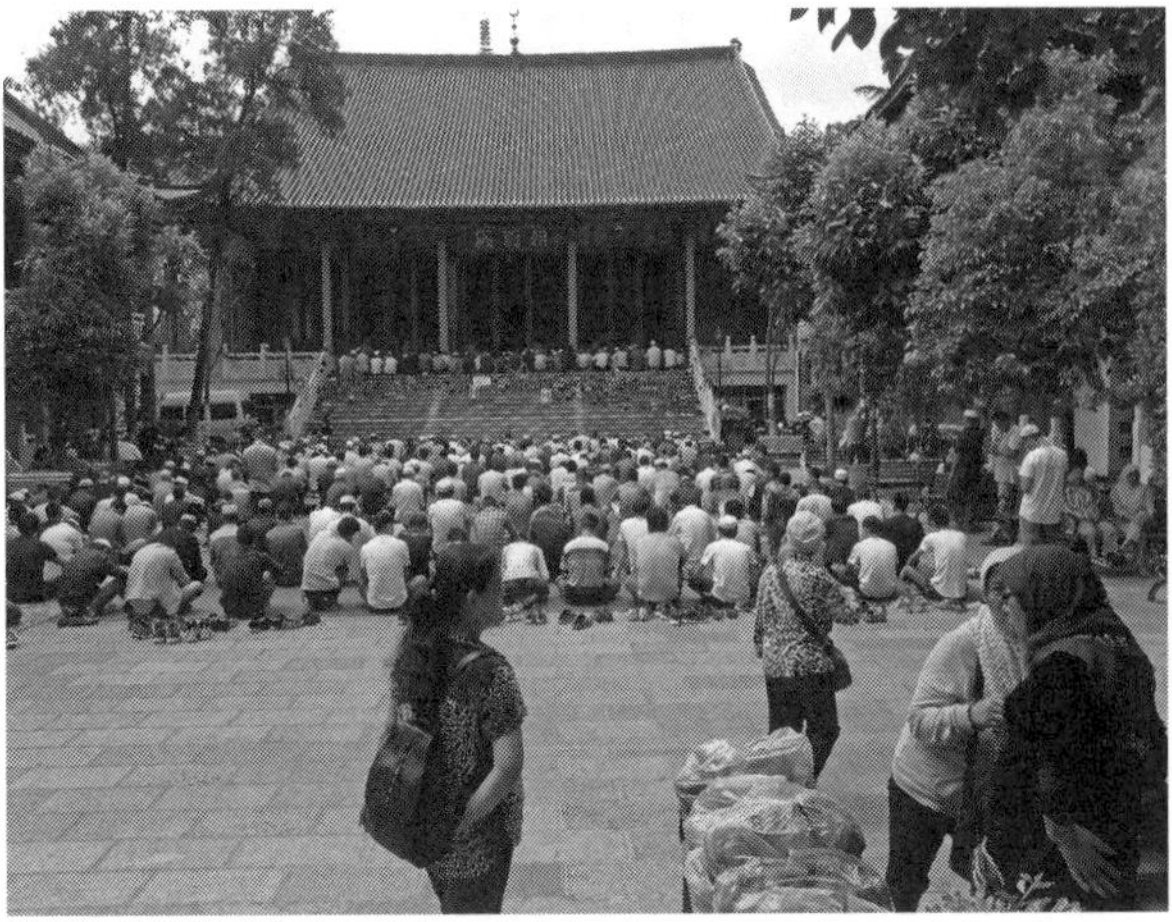

（2016年、雲南省昆明市、筆者撮影）

まではモスクを中心とした伝統的な回族コミュニティがみられ、モスク周辺に回族人口が集中していた(17)。

しかし、特に改革開放以降、昆明市ではモスク周辺が商業地区として再開発され、回族は分散して暮らすようになった。回族にとってのイスラーム実践は、伝統的にモスクを中心とするコミュニティに埋め込まれたものであったが、こうした社会変化は彼／彼女らをモスクにおける宗教活動から遠ざけることとなった(18)。その結果、昆明市の回族たちは、回族が「漢化（*hanhua*）」してきたと語る。現地の回族は、「漢化」という用語で、漢文化の受容というよりも、回族がイスラームを実践しなくなる状況を説明する。そのため、宗教がその社会的意義を低下させるという意味での「世俗化」に近い(19)。

実際、回族の若い世代にはイスラームに対して無関心な者も少なくない。例えば、昆明市で大学

写真2　再開発が進むムスリム街の跡地

（2008年、雲南省昆明市、筆者撮影）

に通う回族男性は、「これまで一度も礼拝や断食をしたことはないし、そうするよう親にいわれたこともない」と語っていた。厳格にイスラーム教育を実践し、モスクにおける社会人向けのイスラーム教育にも参加していた五〇代回族男性は、「昆明の回族で礼拝ができるものは三割もいないだろう」と、回族のあいだで世俗化が進む状況を嘆いた(20)。

## （2）復興するイスラーム

しかし、改革開放以降は、中国において宗教活動が活発化した時期でもあった。上述のように、その一因には改革開放以降の宗教政策の緩和がある。昆明市では一九八〇年代前半に文革期に批判されたイスラームの宗教指導者の名誉回復や接収したモスク不動産の返還がなされ、モスクでの宗教活動が再開された(21)。その結果、回族コミュニティにおいてモスクの再建や修復が行われるとともに、宗教活動やイスラーム教育が活発化した(22)。上述したアルコール排斥運動もこうした改

写真3　ラマダーン明けの祭りの際に行われた
イスラーム学校の卒業式

（2009年、雲南省昆明市、筆者撮影）

革開放以降の宗教復興のプロセスに位置付けられる。

こうしたイスラームに関わる活動の活発化に伴い、回族のあいだではより厳格なイスラーム言説の影響が強まった。それにより、回族のなかにはイスラームを厳格に実践することを重視する者も現れるようになった。その一つの表れとして、礼拝の重視が挙げられる。例えば、昆明市におけるあるモスクのイマーム（六〇代回族男性）は、一般信徒に対する説教において「礼拝は私たちひとりひとりのムスリムに対するアッラーの命令であり、いかなる条件においても行わなくてはならないものである」と語ったうえで、礼拝をするかどうかがムスリムと非ムスリムを分ける境界なのだと述べた(23)。こうした傾向は、宗教指導者だけに限らず、一般信徒のあいだでもみられる。例えば、昆明市では多くのムスリムがやってくる金曜礼拝の際、モスクにイスラーム用品の露店や物乞いが集まる。そこで物乞いから施しを求められたムスリムたちが、彼／彼女らに対して礼拝をしたらお金を渡すと言うことで、物乞いたちに礼拝を促す様子がしばしばみられる。

上記のイマームの語りにおける「いかなる条件においても」という言明が示唆するように、昆明市における回族にとってのイスラーム実践は、コミュニティの場所性に埋め込まれたものではなく、ムスリム個々人の信仰に根差したものとして位置付けられている。その意味で、改革開放以降のイスラーム復興に伴うイスラーム実践の重視は、上述したモスクを中心とした伝統的な回族コミュニティの衰退とも関連している。改革開放以降、回族たちはモスクを中心とした生活環境から切り離され、漢族を中心とした非ムスリムとの関与を強めながら暮らしてきた。それは一方で上述のように回族の「漢化」をもたらしたが、他方でイスラーム信仰に対して再帰的にならざるを得なくなるなかでより厳格なイスラーム実践に対する志向も形成してきた。例えば、回族がイスラームの勉強会などで集まる機会での主要な話題の一つは、日常生活において漢族などから突きつけられたイスラームに対する疑問や偏見に関するものである。それは「回族はなぜ豚肉を食べないのか」「回族はなぜ礼拝をするのか／回族なのに礼拝しないのか」など、回族コミュニティのなかでは当然視されている事柄が主だ。このように「他者」と接触し、「他者」のまなざしにさらされるなかで、それまでの自らのイスラーム実践を反省的に捉え直し、敬虔《けいえん》になろうとする回族も現れるようになってきたのだ(24)。

例えば、大学進学のために昆明市にやってきた二〇代回族男性は、雲南省にある回族が集住する出身村では、それほど熱心にイスラームを実践していなかったという。しかし、大学の宿舎でタバコを吸ったり、飲酒したりする漢族の同級生の生活スタイルに嫌気がさし、回族の集まりに参加するようになった。その過程で、彼は自分でイスラームについて学び、他の回族学生たちとイスラームについて語り合ううちに「認識安拉（*renshi anla*、アッラーを知る）」に至り、日々の礼拝や毎年のラマダーンでの断食を意識的に厳格に行うようになったという。調査地において「認識安拉」は、厳格かつ意識的にイスラームを実践するようになる契機を説明する際にしばしば使われる[25]。

こうした回族のあいだでのイスラーム復興には、改革開放以降のメディア状況の変化も影響している。例えば中国では、一九八〇年代以降、イスラームに関する書籍の出版が[26]、二〇〇〇年代以降、中国語によるイスラームに関するウェブサイトの開設が活発化した[27]。これらのメディアを通じて、一般信徒は必ずしもイマームを媒介とせずに宗教的知識にアクセスできるようになり、自らイスラームについて学ぶことが容易になった。さらに、初期イスラームの時代への回帰を主張するサラフィー主義的なイスラーム言説も、こうしたメディア状況の変化に伴い、影響力を拡大してきた[28]。

上述のように改革開放以降、回族のあいだでは、彼／彼女らの宗教生活の基盤となってきたコミュニティが衰退したことで世俗化が進んだ。他方、宗教をめぐる政治状況およびメディア状況が変化するなか、イスラーム信仰に対して再帰的になる回族が現れ、イスラーム復興も進展してきた。このような改革開放以降の回族コミュニティにおいて、世俗化とイスラーム復興が同時に進展する状況は、回族のあいだに分断を生み出すこととなった。

## （3）顕在化する境界

「本当のムスリムではない」

これは厳格なイスラーム実践を志向する回族のあいだで、イスラームを必ずしも厳格に実践しない回族に対してよくなされる批判だ。この批判は、礼拝をしないことやヒジャーブを着用しないことをもって、他の回族を「ムスリムではない」とみなすものだ。これは一見すると、当たり前のことを述べているに過ぎない。しかし、回族のあいだでは、回族としてのエスニシティとムスリムとしての宗教性が、従来は必ずしも分化していなかった。その意味で、この批判は回族のエスニシティと宗教性をめぐる変化を示唆する。

例えば、現地調査において私は回族から「回族なのか」や「日本にどのくらいの回族が暮らしているのか」といった質問を（日本からきたと述べた後でも）受けることがしばしばあった。現地調査を始めたばかりの頃だったので、私は中国の少数民族としての「回族」について語っているのか、民族とは関係ない「ムスリム」について語っているのか判然とせず、答えに窮した。そうすると、質問をしてくれた回族から「回族とはムスリムのことだろ」といわれることもあった(29)。そもそも回族のあいだでそれらは区別されているわけでは必ずしもなかったのだ。

こうした状況を踏まえると、「本当のムスリムではない」という批判は、回族のエスニシティと宗教性における変化を示唆するものとして興味深い。回族にとってエスニシティと宗教性は不可分であったし、中国共産党政府の民族政策においてもそれは同様であった。回族は、中華人民共和国建国以前に、中国共産党が国民党をはじめとする他勢力と競合するなかで民族として認定された。中国共産党は、現在「回族」と呼ばれる中国ムスリムたちを、当時「民族自決権」を認めていた民族として認定することを通じて、彼／彼女らからの支持を得ようと試みた。その過程で「回族」という民族カテゴリーが創られることとなったのだ。その際、回族はイスラーム信仰をもって民族と認定された(30)。その意味で、中国共産党の民族政策上においても回族とムスリムは不可分なカテゴリーであった。

しかし、改革開放以降、世俗化とイスラーム復興が同時に進展し、回族のあいだでの宗教的な差異が顕在化するなかで、それらは異なるカテゴリーとみなされるようになってきた。ムスリムであることは、生得的であるというよりも、厳格かつ意識的なイスラーム実践を通じて習得されるものと位置付けられる傾向にある。イスラーム実践がムスリムであることの条件であるとすると、回族であっても、ムスリムとは限らないという事態が生まれうる。「本当のムスリムではない」という批判は、回族におけるエスニシティと宗教性の分離傾向を示唆するものなのだ。

こうした状況は回族のあいだに宗教性の違いによる分断をもたらしてきたようにみえる。それは本章の冒頭で論じたように、回族のあいだでの宗教意識の高まりがムスリムと非ムスリムとの境界を強化してきたことを明らかにした先行研究の議論とも響きあう。実際、イスラームを実践する回族たちは、実践しない回族に対して「本当のムスリムではない」に加えて、「豚肉を食べないだけの回族」や「イスラームについて何も知らない」といった否定的な評価をしばしば述べる。

また、こうした批判が示唆する宗教性に基づく回族のあいだの境界は、言説上だけでなく、実際的な境界ともなっている。モスクを中心とした伝統的なコミュニティが衰退し、回族が分散して暮らすようになるなか、モスクでの礼拝など日常的な宗教活動に参加する者は、おもに厳格なイスラーム実践を志向する回族で、そうではない回族が日常的にモスクにやってくることはほとんどない。そのため、宗教性が異なる回族が日常的に顔を合わせる機会は限定されている。

このように改革開放以降、伝統的な回族コミュニティの衰退とイスラーム復興が同時に進展する状況下、敬虔さの度合いの相違によって回族のあいだには分断が生まれてきたようにみえる。しかし、この分断は新たなかたちで回族たちのあいだにつながりを生み出してもきた。

## ２　意図せざる結果としての連帯

### （１）宗教性が混交する公益活動

改革開放以降、昆明市の回族のあいだでは、ムスリム墓地における植樹や高齢者の慰問、難病の子どもへの支援、貧困地域の回族に対する支援などの公益活動が行われてきた。こうした活動は、イスラーム復興が進展するなか、厳格なイスラーム実践を志向する回族が中心となって実施してきたものだ。そのため、これらの公益活動はイスラームの発展を目指したものであった。例えば、活動を主導してきたメンバーの一人である三〇代回族女性は、日常的にヒジャーブを着用し、日々の礼拝を欠かさないムスリムであった。彼女は公益活動を始めた目的に関して「多くの回族は何がイスラームかを知らない。彼らは（イスラーム）教育を受けてきたことがないから。だから、私は教育と文化を通じてイスラームとムスリムの発展を促していきたいと思っているの」と語った[31]。

ただし、実際に公益活動を担ってきた回族は、厳格なイスラーム実践を志向する者たちだけでは必ずしもない。むしろ、その多くは礼拝やヒジャーブ着用を日常的には行わない回族であった。そのため、彼／

**写真4　貧困地域の回族に寄付するために集められた支援物資**

（2009年、雲南省昆明市、筆者撮影）

彼女らは、公益活動を通じて、イスラームの発展を目指そうとしているわけではなかった。必ずしも厳格なイスラーム実践を志向しない回族たちが、公益活動に携わる理由を理解するには、これらの活動が回族を中心としたオンライン・コミュニティを基盤としたものであることに目を向ける必要がある。

　中国では、インターネットに対する規制はマス・メディアと比べて、相対的に厳しくなかったため、草の根ＮＧＯがインターネットを活用して活動を展開してきた。また、インターネットの普及が中国におけるＮＧＯ活動を促進してきたとされる[32]。こうした背景のもと、昆明市における回族を中心としたオンライン・コミュニティにおいても公益活動が展開されてきた。当該コミュニティは二〇〇五年に結成され、メンバーたちがイスラームに関わる活動の情報、就職やビジネスに関する情報、ハラール・レストラン情報、結婚活動などに関する情報をオンラインで交換する際のプラットフォームとなっていた[33]。しかし、メンバーたちは定期的に集まってスポーツや観光などのレクリエーション活動を実施してきた。そのため、オンライン・コミュニティとはいえ、対面で互いに面識のあるメンバーが多いのがコミュニティの特徴であった。実際、当該コミュニティの初期メンバーは、都市部で分散して暮らす回族のあいだでの親睦を深めることをその設立目的としていた。彼／彼女らは、必ずしも厳格なイスラームを実践しない回族を中心としており、当該コミュニティでは当初イスラームと直接関係する活動はほとんど行われていなかった。ただし、そうした回族たちも豚肉やアルコールに関する戒律は遵守する傾向にあるため、回族同士で集まることは「心地よい」「楽しい」ことであったという。

当該コミュニティの初期メンバーたちの多くがイスラーム実践を必ずしも重視しない回族たちであったため、厳格なイスラーム実践を志向する回族たちは、彼／彼女らを上述のように「本当のムスリムではない」などと批判してきた。しかし、こうした回族たちも徐々に当該コミュニティに加わっていった。その過程において、上述した公益活動も実施されていくこととなった。

厳格なイスラーム実践を志向する回族たちが、否定的に評価してきた当該オンライン・コミュニティに加わるようになったのは、一見矛盾するように見えるが、彼／彼女らがイスラーム実践を重視しているからでもあった。昆明市のような都市部において、厳格にイスラームを実践しようとすると、就職先がなかなか見つからない。例えば、会社で礼拝や断食をすることは難しい。また、宴会に付き合わされることも少なくない。女性の場合はヒジャーブ着用が就職活動を困難にする。そのため、イスラーム実践を重視する回族であっても、職場ではそれを断念している者も多い。しかし、回族が経営する企業であれば、経営

写真 5　回族を中心とした独身者たちのレクリエーション活動

（2009年、雲南省昆明市、筆者撮影）

者が必ずしも敬虔なムスリムではないとしても、イスラーム実践に対して寛容な場合が多い。そのため、厳格にイスラームを実践しながら、中国社会で生きていこうとする場合、回族あるいは他のムスリムが経営する企業への就職が重要な選択肢の一つとなる。

例えば、昆明市で大学に通っていた回族女性は、厳格なイスラーム実践を志向しており、当該オンライン・コミュニティのメンバーたちを「回族ではあるけどムスリムじゃない」として批判していた。しかし、他方で彼女は宗教性の相違にかかわらず回族とのあいだにつながりをつくることに意義を見出し、「こういう（回族の）集まりに参加して、色々な人たちと知り合いになれるってことは実はとてもよいことなんだよ。だって、（そうやって知り合った）彼らは、私たちが仕事を探すときに役に立つんだから」とも語った(34)。

加えて、昆明市のような都市部に暮らす回族のあいだで問題化していることに結婚相手探しがある。当該地域の回族には、族内婚への選好がみられる[35]。しかし、伝統的な回族コミュニティが衰退し、分散して暮らすようになると、回族が回族の異性と出会う機会が減った。そのため、昆明市の回族のあいだでは、結婚相手を見つけることの困難さがしばしば話題にのぼる。こうした状況下、回族同士の親睦を深めるという、オンライン・コミュニティの設立目的には、異性との出会いの機会をつくるという含意もあった。実際、当該コミュニティでは、独身の男女を対象とした活動やお見合いパーティーも実施されてきた。厳格なイスラーム実践を志向する回族にとって、「結婚は信仰の半分」ともいわれ、イスラーム信仰と婚姻は深く結びつけられている。他方、イスラーム実践を必ずしも重視しない回族も族内婚を選好する傾向にあるため、回族の結婚相手が望ましいとされる。つまり、結婚相手探しは、宗教性の違いを問わず、都市部に暮らす回族が広く共有している問題なのだ[36]。

このように就職や婚姻といった問題を抱えているため、厳格なイスラーム実践を志向する回族たちは、当該コミュニティに対して批判的でありながらも、そこに加わってきた。上述の公益活動は、こうした回族たちが当該コミュニティに加わるなかで展開してきた。厳格なイスラーム実践を志向する回族たちは、イスラームの発展を目指して公益活動を始めたため、その目的を共有しないオンライン・コミュニティの他のメンバーたちに対して批判的な傾向にある。しかし、彼／彼女らにとって上述のように広く回族との関係を構築することは就職や婚姻にとって重要であった。加えて、公益活動を展開していくうえでの人手や資金を確保するために、より多くの支援者も必要であった。そのため、厳格なイスラーム実践を志向する回族たちは、不満を抱きながらも、宗教性の異なる回族たちを活動に取り込んでいった。また、そうすることは、イスラーム実践を必ずしも重視しない回族たちに対する宣教になるとも考えられた。結果として、回族たちによる公益活動は、イスラームの発展を目指す活動であると同時に、回族同士の親睦を深めるための活動の延長としても実践されていった。

こうした公益活動の展開は、改革開放以降に顕在化した、イスラーム実践に対する志向の相違によって分断されてきた回族たちを新たなかたちで結びつけてきたといえる。ただし、ここでの回族たちは、伝統的な回族コミュニティに埋め込まれた宗教性を共有しているわけではない。彼／彼女らは敬虔さの度合いが多様で、多様であるがゆえに部分的に利害を共有し、多様なままに新たなつながりを形成してきたのだ。改革開放以降に生じた回族のあいだでの分断は、意図せざる結果として、宗教性がより混交したという意味で、宗教的により包摂性の高い回族コミュニティを生み出すことになったといえる。ただし、それは回族のあいだでの宗教的な多様性の包摂に留まらず、宗教や民族を越えた連帯にもつながってきた。

## (2) 宗教・民族を越えて広がる連帯

上述の公益活動は、イスラームの発展をおもな目的として始められた。それは回族に対するさまざまな支援だけでなく、イスラームの宣教を兼ねた活動でもあった。改革開放以降のイスラーム復興に伴い、回族のあいだでは宣教活動が活発化してきた[37]。それはおもに「漢化した」回族のイスラームへの回帰を目指すものであったが、漢族をはじめとする非ムスリムの他民族に対する宣教も期待されていた[38]。宣教活動の展開には従来不可分に結びついていた「回族」と「ムスリム」というカテゴリーの分化も関連している。

本章の冒頭で言及したように「回族」と「ムスリム」が不可分なカテゴリーであった場合、イスラームは漢族をはじめとする他民族には開かれない。まさに「ここは回族の場所だから帰れ」というわけだ。モスクは回族のものとなる。しかし、改革開放以降、上述のように回族とムスリムが異なるカテゴリーとみなされ、エスニシティと宗教性が切り離されるようになってきた。それは回族のあいだに宗教性の相違による分断をもたらした一方で、非ムスリム他民族との関係に変化を引き起こしてきた。それは漢族をはじめとする非ムスリム他民族を「潜在的なムスリム」とみなすことを可能にした。そのため、非ムスリム他民族もイスラームの宣教対象となってきた。厳格なイスラーム実践を志向する回族たちは、アルコールなど非イスラーム的なものを回族コミュニティから排除しようとするという意味で、一見すると非ムスリム他民族にも排他性を強めてきたようにもみえる。しかし、エスニシティと宗教性を分離することは、回族にとってイスラームを非ムスリム他民族に開いていくことにもつながる。モスクは「回族の場所」から原則的にはあらゆる人間を包摂しうる「ムスリムの場所」へと変わってきたのだ。

次の公益活動におけるエピソードは、こうした変化を示唆する。二〇〇九年八月九日九時過ぎ、昆明市のあるモスクに回族を中心としたオンライン・コミュニティのメンバーたちが、回族高齢者を慰問するために集まっていた。その数は三〇名ほどで、半分以上が女性であった。ただし、ヒジャーブを着用していたのは、このモスクでイスラーム教育に従事していた者だけであった。モスクには、油、米、クッキー、イスラームの教義に関する小冊子、オンライン・コミュニティで作成していたカレンダー（西暦、農暦、ヒジュラ暦を併記）からなる支援物資が一三セット用意されていた。オンライン・コミュニティで公益活動を主導してきたメンバーが、四、五名ごとにグループ分けをして、各グループが二軒ほどの支援先にそれらの物資を届けることとなった。私は男性一名と女性三名とともに二軒に支援物資を届けた。その道中、互いに自己紹介をするなか、同行していた女性の一人が漢族でムスリムでもなく、イスラームに興味があって活動に参加したのだと述べた。それを聞いた同行者たちは彼女が漢族であることに驚いていたものの、特にそれを問題化することもなく、その参加を歓迎した。

私たちは一軒目につつがなく支援物資を届け、二軒目へと向かった。しかし、そこには慰問の対象である回族高齢者女性の長男の妻しかいなかった。彼女によれば、当該回族女性は入院していた。厳格にイスラームを実践するムスリムであり、公益活動を主導してきたメンバーの一人である二〇代回族男性マ・ピンが訪問の目的を彼女に説明した。そうすると、彼女は「あなたたち回族はこうやって団結して助け合っていてよいですね。私たち漢族にはそうした団結がありません」と述べた。そのうえで、彼女は生活の苦しさなどについて身の上話をしてくれた。私たちは支援物資を彼女に渡し、最後にマ・ピンが何か困ったことがあればいってくださいと述べて、その場を後にした。マ・ピンは、彼女はイスラームに改宗していないようだが、生活が苦しく不憫であり、そうした人たちへの支援も必要だと述べた。

このエピソードでは、回族を対象とした回族による公益活動に、思いがけず非ムスリム漢族が支援者、被支援者として登場する。しかし、それは回族の参加者から驚かれはしたものの、何ら疑義を呈されることなく受け入れられていた。これは本章の冒頭で提示した「ここは回族の場所だから帰れ」という発言にみられる態度とは対照的だ。本エピソードは単なる偶発的なものに見えるかもしれないが、必ずしもそうではない。というのも、昆明市の回族たちはより積極的に宗教や民族を横断して公益活動を展開してきたためだ。

昆明市のあるモスクでは、モスクが中心となって大学生を対象とした奨学金を給付してきた。興味深いのはその対象が回族に限定されず、非ムスリム他民族にも対象を拡大してきたことだ。例えば、二〇一五

**写真６　モスクにおける奨学金の対象者一覧**

（2018年、雲南省昆明市、筆者撮影）

年には二五名の大学生を対象に奨学金が給付された。そのうち、回族は一四名（女性一二名、男性二名）で、その他は非ムスリム他民族であった[39]。昆明市でモスクの運営および奨学金の実施に携わってきた六〇代回族男性は、その理由として中国の少数民族のなかにはいまだ貧しい暮らしをしている人びとがいるため、経済的に支援していく必要があるからだと語った。そのうえで、彼はそれが中国における非ムスリムからのイスラームに対する支持につながり、ひいては支援を受けた非ムスリムのイスラームへの改宗を促し、中国におけるイスラームの発展にも貢献しうるのだと期待を述べた。彼によれば、こうした支援を通じて、実際にイスラームに改宗した例もあるという。

　回族による公益活動は、厳格なイスラーム実践を志向する回族を中心にイスラームの発展を目的として始められた。そのおもな対象は回族であった。しかし、イスラーム実践の重視は、それまで不可分であった回族のエスニシティと宗教性を分けることにつながり、結果として回族が非ムスリム他民族を「潜在的なムスリム」として受け入れうる余地を拡大することとなった。こうした状況下、回族による公益活動は、その担い手にも、支援の対象にも非ムスリムの他民族を包摂しうるものとして展開してきた。しかし、イスラーム復興に伴うイスラーム実践の重視は、上述したようにイスラーム的でないものの排斥や「漢化した」回族に対する批判を引き起こしてきた。その意味で、ここでの「他者」との連帯は、回族が「他者」を包摂しようとした結果では必ずしもない。

## おわりに

改革開放以降、昆明市ではモスクを中心とした回族コミュニティが衰退し、回族は分散して暮らすようになった。それは回族をモスクを中心とした宗教生活から遠ざけることとなり、回族の世俗化が進んだ。他方で、宗教政策の緩和および厳格なイスラーム言説の影響の拡大に伴い、イスラームに関わる活動も活発化した。加えて、モスクを中心とした宗教生活から切り離されることでイスラーム信仰を再帰的に捉え直し、より厳格なイスラーム実践を志向する回族たちも現れてきた。そのため、昆明市の回族のあいだでは世俗化とイスラーム復興が同時に進展し、宗教性の相違によって分断が生じてきた。

しかし、公益活動の事例が示すように、宗教性の相違によって分断されてきた回族たちは、敬虔さの度合いが多様なままに部分的に利害を共有することで新たなつながりを築いてきた。そのつながりは、公益活動の担い手や支援対象として非ムスリム漢族が加わることで宗教と民族を越えて拡大しつつある。これは厳格なイスラーム実践への志向が回族のあいだで強まり、ムスリムとしての宗教性が回族としてのエスニシティから切り離されることで、民族や宗教を問わず、あらゆる人たちを原則的に「潜在的なムスリム」とみなしうる状況が生まれてきたことと関係している。

より厳格なイスラーム実践への志向は、先行研究でも論じられてきたように、ムスリムのあいだでの民族や教派の違いを後景化させる一方で、ムスリムと非ムスリムとのあいだの境界を強化するという意味で排他性を生み出してきた。他方で、この排他性は、非イスラーム的要素だけでなく、民族的要素などをも取り除き、より「純粋な」イスラームの実現を目指すものであった。それは結果として、民族や宗教を越えて普遍的なものとしてイスラームを位置付けることとなり、排斥および批判の対象であった非ムスリム漢族や「漢化した」回族をも包摂することにもつながってきた。

これは中国共産党の民族政策において民族化された「中国ムスリム」を再び「他者」に開いていくことにつながるかもしれない。現在「回族」と呼ばれる「中国ムスリム」は、外来ムスリムとイスラームに改宗した漢族などとの通婚の繰り返しにより形成されたといわれる。その意味で、異なるエスニシティに開かれていた。しかし、中国共産党の民族政策において、「中国ムスリム」は出自と制度で決定される「回族」として民族化されることとなった。本章で提示した事例からは、民族化された「回族」が必ずしも特定のエスニシティに還元されない「中国ムスリム」へと再び開かれていく契機を見出せるかもしれない。

（1）　中田吉信『回回民族の諸問題』アジア経済研究所、一九七一年、八―九頁。
（2）　奈良雅史「「宗教」をはみ出す――雲南におけるムスリムのフィールドワーク」西澤治彦・河合洋尚編『フ

ィールドワーク――中国という現場、人類学という実践』風響社、二〇一七年、一一六頁。

（3）中華人民共和国において、おもに漢語を話すムスリムは回族という少数民族として認定されたが、それまでは「回回」や「回民」などと呼ばれ、民族集団というよりも漢族のムスリムとみなされることもあった。ただし、本章では中華人民共和国における事例を中心に扱うため、便宜的に「回族」という名称を用いる。

（4）中西竜也『中華と対話するイスラーム――一七―一九世紀中国ムスリムの思想的営為』京都大学学術出版会、二〇一三年。

（5）Jonathan N. Lipman, *Familiar Strangers: A History of Muslims in Northwest China*, Washington: University of Washington Press, 1997.

（6）David R. Stroup, *Pure and True: The Everyday Politics of Ethnicity for China's Hui Muslims*, Washington: University of Washington Press, 2022, pp. 42–45.

（7）奈良雅史『現代中国の〈イスラーム運動〉――生きにくさを生きる回族の民族誌』風響社、二〇一六年、二六三頁。

（8）David R. Stroup, *Pure and True*, pp. 36–40.

（9）奈良雅史『現代中国の〈イスラーム運動〉』。

（10）Maris Boyd Gillette, *Between Mecca and Beijing: Modernization and Consumption Among Urban Chinese Muslims*. Stanford: Stanford University Press, 2000, pp. 167–191.; Ruslan Yusupov, "The Ban on Alcohol: Islamic Ethics, Secular Laws, and the Limits of Ethnoreligious Belonging in China," Rachel Harris, Guangtian Ha and Maria Jaschok ed., *Ethnographies of Islam in China*, Hawaii: University of Hawaii Press, 2020, pp. 57–73.; 奈良雅史「アルコール排斥の多義性と風紀の形成：現代中国における回族の実践と国家による宗教管理」高尾賢一郎・後藤絵美・小柳敦史編『宗教と風紀――「聖なる規範」から読み解く現代』岩波書店、二〇二一年、六四―八三頁。

（11）Alexander Stewart, "Tabligh Jama'at in China: Sacred Self, Worldly Nation, Transnational Imaginary," *Modern Asian*

*Studies* Vol.52, No.4, 2018, pp. 1194–1226.

（12）澤井充生「イスラモフォビアと「宗教中国化」の親和性——中国イスラーム界のディストピア化」『人文学報』五一五—二号、二〇一九年、一一三—一三五頁。

（13）奈良雅史『現代中国の〈イスラーム運動〉』二三九頁。奈良雅史「「宗教」をはみ出す」西澤治彦・河合洋尚編『フィールドワーク』一一七頁。

（14）Alexander Stewart, "Tabligh Jama'at in China: Sacred Self, Worldly Nation, Transnational Imaginary," *Modern Asian Studies*, Vol.52, No.4, 2018, pp. 1194–1226.

（15）本章は、中国雲南省において二〇〇八年から二〇一八年にかけて断続的に実施した二九か月に渡る現地調査に基づく。現地調査は、日本学術振興会科学研究費補助金（11J01778, 14J08688）、旅の文化研究所、松下国際財団、日本科学協会、小林節太郎基金、りそなアジア・オセアニア財団による助成を受けて実施した。

（16）岩村忍『中国回教社会の構造（上）』日本評論社、一九四九年、一六—一八頁、一二二—一二四頁。

（17）宋恩常「解放初昆明回族社会経済調査」雲南省編輯組編『雲南回族社会歴史調査（一）』昆明：雲南人民出版社、一九八五年、七六—八八頁。

（18）馬寿栄「都市回族社区的文化変遷：以昆明市順城街回族社区為例」『回族研究』五二号、二〇〇三年、三三—三八頁。

（19）José Casanova, *Public Religion in the Modern World*, Chicago: University of Chicago Press, 1994, pp. 11–39.

（20）奈良雅史『現代中国の〈イスラーム運動〉』七三頁。

（21）昆明市宗教事務局・昆明市伊斯蘭教協会編『昆明市伊斯蘭教史』昆明：雲南大学出版社、二〇〇五年、一三五—一三七頁。

（22）Richard C. DeAngelis, "Muslims and Chinese Political Culture," *The Muslim World*, Vol.87, No.2, 1997, pp. 151–168.

（23）奈良雅史『現代中国の〈イスラーム運動〉』七〇頁。

（24）cf. Dale F. Eickelman and James Piscatori, *Muslim Politics*, NJ: Princeton University Press , 1996.
（25）奈良雅史『現代中国の〈イスラーム運動〉』七一頁。
（26）西澤治彦「回族の民間宗教知識――漢語小冊子に説かれたイスラム教」末成道男編『中原と周辺――人類学的フィールドからの視点』風響社、一九九九年、三一三―三二九頁。
（27）奈良雅史「ヴァーチャルとリアルのもつれ合い：中国雲南省昆明市におけるムスリム・コミュニティの変容」藤野陽平・奈良雅史・近藤祉秋編『モノとメディアの人類学』ナカニシヤ出版、二〇二一年、一四一―一五五頁。
（28）楊桂萍「当代賽莱菲耶及其対中国穆斯林的影響」『回族研究』第八九号、二〇一三年、七四―八〇頁。
（29）奈良雅史『現代中国の〈イスラーム運動〉』七四頁。
（30）奈良雅史『現代中国の〈イスラーム運動〉』六五―六七頁。
（31）奈良雅史「ムスリムによる公益活動の展開：中国雲南省昆明市回族社会の事例から」石森大知・丹羽典生編『宗教と開発の人類学――グローバル化するポスト世俗主義と開発言説』春風社、二〇一九年、三一一頁。
（32）Boxu Yang, "NPOs in China: Some Issues Concerning Internet Communication. Knowledge," *Technology and Policy*, Vol.21, No.1, 2008, pp. 37-42.
（33）当該オンライン・コミュニティの詳細については次の論文を参照されたい。奈良雅史「ヴァーチャルとリアルのもつれ合い」藤野陽平・奈良雅史・近藤祉秋編『モノとメディアの人類学』一四一―一五五頁。
（34）奈良雅史「ムスリムによる公益活動の展開」石森大知・丹羽典生編『宗教と開発の人類学』三〇九頁。
（35）奈良雅史『現代中国の〈イスラーム運動〉』一三一頁。
（36）奈良雅史『現代中国の〈イスラーム運動〉』一三三―一四二頁。
（37）Alexander Stewart, "Tabligh Jama'at in China," *Modern Asian Studies*, Vol.52, No.4, 2018, pp. 1194-1226.
（38）奈良雅史『現代中国の〈イスラーム運動〉』一〇〇―一〇一頁。

（39）その内訳は、イ族男女各一名、トン族女性二名、リス族男女各一名、壮族女性一名、ペー族女性一名、満族女性一名、チンポー族女性一名、ハニ族女性一名であった。

# 執筆者紹介（掲載順）

**鄭　浩瀾**（ていこうらん）〔編著者〕
慶應義塾大学総合政策学部准教授　中国近現代史、中国地域研究
慶應義塾大学大学院政策・メディア研究科博士後期課程修了。博士（政策・メディア）
主要著作に『毛沢東時代の政治運動と民衆の日常』（共編著、慶應義塾大学出版会、二〇二一年）など。

**小嶋　華津子**（こじま かずこ）
慶應義塾大学法学部教授　現代中国政治
慶應義塾大学大学院博士後期課程単位取得退学。博士（法学）
主要著作に『中国の労働者組織と国民統合——工会をめぐる中央—地方間の政治力学』（慶應義塾大学出版会、二〇二一年）など。

**加茂　具樹**（かも ともき）
慶應義塾大学総合政策学部教授　現代中国政治
慶應義塾大学大学院政策・メディア研究科博士後期課程修了。博士（政策・メディア）
主要著作に『十年後の中国——不安全感のなかの大国』（一藝社、二〇二一年）など。

**谷川　真一**（たにがわ しんいち）
神戸大学大学院国際文化学研究科教授　現代中国の政治・社会
スタンフォード大学大学院社会学研究科博士課程修了。Ph.D.（社会学）
主要著作に『中国文化大革命のダイナミクス』（御茶の水書房、二〇一一年）など。

**金野　純**（こんの じゅん）
学習院女子大学国際文化交流学部教授　歴史社会学、現代中国論
一橋大学大学院社会学研究科博士後期課程修了。博士（社会学）
主要著作に『習近平の中国』（共著、東京大学出版会、二〇二二年）など。

**中村　元哉**（なかむら もとや）
東京大学大学院総合文化研究科教授　中国近現代史
東京大学大学院総合文化研究科地域文化研究専攻博士課程修了。博士（学術）
主要著作に『対立と共存の日中関係史――共和国としての中国』（講談社、二〇一七年）など。

**山本　真**（やまもと しん）
筑波大学人文社会系教授　中国近現代史
一橋大学大学院博士後期課程退学。博士（社会学）
主要著作に『近現代中国における社会と国家――福建省での革命、行政の制度化、戦時動員』（創土社、二〇一六年）など。

**大橋　史恵**（おおはし ふみえ）
お茶の水女子大学ジェンダー研究所准教授　ジェンダー研究・中国地域研究・国際社会学
お茶の水女子大学大学院人間文化研究科博士後期課程修了。博士（学術）
主要著作に「植民地期香港における家事使用人の『老後』――クィア・アプローチから考える」（『現代中国』第九八号、五―一九頁、二〇二四年）など。

**梶谷　懐**（かじたに かい）
神戸大学大学院経済学研究科教授　中国の財政・金融政策、制度の経済学
神戸大学大学院経済学研究科博士課程後期課程修了。博士（経済学）
主要著作に『中国経済講義――統計の信頼性から成長のゆくえまで』（中央公論新社、二〇一八年）など。

**志賀　市子**（しが いちこ）
茨城キリスト教大学文学部教授　文化人類学・中国宗教研究
筑波大学大学院歴史・人類学研究科博士課程修了。博士（文学）
主要著作に『潮州人――華人移民のエスニシティと文化をめぐる歴史人類学』（編著、風響社、二〇一八年）など。

**河合　洋尚**（かわい ひろなお）
東京都立大学人文社会学部准教授　社会人類学・比較民俗学
東京都立大学大学院社会科学研究科博士後期課程修了。博士（社会人類学）

主要著作に『中国民族誌学——100年の軌跡と展望』（共編著、風響社、二〇二四年）など。

**長沼　さやか**（ながぬまさやか）
静岡大学人文社会科学部教授　文化人類学・中国地域研究
総合研究大学院大学文化科学研究科博士後期課程修了。博士（文学）
主要著作に『広東の水上居民——珠江デルタ漢族のエスニシティとその変容』（風響社、二〇一〇年）など。

**奈良　雅史**（ならまさし）
国立民族学博物館学術資源研究開発センター准教授／総合研究大学院大学先端学術院准教授　文化人類学
筑波大学大学院一貫制博士課程人文社会科学研究科歴史・人類学専攻修了。博士（文学）
主要著作に『現代中国の〈イスラーム運動〉——生きにくさを生きる回族の民族誌』（風響社、二〇一六年）など。

東アジア研究所講座

# 流動する中国社会
## ――疎外と連帯

2025年３月25日　初版第１刷発行

編著者――――鄭浩瀾
発行者――――慶應義塾大学東アジア研究所
代表者　西野純也
〒108-8345　東京都港区三田2-15-45
TEL 03-5427-1598
発売所――――慶應義塾大学出版会株式会社
〒108-8346　東京都港区三田2-19-30
TEL 03-3451-3584　FAX 03-3451-3122
装　丁――――渡辺澪子
組　版――――株式会社キャップス
印刷・製本――中央精版印刷株式会社
カバー印刷――株式会社太平印刷社


Printed in Japan　ISBN978-4-7664-3022-6
落丁・乱丁本はお取替いたします。